하늘 위의 제단 넴루트 산
콤마게네 왕국의 비밀

**하늘 위의 제단 넴루트 산
콤마게네 왕국의 비밀**
동서 문명의 만남, 신들의 정원을 찾아서

2025년 11월 14일 초판 1쇄 발행

지은이　김경상
펴낸이　권이지
편　집　권이지·이정아

인　쇄　성광인쇄
펴낸곳　홀리데이북스
등　록　2014년 11월 20일 제2014-000092호
주　소　서울시 금천구 가산디지털1로 16 가산2차 SKV1AP타워 1415호

전　화　02-6223-2302
팩　스　02-6223-2303
E-mail　editor@holidaybooks.co.kr

ISBN　979-11-91381-23-8 (03900)

협의에 따라 인지를 붙이지 않습니다.
책값은 뒷표지에 있습니다.
잘못된 책은 바꾸어 드립니다.

하늘 위의 제단 넴루트 산
콤마게네 왕국의 비밀

동서 문명의 만남, 신들의 정원을 찾아서

김경상 사진집

학연문화사

프롤로그

여정은 웅장한 넴루트 산의 정상에서 시작된다. 이곳에서 콤마게네 왕국의 안티오쿠스 1세가 남긴 신비로운 유적지를 마주하며, 그는 세월을 넘어 자신의 이야기를 전하고 있었다. 이어서 우리는 아르사메이아로 발걸음을 옮긴다. 이곳은 옛 제사장들과 왕국의 영광이 깃든 흔적이 남아 있는 신성한 땅이다.

세베루스 다리를 건너며 천년의 세월 위를 걷는다. 돌마다 새겨진 역사의 무게를 느낀 뒤, 다시 넴루트 산 정상으로 올라가 안티오쿠스 1세의 영묘 앞에 선다. 고요한 산 정상에서 왕의 위업과 후세에 남긴 유훈을 되새기게 된다.

험준한 길을 따라 내려오면, 카흐타의 고성(Kahta Castle)이 모습을 드러낸다. 굳건히 자리를 지키고 있는 성벽은 과거의 전율과 영광을 고스란히 품고 있다.

이윽고 여정은 샨르 우르파 박물관과 그 인근의 모자이크 박물관으로 이어진다. 고대인의 삶과 미술, 문화가 시간의 캔버스에 펼쳐지듯 한 자리에 모여 있다.

깊은 동굴 도시, "페레 유적"의 어둠 속에서 조용히 잠든 시간과 마주하고, 다시 한 번 콤마게네 왕국의 흔적을 간직한 아디야만 박물관에서 그들의 문명을 되새긴다.

그 후 찾아간 "다라 유적"의 동굴 도시는, 신비한 공동체의 발자취와 과거의 소리로 가득하다. 끊임없는 여정은 바다 건너 엘라우사 세바스테(Eleaussa Sebaste) 유적지로 이끈다. 여기에서 고대 항구 도시의 숨결을 느낀다.

마지막으로, 길 끝에서 제우그마의 모자이크 박물관에 이른다. 콤마게네 왕국의 마지막 미소가 수천 개의 색채로 살아난 듯, 화려한 모자이크들이 영원한 생명력을 뿜어낸다.

목차

프롤로그 …………………………………………… 4
콤마게네 왕국 …………………………………… 6
콤마게네 왕국 연대기 …………………………… 8
하늘 위의 제단 넴루트 산 콤마게네 왕국의 비밀 서문 ……… 10

01. 넴루트 산 …………………………………… 17
1-1 콤마게네 왕국의 안티오쿠스 1세의 유적 ……… 18
1-2 아르사메이아(Arsameia) 유적 ………………… 30
1-3 세베루스 다리(Severan Bridge) ……………… 40
1-4 넴루트 산 안티오쿠스 1세 영묘 ……………… 50

02. 콤마게네 카흐타 왕성 ……………………… 85

03. 샨르우르파 박물관 ………………………… 105

04. 샨르우르파 모자이크 박물관 ……………… 131

05. 고대 동굴 도시 "페레" …………………… 169

06. 콤마게네 왕국 아디아만 박물관 ………… 205

07. 동굴도시 다라 유적 ……………………… 229

08. 엘라이우사 세바스테 유적 ………………… 261

09. 가지안테프 제우그마 모자이크 박물관 …… 287

작가소개 ………………………………………… 367

콤마게네 왕국

콤마게네 왕국은 기원전 163년경 아르메니아계 오론테스 왕가의 방계인 프톨레마이오스가 창건하였다. 프톨레마이오스는 셀레우코스 제국으로부터 독립하여 약 33년간 통치하면서 왕국의 기틀을 마련하였다. 그의 아들 사메스 2세는 21년 동안 왕위를 이어 비교적 안정적으로 통치하였다. 사메스 2세의 아들 미트리다테스 1세 칼리니쿠스는 헬레니즘과 페르시아 문화를 적극적으로 융합하려 한 인물로, 안티오쿠스 1세의 부친이기도 하다. 안티오쿠스 1세 에피파네스 칼리니쿠스는 왕국의 가장 저명한 통치자로 꼽히며, 약 40년간 왕권을 이어받아 넴루트 산에 대규모 왕릉과 신전 단지를 조성하였다. 이 시기 그리스-페르시아 신앙의 혼합이 극명하게 나타난다. 안티오쿠스 1세의 아들인 미트리다테스 2세는 왕위 계승 과정에서 일부 친족을 제거하였으며, 어머니와 누이들을 위한 카라쿠쉬 고분을 조성하였다.

콤마게네 왕국의 종교 체계는 동서양의 융합이라는 특징을 보인다. 왕국은 대외적으로 그리스 신들과 페르시아, 아나톨리아의 토착 신들을 결합한 신격을 숭배하였으며, 대표적으로 넴루트 산 신상들은 아폴로-미트라, 제우스-오로마즈데스, 헤라클레스-아르타그네스 등 복합 신격의 형태로 조성되었다. 왕 또한 신과 같은 존재로 숭배받았고, 실제로 안티오쿠스 1세는 자신의 신상을 신전 내에 세워 신과 왕의 권위를 병치하였다. 왕과 신 모두를 대상으로 제사기 이루어졌으며, 유적에서는 제단과 봉헌물, 제사 유적이 확인된다.

넴루트 산 유적은 1881년 찰스 세스터에 의해 소개된 이후 1953년부터 본격적으로 발굴되었다. 정상 봉분과 동서 테라스에는 거대한 신상과 석비가 남아 있으며, 봉분 하부의 묘실 위치는 아직도 밝혀지지 않았다. 현재 유네스코 세계유산으로 지정되어 지속적으로 보존되고 있다.

제우그마 유적은 유프라테스 강변의 주요 도시로, 20세기 후반 비레직 댐 건설로 인한 수몰 전 대규모 긴급 발굴이 이루어졌다. 이 과정에서 귀족 저택과 모자이크, 목욕탕 등 다채로운 도시 유산이 출토되었다. 주요 모자이크는 현재 박물관에 전시되고 있으며, 일부 유적은 현장 발굴 및 보존이 계속 진행되고 있다.

아르사메이아는 왕실 수도이자 묘역이었던 곳으로, 부조와 비문이 새겨진 석주, 지하 통로, 미트리다테스 1세의 묘실로 추정되는 공간 등이 확인된다. 특히 안티오쿠스 1세와 아버지 미트리다테스 1세가 악수하는 장면의 부조와 그리스어 비문이 유명하다. 현재 발굴 유적은 정비되어 방문객의 견학이 가능하다.

카라쿠쉬 고분은 미트리다테스 2세가 왕실 여성, 즉 어머니와 누이들을 위해 조성한 인공 봉분으로, 주변에는 로마 기둥 양식의 돌기둥과 그 위에 독수리 및 사자 조각상이 세워져 있다. 카라쿠쉬는 '검은 새'라는 의미로, 기둥 위의 독수리상에서 유래하였다. 무덤 내부는 이미 도굴되었으나, 구조와 남은 조각상에서 왕실 장례 문화와 권위를 엿볼 수 있다.

페레 동굴 도시는 콤마게네 시기부터 로마, 비잔틴 시대에 이르는 장기간 사용된 동굴 유적으로, 주거 공간, 교회, 묘지 등이 발굴되었다. 초기 기독교 공동체의 흔적과 벽화, 비문도 확인되었으며, 현재도 추가 발굴과 보존 작업이 이루어지고 있다. 앞으로 점차 더 많은 부분이 공개될 예정이다

콤마게네 왕국 연대기

- **기원전 11~10세기**: 쿠무후(Kummuhu)/쿠무하(Kumukha) 건국, 신히타이트 왕국 중 하나로 성립
- **기원전 866년**: '쿠무후'라는 이름이 아시리아 문헌에 처음 등장
- **기원전 708년**: 쿠무후가 아시리아 왕국의 속주가 됨
- **기원전 697~539년**: 신바빌로니아 왕 나부코도노소르 2세에 의해 쿠무후 함락
- **기원전 539~332년**: 페르시아 제국 지배
- **기원전 332~305년**: 알렉산드로스 대왕에 의해 점령
- **기원전 305~163년**: 셀레우코스 왕조의 지배
- **기원전 163년**: 프톨레마이오스가 셀레우코스에서 독립, 콤마게네 왕국 건국
- **기원전 130~100년**: 사모스(Samos II) 왕 치세
- **기원전 100~69년**: 미트리다테스 1세 칼리니코스(Mithridates I Callinicos) 통치
- **기원전 69~36년**: 안티오쿠스 1세(Antiochos I) 통치
- **기원전 36~20년**: 미트리다테스 2세(Mithridates II) 통치
- **기원전 20~서기 17년**: 미트리다테스 3세(Mithridates III) 통치
- **서기 17~38년**: 로마의 게르마니쿠스(Germanicus)에 의해 콤마게네 왕국이 로마 속주(시리아 속주)로 편입
- **서기 38~72년**: 안티오쿠스 4세(Antiochos IV)가 즉위, 왕국 부활. 하지만 다시 로마 속주(시리아)로 합병
- **서기 72년**: 콤마게네 왕국 완전히 로마에 병합되어 멸망
- **서기 116년**: 콤마게네 왕가의 마지막 일원 안디오쿠스 에피파네스가 아테네에서 사망
- **서기 253, 256년**: 사산 왕조가 제우그마와 돌리케를 점령·파괴
- **7~11세기**: 아랍 세력의 침입
- **958~1071년**: 비잔틴 제국 지배
- **1260년**: 몽골의 침입

- 1292년: 콤마게네 지역의 마지막 비잔틴 성 루마칼레(Rumkale), 맘루크 군에 의해 점령
- 1516년: 메르지다브크 전투 이후 오스만 제국에 편입

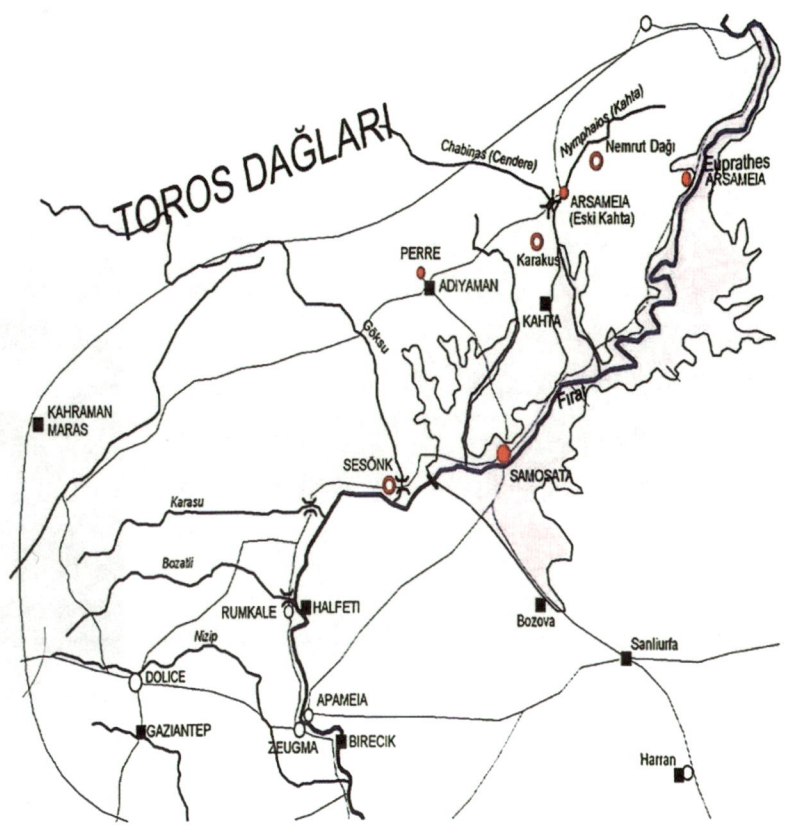

콤마게네 왕국 지도 주요 지명

1. 세손크 (SESÖNK)
2. 페레 (PERRE)
3. 아디야만 (ADIYAMAN)
4. 카흐타 왕성(KAHTA)
5. 카라퀴 (KARAKU)
6. 사모사타 (SAMOSATA)
7. 넴루트 산 (NEMRUT DA I)
8. 아르사메이아 (에스키 카흐타) (AR AMEIA (Eski Kahta))
9. 아르사메이아 (EUPHRATES ARSAMEIA)

하늘 위의 제단 넴루트 산
콤마게네 왕국의 비밀 서문

　사자와 독수리, 안티오쿠스 1세와 포르투나, 제우스, 아폴로, 헤라클레스, 그리고 다시 독수리와 사자.
　"내가 하늘의 왕좌 가까이에 시간의 파괴를 거부하는 이 성스러운 무덤 신전을 세우기로 결심했을 때, 나는 단지 영원한 안식처 하나를 남기려 한 것이 아니었다. 사랑하는 신의 영혼, 곧 제우스-오로마스데스가 천상의 여행자가 되어 내 육신을 감싸 안은 뒤로, 그 거룩한 현존을 여기에 새겨 넣고자 했다. 나는 이곳을 오직 나를 위한 무덤으로가 아니라, 모든 신들의 공통된 왕좌로 삼고자 했다. 왜냐하면 나의 노력이 끝났을 때, 단지 조상의 흔적만이 바람에 지워진 그림자처럼 남는 것을 원치 않았기 때문이다. 그 이상으로, 나는 이 신성한 언덕에 새겨진 거룩한 형상들이 다시는 황폐해지지 않기를, 다시는 잊히지 않기를 바랐다. 바라건대, 이곳이 내가 신들 앞에 드린 경배의 증거, 신들을 향한 나의 표명으로 남게 하소서."
　이 문장은 안티오쿠스 1세 테오스 자신이 남긴 고백이자 선언이다. 콤마게네 왕국, 곧 시리아 북부로부터 동쪽 보소스 산맥의 산기슭에 이르는 비옥한 땅을 차지했던 작은 왕국은, 바로 이 왕의 신성한 의지와 더불어 가장 빛나는 시기를 맞이했다.
　콤마게네인의 흔적은 기록된 역사 속에서 기원전 9세기 무렵, 이

넴루트 산 진입로의 콤마게네 카흐타 왕성 주변 산

미 아시리아 제국의 패권 아래 언급되고 있다. 당시 그들은 '쿰무흐(Kummuh)'라 불렸으며, 조공을 바치며 존재를 이어갔다. 그러나 기원전 8세기, 사르곤 2세 시대에 반란이 일어나자 아시리아는 혹독한 보복을 가했고, 콤마게네인들의 왕과 가족은 사로잡혔으며 많은 이들은 강제로 메소포타미아 남쪽으로 추방되었다.

세기가 흐르며 이 지역은 다시 긴 격동을 거쳤다. 기원전 7세기, 아시리아가 이집트와 동맹하여 싸우던 전장이 되었으나 결국 패망의 길을 걸었고, 기원전 4세기 알렉산드로스 대왕의 동방 원정이 시작되면서 이곳은 또다시 새로운 문화를 맞이했다. 알렉산드로스 사후 이

콤마게네 왕국 카흐타 성 주변 풍경

지역을 차지한 셀레우코스 왕조는 페르시아와 마케도니아가 한데 어우러진 독특한 문화적 전통을 남겼다.

콤마게네 왕국의 실질적 기반을 닦은 이는 안티오쿠스의 조부, 미트라다테스 1세 칼리니코스였다. 그는 부유함과 세력을 물려주어 독립을 가능케 했으며, 그 아들 안티오쿠스 1세 테오스는 기원전 86년부터 38년까지 재위하면서 가히 '콤마게네 문명의 전성기'를 열었다. 왕은 그리스와 페르시아 세계의 유산을 모두 껴안아 신-왕사상을 구현하고, 거대한 장례 신전을 산 정상에 세움으로써 자신의 영광과 신성함을 불멸의 돌에 새겨 넣었다.

그러나 왕국은 오래 독립을 유지하지 못했다. 기원후 72년, 로마 제국은 콤마게네를 병합하여 시리아 속주에 편입시켰다. 강대한 로마와 페르시아라는 두 제국의 틈새에서 태어나, 두 세계의 혈통과 문화를 아우르며 약 234년을 호흡한 콤마게네 왕국은 그렇게 역사 속으로 스러져갔다.

그럼에도 불구하고, 그들의 유산은 지금까지 남아 있다. 토로스 산맥의 봉우리 위, 여전히 온전히 선 안티오쿠스 1세의 기념묘는 하늘과 맞닿아 고백한다. 그것은 단지 한 왕의 무덤이 아니라, 신들과 인간, 그리스와 페르시아가 하나로 녹아든 왕국의 증언이다.

콤마게네 왕국은 동서 문화가 만나는 교차로에서 독특한 정체성을 형성한 나라로, 그 정치적 역사와 신앙 체계, 그리고 현재까지 이어지는 고고학적 유적으로 잘 알려져 있다.

▌주요 인물

콤마게네 왕국은 기원전 163년경, 아르메니아 오론테스 왕가의 방계 출신인 프톨레마이오스가 셀레우코스 제국으로부터 독립하여 세운 나라였다. 그는 약 33년 동안 왕국을 다스리며 기틀을 마련하였다. 이후 그의 아들 사메스 2세가 뒤를 이어 21년간 나라를 안정적으로 통치했다. 사메스의 뒤를 이은 미트리다테스 1세 칼리니쿠스는 그리스 헬레니즘 문화와 페르시아 전통을 융합하는 데 힘썼으며, 훗날 가장 이름이 널리 알려진 안티오쿠스 1세의 아버지가 되었다.

안티오쿠스 1세 에피파네스 칼리니쿠스는 기원전 69년부터 34년경까지 약 40년 동안 통치하며 콤마게네 왕국의 황금기를 이끌었다. 그는 넴루트 산 정상에 거대한 왕릉과 신전을 조성하고 자신을 신격화하며, 그리스 신과 페르시아 신을 융합한 새로운 신앙 체계를 확립하였다. 후계자인 미트리다테스 2세는 왕위 계승 과정에서 친족을 숙청하기도 했으며, 아디야만 인근 카라쿠쉬에 어머니와 누이들을 위한 웅장한 무덤을 조성하였다.

▌신앙 체계

콤마게네의 신앙은 동서 문명의 특징이 극적으로 융합된 사례로 꼽힌다. 신들을 동일시하는 혼합주의적 성격이 강하게 나타나, 아폴로-미트라-헬리오스-헤르메스, 제우스-오로마스데스, 헤라클레스-아르타그네스-아레스와 같은 식으로 그리스와 페르시아의 신들을 결합하여 숭배하였다. 특히 안티오쿠스 1세는 자신을 신과 같은 존위에 두어 왕실 숭배 체제를 확립하였으며, 넴루트 산의 거대한 석상들 사이에 자신의 좌상을 함께 두어 신성과 권위를 강조하였다. 이와 같은 왕실 숭배는 단순한 종교적 행위가 아닌 정치적 정체성을 표현하는 수단이자 통치의 정당성을 강화하는 방법이기도 했다. 각지의 유적에서 발견되는 제단과 봉헌물의 흔적은 신과 왕에게 올려진 제례 의식이 활발히 이루어졌음을 보여준다.

▌주요 유적지와 발굴 현황

넴루트 산 유적은 왕국의 상징적인 장소로, 1881년 공학자 찰스 세스터에 의해 우연히 알려졌고 1953년 이후 본격적으로 발굴되었다. 정상에는 봉분과 동·서·남·북 방향의 테라스가 있으며, 이곳에 거대한 신상과 비문 석판들이 남아 있다. 안티오쿠스 1세의 무덤으로 추정되는 지하 묘실의 정확한 위치는 아직 밝혀지지 않았으며, 오늘날 유네스코 세계문화유산으로 지정되어 보존되고 있다.

제우그마 유적은 유프라테스 강변에 위치했던 도시로, 비레지크 댐 건설로 인한 수몰 위기 속에서 대규모 긴급 발굴이 이루어졌다. 이 과정에서 귀족 저택, 공중목욕탕, 상점 등과 함께 '집의 여신'(Gaia), '포세이돈', '아킬레스' 등 뛰어난 보존 상태의 모자이크들이 대거 출토되었다. 현재 이들 모자이크는 제우그마 모자이크 박물관에 전시되어 있으며, 수몰되지 않은 지역은 여전히 발굴과 보존 작업이 진행 중이다.

아르사메이아는 넴루트 산 인근에 위치한 왕국의 수도이자 왕실 묘역이었다. 이곳에서는 거대한 부조와 긴 그리스어 비문, 석기둥, 지하 통로가 발굴되었다. 특히 안티오쿠스 1세와 아버지 미트리다테스 1세가 악수하는 장면의 부조는 왕권 계승 의식과 신성성을 보여주는 대표적인 유적이다.

카라쿠쉬 고분은 미트리다테스 2세가 왕실 여성들을 기리기 위해 조성한 무덤으로, 거대한 봉분과 주변의 석기둥 위에는 독수리와 사자 조각상이 세워졌다. '카라쿠쉬'라는 명칭은 바로 이 독수리 조각에서 유래한다. 발굴 당시 무덤 내부는 이미 도굴당했지만, 기둥과 기념비적 조각들은 당시의 장례 문화와 왕실 권위를 잘 보여준다.

페레 동굴 도시는 콤마게네 시대에 처음 형성되어 로마와 비잔틴 시대까지 이어 사용되었다. 동굴 내부에서는 주거 공간, 교회, 묘지가 발굴되었으며 초기 기독교 공동체의 흔적과 벽화, 비문도 발견되었다. 현재도 발굴과 정비가 이루어지고 있으며, 점차 더 많은 구역이 공개되고 있다.

콤마게네 왕국은 헬레니즘과 페르시아 전통이 독특하게 융합된 하나의 작은 왕국이었지만, 그 유산은 지금까지도 아나톨리아 고대사의 중요한 부분으로 남아 있다.

1-1. 콤마게네 왕국의 안티오쿠스 1세의 유적
1-2. 아르사메이아(Arsameia) 유적
1-3. 세베루스 다리(Severan Bridge)
1-4. 넴루트 산 안티오쿠스 1세 영묘

01. 넴루트 산
Nemrut Dağı

1-1
콤마게네 왕국의
안티오쿠스 1세의 유적

이 바위 구호는 튀르키예 남 동부의 Nemrut 산 근처에 있으며 기원전 1세기까지 거슬러 올라간다. 헬레니즘 통치자 안티오쿠스 1세가 왕실과 신성한 권력 사이의 결 합을 상징하는 헤라클레스(헤라클레스)와 악 수하는 모습을 그려냈다. 이 구호는 안티오쿠스 1세 테오스의 통치 기간에 새겨졌다 (r. 기원 전 70-38년)은 그의 동조적인 종교-정치적 비전의 일부로서.

이 수치들은 석회암 판에 대항하여 구호화되어 있으며, 페르시아 왕실의 옷을 입고 헤라클레스는 누드를 보여주며 그의 사자 피부와 클럽을 휘두르고 있다. 이 문화 융합은 그리스-로마와 페르시아 세계의 교차로에 있는 콤마겐의 전략적 위치를 반영하며, 신성한 제재 아래 동 서양을 통합하려는 통치자의 야망을 담고 있다.

님파이오스 아르사메이아(오래된 성), 안티오쿠스 1세와 헤라클레스 디옥시스 악수하는 장면

고대 아나톨리아의 콤마게네 왕국은 기원전 1세기경 로마 서쪽과 파르티아 동쪽 사이에 위치한 작지만 세련된 왕국이었다. 그중 안티오쿠스 1세 테오스 왕은 페르시아와 그리스의 혼합된 혈통을 가진 인물로, 알렉산더 대왕과 페르시아 다리우스 1세 두 제국의 유산을 동시에 계승했다고 주장했다. 그는 정치적, 영적 선언으로서 신과 악수하는 모습을 바위에 새겨 기이한 장면을 연출했다. 이 악수는 단순한 인사가 아니라 동맹과 상호 인정, 심지어 영원한 불멸을 상징하는 의식적인 행위였다.

안티오쿠스 1세는 그리스 신 헤라클레스와 이란 신 베레트라그나를 결합하여 자신을 신과 동일시하는 왕실 신학을 전개했다. 이로써 그는 단순한 인간 통치자를 넘어 신들과 합일한 존재로 자리매김하고자 했다. 이에 더해, 그의 계보와 철학, 법률, 종교 의식들이 상세히 기록된 거대한 비문을 남겨, 신성한 계약과 자신의 불멸을 기원했다.

이러한 종교적 야망은 아르사메이아의 성소 뿐 아니라, 30피트 높이의 신들 동상이 세워진 넴루트 산 정상에서도 반복되었다. 안티오쿠스 1세는 신과 악수하는 이미지로 하늘과 땅을 돌로 묶으며, 자신만의 영원한 정체성과 동서양의 연결 고리를 구축하려 했다. 그가 이러한 신분화에 매진한 이유는 당시의 불안정한 정치 상황에서 보호를 위한 보험이었을 수도 있고, 진심으로 신들 사이에서 영원히 살고자 하는 믿음이었을 수도 있다. 이 모든 것은 잊혀진 아나톨리아 산맥 한 구석에서 그의 이름이 올림푸스 신들 옆에 새겨져 수천 년 동안 울려 퍼지고 있다.

이로써 안티오쿠스1세는 단순한 왕이 아닌, 신들과 맞서며 자신만의 불멸과 신성한 권위를 확립한 역사적 인물로 남게 되었다.

Antiochos I Theos - Heracles (Herakles) Handshake Relief Scene
안티오쿠스 1세 테오스 - 헤라클레스 악수 장면

튀르키예 넴루트 산(Mount Nemrut)에 있는 콤마게네 왕국의 안티오쿠스 1세의 유적지이다. 안티오쿠스 1세는 자신을 신격화하고 신들과 함께 숭배받기 위해 이 거대한 신전을 만들었다.

바로 옆 바위에 새겨진 비문은 그리스어로 작성되어 있으며, 이 유적지, 즉 "히에로테시온(hierothesion)"의 목적과 관련하여 역사적, 법적 내용을 상세하게 담고 있다.

안티오쿠스 1세의 자기 신격화: 안티오쿠스 1세는 자신을 신으로 묘사하며, 신들과 함께 숭배받기를 원했다.

새로운 종교 의례의 제정: 이 장소에서 거행될 새로운 종교 의례의 빈도, 내용, 재정 지원 등에 대한 자세한 지시가 담겨 있다. 특히 그의 생일과 즉위 기념일에 성대한 연회가 열렸음을 언급한다.

- **그리스-페르시아 문화의 융합**: 안티오쿠스 1세는 페르시아와 그리스 혈통을 모두 가지고 있었으며, 그의 통치 이념과 종교 또한 두 문화를 융합하려는 시도를 반영한다. 비문에는 자신의 혈통에 대한 언급도 있다.
- **선조들에 대한 존경**: 비문에는 안티오쿠스 1세의 그리스 및 페르시아 선조들에 대한 언급도 포함되어 있다.
- **히에로테시온의 목적**: 안티오쿠스 1세는 이 산 꼭대기를 "높고 신성한 곳", "사람들에게서 멀리 떨어져 있고 신들에게 가까운 곳"으로 택하여 자신이 사후에도 신들 가운데서 존재하기를 바랐다.

이 비문은 안티오쿠스 1세의 정치적, 종교적 이념을 이해하는 데 매우 중요한 자료이다.

기원전 1세기, 아나톨리아 산맥 높은 곳에 위치한 콤마게네 왕국은 로마 서쪽과 파르티아 동쪽 사이에 자리 잡은 작지만 문화적으로 세련된 왕국이었다. 이곳의 왕 안티오쿠스 1세 테오스는 페르시아와 그리스 혈통을 지닌 인물로, 그는 알렉산더 대왕과 페르시아의 다리우스 1세 두 거대한 제국의 유산을 동시에 계승했다고 자부했다.

안티오쿠스 1세는 자신을 단순한 인간 이상의 존재로 만들기 위해 독특한 정치적·종교적 표현을 택했다. 그는 거대한 바위에 새겨진 비문에서 신화 속 영웅 헤라클레스와 손을 맞잡고 있는 모습을 보여주었는데, 이는 단순한 인사가 아니라 동맹과 상호 인정, 그리고 불멸을 약속하는 신성한 의식 행위였다. 이 모습은 그리스 신 헤라클레스와 이란 신 베레트라그나를 융합한 상징으로, 안티오쿠스 1세 자신이 신과 인간 사이의 경계를 허무는 존재임을 뜻했다.

그의 신분과 권위를 뒷받침하는 계보, 철학, 법률, 제례 일정 등이 상세히 기록된 비문은 단순한 정치 선전이 아닌, 영원히 기억되고 숭배 받기를 바라는 신성한 계약이었다. 이러한 신앙과 정치적 야망은 아르사메이아의 성소에 그치지 않고, 넴루트 산 정상에 세워진 30피트 높이의 신상들과 함께 다시 한번 표현되었다. 여기서도 안티오쿠스 1세는 신들과 악수하며 하늘과 땅을 돌로 이어 붙인 듯한 상징으로, 자신과 신들이 합일한 영원한 정체성과 동서양, 그리고 인간과 신의 연결 고리를 구축하고자 했다.

안티오쿠스 1세가 이토록 자신의 신성을 강조한 이유는 불안정한 시대의 정치적 안전 장치였을 수도, 혹은 진실로 신들과 함께 영원히 존재하길 바라는 깊은 신념에서였을 수도 있다. 그의 이름은 아나톨리아 산맥 구석진 곳에서 신들과 나눈 악수의 상징과 함께 오랜 세월 메아리 치며, 역사 속에 강렬한 흔적으로 남아 있다.

ΒΑΣΙΛΕΥΣ ΜΕΓΑΣ ΑΝΤΙΟΧΟΣ ΠΤΟ
ΛΕΜΑΙΩΙ [...] ΚΑ[...]
ΚΑΙ ΧΑΙΡΕΙΝ [...]
[...] ΟΜΩΝ ΑΜ[...]ΟΣ ΚΑΙ ΕΧΟ
[...] ΕΣ[...]ΠΟΛΙΝ [...]Σ ΑΔΕΛ[...]
ΤΗΣ ΕΡΑΣ ΕΠΕ[...]ΡΟΧΕΤΙ[...]Η[...]
ΦΙΛΟΜΗΤΟΡΟΣ[...]ΚΑ[...] ΕΝ ΤΕΑΤ[...]
ΣΕΝ ΗΙ ΘΕΩ ΣΥΜ[...]ΝΠΟΛ[...]ΠΙΤ[...]ΠΙ
ΤΡΙΟΝ ΔΑΙΜΟΝΑ ΝΙΚ[...]Σ ΕΤΕΤΙΜΗ[...]ΘΕ
ΟΝ ΚΤΙΣ[...]ΣΚΥΡ[...] ΣΙΝ ΜΗ ΤΕΡΟΝ ΟΥ
ΚΑΙΝΟΜΟΝ ΑΚΙΝΗΤ[...]ΕΛΑΣΙ ΕΤΑΠ[...]Σ
ΘΕ ΜΕΝΟΣ ΘΑΝΑΤ[...]Σ ΗΥΓΜΑΧΡΟΝ ΚΑ
ΙΕΡΩΝ[...] ΑΜΕΙΝΑΝ ΤΕΣ ΤΗΝ
ΗΤΙΣ ΕΝ ΚΑΙ ΠΩ[...]ΣΟΝ ΑΕΤΟΝ ΝΥΜ
ΟΝ ΕΞΕΛ[...]ΤΤΟΝ ΤΕΓΑ[...]Ο ΦΕΡΕΙ ΕΥΜΑΤΙΡ[...]Σ
ΝΟΣ ΕΜΟΣ ΑΓΕΛΗΣ ΕΣΤΙΣ ΕΝ ΗΕΑΥΤΟΦΥΩ
ΧΥΣ ΙΝ ΠΕΤΡΑΙΟΙΣΠΟΔΣΟΙΣ ΖΙΩΡΑΜΕΝΗΣ ΚΑΤΙ
ΔΩ ΠΕ ΚΕΙΝΟ ΘΕ[...]Σ ΥΓΟΙΣ ΠΟ ΜΑΧΟΝ Ο ΝΟΣ Ε
ΣΟ ΘΕΙΟΝ ΠΟ[...]ΚΑ[...]ΟΜΕΝΟΝ ΠΟΤΡΟΦΟΥ ΝΑΜ
ΤΟΣ ΕΚ ΑΤΕΡΟΣΟ[...]ΠΑ[...]Ν ΜΙΣΑΔΕΝΙ ΓΣ ΟΝΕΣ
ΜΑ ΦΥΣΕΙ ΜΕΝ ΟΤΟ ΝΑΜ ΠΟΛΙΝ ΚΑΤΕΣ Τ
ΣΕΝ ΕΠ ΠΩΝ ΜΙΑ[...] ΕΧΠΟΔΣ[...]ΦΕΛΜΕ[...]
ΑΝΑΝ ΗΙΟ[...]ΕΥΣ ΤΕΝΑΝΑΡΙΣ ΤΕΛΑΥΘΕ ΕΝ
Ο ΧΥΠΟ ΜΑ ΤΩΝ[...]ΦΟΝ ΤΙΣ ΙΝΕ ΑΥΤΟΥ[...]ΙΧΟ Η Ρ
ΛΙΕΣ ΠΑΥΣΑΣ ΗΤΕΣΕΤΟ ΦΟΗ ΤΟΝΟΣ ΜΗΤΕΡ ΙΟΝ
ΜΑ ΤΡΙ Α ΚΑΙ ΠΕΕΚΥΛΣΕΕΝ[...]ΠΟ ΙΕΤΗ ΜΕΤΕ
ΡΟΙΣ ΑΕΥΧΩΝ ΟΣΤΙΑΝΠΟΛΕΜΟΣ ΚΑΤΕΕΤΗ ΣΕΝ
ΙΕΡΟΘΕΣΙΩΝ ΑΥ[...]ΓΣΥΤΟ[...] ΛΕΙΣ ΕΥ ΣΕΜ[...]ΓΟ
ΤΗ ΕΤΑΤΗ ΓΕΝΟΣ ΚΑΛΛΙΝΙΚΟΣ ΕΝ ΤΡΕΛΜΕΙ
ΛΕΠΡΟ ΛΕΤΙΟΣ ΠΕΡΙΑΣΣΟΝ ΤΟ ΤΟΥ[...]
ΤΟ ΝΕΙΔΟΣ ΚΑΙ ΟΣΩΕ ΘΕΟΣ ΕΝ ΠΟΣΑ ΜΑΤΙΠΕΡ
ΛΟΠΠΕ ΤΗ ΤΕΜ[...]ΦΡΗΝ ΤΙΣ ΗΕΣΧΟΝ ΑΓΟΝΟΝ
ΚΟΙΝΑΙΕ ΦΗΜ[...]ΕΚΗ[...]ΟΝ ΚΑΛΛΙΝΙΚΟΣ ΕΣΗΙ
ΤΑΥΤΗΙ ΚΑΘΙΕΡΩΣΕ ΕΥΣΠΕ ΦΥΣΕΙΝΑ ΦΟΑΓ ΤΚ[...]
ΕΤΕΣΙΔΙΟΝ ΜΑ[...]ΦΟΝΟΙΚΟΝΑ ΝΗΣΑ ΓΕΝΗ[...]
ΛΕΠ ΑΝΤΑ ΜΕΝΠΟΓΟΝΟΝ ΕΜΟΝ[...]ΝΑ ΘΗ ΜΑ[...]
ΡΟΣ ΕΞ Α ΛΗΠΤΗΙ ΤΗΙ ΕΝΕΚΕΝ ΔΙΚΑΣ ΕΜΠΟΣΥ[...]
ΚΑΛΛΙΟΝΑ ΤΕΣΤΟΝ ΤΑΡΑΛΙΦΟΕΙ ΤΩΝ[...]ΠΟ[...]
ΠΕΙΝ ΔΕ ΕΝ ΑΣΕΝ ΤΑΟΘ ΔΙΛΟΝ ΜΙ ΑΝΕΣ[...]
ΧΟΝ ΕΙΣ ΤΕ ΤΟ ΥΝ ΚΑ ΙΕΡΟΘΕΣΙΟΝ ΤΟΥΤΟΝ ΚΑ Ε
ΣΩ ΜΑΚΑΙ ΤΑΣΡΟΙΛΕΣ ΕΥΧΑΙΣ ΠΡΟΑΓ[...]ΟΒ[...]
ΡΟΥ ΜΕΝΟΣ[...]ΟΣ ΤΑΤΟ[...]ΠΟΙ ΤΑ ΠΕΙΔΕΝ ΠΡΟ[...]
ΝΟΣ ΚΑΤΕΦΩΣΕΕ[...]Σ Η[...]ΜΗ ΤΕΡΟΝ ΟΚ[...]
ΤΕΤΑΝ ΕΝ ΠΙΤ[...]ΙΟΘΕ ΣΕΙΟΝ[...]ΕΣΑ ΤΑ[...]
ΔΗΜΕ ΗΣ ΑΓΕΛΕΣ ΤΙ ΟΣΕΡΕΑ ΠΩΝ[...]

님파이오스 아르사메이아(오래된 성) 비문, 안티오쿠스 1세와 헤라클레스 디옥시스 악수하는 부조 바로 옆

　콤마게네 왕국은 소아시아 내에서 고유한 종교적·문화적 체계를 보존한 왕조로, 페르시아와 헬레니즘 문화가 융합된 양상을 띤다. 이 왕국은 다양한 신과 언어를 융합하면서도 페르시아계 전통을 계승하였고, 미트리다테스와 안티오쿠스 1세 시기에는 그리스 올림피아풍 축제와 같은 헬레니즘 의례를 도입하였다. 왕가의 주요 인물들은 자신의 신적 혈통을 강조하기 위해 다양한 신전 건립과 비문 작성을 추진했으며, 대표적으로 넴루트 산 유적에는 그리스와 페르시아 신들이 병존하는 신전과 장대한 비문이 남아 있다.

　특히 안티오쿠스 1세는 조상 숭배, 종교적 축제, 왕권의 신성화를 통해 왕국 통합 및 정당성과 후대 인식에 중점을 두었다. 이 같은 대규모 유산은 왕의 권위와 왕국의 종교적 독자성, 문화적 정체성을 신성한 공간에 영구 각인하려는 목적에서 기획되었음을 확인할 수 있다.

님파이오스 아르사메이아(오래된 성) 터널, 안티오쿠스 1세와 헤라클레스 디옥시스 악수하는 부조 바로 옆

　미트리다테스 테오스 왕의 무덤으로 통하는 터널의 비문은 158미터 길이로, 아나톨리아 최대의 그리스식 비문이다.
　안티오쿠스 1세는 "야탄 아르사마스는 우리를 보호하기 위해 두 개의 가파른 슬라브 등 가슴을 모아 우리에게 엄청난 도시를 남겼다. 나는 또 다른 방식으로 이 도시를 발전시켰다."라고 남겼다.
　아나톨리아에서 발견된 시대의 가장 긴 그리스어 비문은 아르사메이아에 있다.

　비문은 도시의 설립, 안티오쿠스 1세가 아르사메이아를 위해 수행한 건축 활동, 지역의 건축 구조와 구호, 종교 구조, 콤마게네 왕국의 법, 왕실 및 종교 의식 때 할 문제 등을 언급하고 있다. 비문이 있는 곳 위에는 안티오쿠스 1세와 신 헤라클레스의 악수 스텔레가 있다. 비문이 있는 곳 아래, 터널은 높은 경사로로 이어지는 계단으로 시작된다. 약 158미터 길이의 이 암벽 터널의 목적은 정해지지 않았다.

　Mithridathes Callinichos의 무덤 사원과 궁전은 언덕 위의 플랫폼에 위치해 있다

Arsameia 풍경

    Arsameia (Arsemia) 고대 도시는 아디야만 카흐타 지방에서 26 킬로미터에 위치한다.
안티오쿠스 1세 왕의 비문에 따르면, 이 도시는 기원전 2세기 초 카흐타 성 맞은편 카흐타의 동쪽에 있는 콤마게네의 조상 아르세메스에 의해 왕국의 여름 수도이자 행정 중심지로 세워졌다. 아르사메이아 고고학 유적지에서 현재까지 살아남은 대부분의 작품은 안티오쿠스 1세에 의해 건축되었다. 여름 궁전의 폐허는 고고학적지의 언덕에 있다. 또한, 언덕 위의 승강장에 안티오쿠스 1세의 아버지 인 미트리다테스 1세 칼리니코스 왕을 위한 기념비적인 무덤이 있다. 기념비적인 무덤으로 이어지는 남쪽으로 향하는 의식 길에 미트리다 테스의 구호 스텔레가 있다.

이 석상은 아르사메이아(Arsameia) 유적지에 있는 미트라(Mithras) 신의 석상이다.

아르사메이아는 콤마게네 왕국의 왕 안티오쿠스 1세의 아버지인 미트리다테스 1세 칼리니코스(Mithridates I Callinicus)가 자신의 조상과 아들의 기념비적 무덤을 조성한 곳으로 알려져 있다.

이 미트라 석상은 헬레니즘 시대에 널리 숭배되었던 신인 미트라를 묘사하고 있다. 미트라는 주로 빛, 계약, 우정의 신으로 여겨졌으며, 콤마게네 왕국의 종교에서 중요한 위치를 차지했다.

사진 속 미트라 석상은 당시 콤마게네 왕국의 독특한 종교적, 예술적 양식을 보여주는 중요한 유물이다.

Apollo Mitras - Arsameia

1-2
아르사메이아(Arsameia) 유적

카라쿠쉬 능(Karakus Tumulus)은 튀르키예 아디야만 주에 위치한 콤마게네 왕국의 대표적 유적으로, 넴루트 산과 함께 왕국의 독특한 문화와 건축양식을 보여주는 장소이다. 이 능은 콤마게네 왕국 안티오쿠스 1세의 아들 미트리다테스 2세에 의해 기원전 30~20년 사이에 건설된 것으로 추정된다. 명칭의 유래는 주변에 세워진 기둥 위 독수리 조각상에서 비롯된 것으로, 튀르키예어 '카라쿠쉬'는 '검은 새(Black bird)'를 의미한다.

이 능묘는 미트리다테스 2세가 그의 어머니 이시아스와 누이 안티오키스, 아카 1세 등 왕가 여성들을 기리기 위해 조성한 기념비적 무덤으로, 여성 왕족의 위상과 의미를 보여주는 중요한 증거로 평가된다. 구조적으로는 거대한 원형의 흙 봉분과 그 주위에 세운 기념 기둥들이 특징이다. 기둥 상부에는 동물상 조각들이 올려졌는데, 현재 남아 있는 독수리 조각은 콤마게네 왕실 권위와 상징성을 대표한다. 다른 기둥에는 사자와 황소 조각상이 있었던 것으로 알려지며, 일부 기둥에는 그리스어 비문이 새겨져 있어 능의 정체성과 건립 목적을 설명한다.

카라쿠쉬 능은 헬레니즘과 페르시아, 로마 양식이 융합된 건물 양식과 조각에서 왕실의 권위와 종교적 신념을 반영한다. 이 유적은 넴투트 산에 비해 규모는 작지만, 콤마게네 왕국의 여성 왕족을 위한 기념비적 무덤으로서 역사적·예술적 의미가 크다. 동물 조각상과 비문 등은 왕가의 위상과 왕권의 신성성을 보여주고, 콤마게네의 독특한 융합문화를 이해하는 데 중요한 자료가 된다.

아르사메이아(Arsameia) 유적 앞 눈 덮인 설산

  1. 콤마게네 왕국은 234년 동안 평화롭고 독립적인 국가로 존속하면서 동서양 문화의 조화와 평화 상징의 역할을 수행하였다. 다른 고대 제국들과 비교했을 때, 군사력과 정복에 의존하지 않고 장기간 존속했다는 점이 주목된다. 예를 들어, 알렉산더 대왕의 마케도니아 제국은 36년, 징기스칸 제국은 88년, 우마이야 왕조는 59년 동안 존속에 그친 반면, 콤마게네 왕국은 오랜 기간 동안 독립을 유지하였다. 이러한 장기 존속의 배경에는 비옥한 토양과 지리적 요인, 그리고 메소포타미아 인근이라는 특별한 역사·지리적 조건이 크게 작용하였다. 콤마게네의 지속성은 세계사적 맥락에서 그 가치가 높으며, 이에 대해 더 널리 알려져야 할 중요성을 시사한다.

  2. 카라쿠스 투묘군은 콤마게네 왕국의 여성 왕족들이 묻힌 기념 묘역으로, 아디야만 인

아르사메이아(Arsameia) 유적 앞 설산 풍경

근에 위치하며 독수리 조각상 때문에 '카라쿠스(검은 새)'로 불린다. 이 유적은 안티오쿠스 1세의 아들 미트리다테스 2세가 어머니 이시아스와 왕족 여성들을 위해 기원전 36~38년에 조성한 기념비적 무덤이다. 묘역 중앙을 둘러싼 네 개의 기둥에는 독수리, 사자, 황소 등의 동물상이 각각 올려져 왕실의 권위와 상징성을 나타내고 있다. 동쪽 기둥은 토라크노마이의 장면과 왕실 계보를, 북쪽 기둥의 사자는 밟고 있는 땅의 힘을 상징한다. 기단에서 발견된 헬레나 로마식 비문과 동물상은 콤마게네의 헬레니즘·페르시아·로마 문화가 융합된 특징을 반영한다. 1968년대 발굴 당시 매장실이 열렸으나, 과학적 근거 부족으로 출토 유물은 제지되었다. 카라쿠스 투묘군은 콤마게네 왕실 여성의 위상과 예술적·종교적 상징성이 집약된 중요한 유적으로 평가된다.

3. SESING(ÜC KAZIO)은 튀르키예 Besni 지역의 Zor Magara 마을 내 Kuzal Dagt에 위치한 유적이다. 이곳에는 Kommagene 왕국 시대 Mithradates 관련 사원으로 추정되는 높이 6미터의 테메노스(신성 구역)가 있으며, 주변에는 세 쌍의 기둥 그룹이 존재한다. 기둥에는 조각상이 있었던 것으로 보이나, 로마인들의 약탈로 인해 현재는 소실된 상태이다. 이 암트 무덤은 타이립 알무에투르로 불리며, Kommagene 왕국의 종교적·건축적 특성을 보여주는 중요한 유적으로 평가된다. 유적지는 북동쪽 방향으로 위치해 있으며, 과거의 건축 양식과 문화적 의미를 해석하는 데 있어 중요한 자료로 남아 있다.

카라쿠스 투물루스 콤마게네 여왕들의 아닛무덤 / 평화의 땅 (BC. 162 - I.S. 72)

   콤마게네인들은 약 234년 동안 평화롭고 독립적으로 국가를 유지하며 동서양의 평화의 상징이 되었다. 반면, 군사력에 기반한 세계 제국들은 그 어느 때보다 수명이 짧았다. 예를 들어, 알렉산더 대왕의 마케도니아 제국은 겨우 36년, 징기스칸 제국은 88년, 우마이야 국가는 59년밖에 지속하지 못했다.

   콤마게네 왕국이 메소포타미아의 비옥한 토양과 자원을 배경으로 비교적 오랜 기간 평화롭게 존속했다는 점에서, 이 왕국은 역사적으로 특별한 위치를 차지한다. 더 많은 사람들이 콤미게네의 독특한 역사와 문화를 알게 되어야 한다고 믿는다.

   이러한 역사적 사실은 콤마게네가 단순한 군사 제국과 달리 문화와 평화의 가치를 장기간 유지한 드문 사례임을 보여준다.

   (콤마게네 왕국은 기원전 163년경 프톨레마이오스가 독립을 선포한 이후 서기 72년까지 약 234년간 존재했으며, 로마와 헬레니즘 국가들 사이의 전쟁 속에서도 중립을 지키다가 로마에 복속되었다) .

카라쿠스 투물루스 콤마게네 여왕들의 아닛무덤
앞 독수리 상 / 평화의 땅(BC. 162 - I.S. 72)

◀ 카라쿠스, 비문에 따르면, 북서쪽 기둥 그룹의 기둥에 부조. 그는 미트라다테스와 그의 여동생 라오디카를 보여준다.

▼ 카라쿠스 투물루스 콤마게네 여왕들의 아닛무덤 / 평화의 땅 (BC. 162 - I.S. 72)

카라쿠스 투물루스 콤마게네 여왕들의 아닛무덤, 한반도 신라 황남대총과 유사한 적석총이다.

01. 넴루트 산

카라쿠스 투물루스 콤마게네 여왕들의 아닛무덤 앞 사자상 일몰 풍경

카라쿠스 투물루스 콤마게네 여왕들의 아닛무덤 , 석양에 물든 적석총

1-3
세베루스 다리(Severan Bridge)

서기 72/73년 이후 튀르키예 콤마게네 왕국은 로마의 직접 통치 하에 편입되어 독립을 상실하였으며, 이후 시리아 속주의 일부로 재편되었다. 로마의 통치 이후, 콤마게네 지역은 전략적 교통 요충지 및 군사적, 경제적으로 중요한 지역으로 기능했다. 마르쿠스 아우렐리우스와 루키우스 베루스의 파르티아 원정 이후, 북부 메소포타미아의 방위 거점과 군사 도로 역할이 더욱 강조되었다.

로마 제국 시대에는 군사적 위험이 증대함에 따라 해당 지역의 광범위한 방어망 확장과 새로운 교회·도시 건설 등이 활발하게 이루어졌다. 3세기 중반 사산 왕조의 침입과 맞물려 Zeugma, Doliche, Germani-keia, Ourima 등 여러 도시들이 파괴되었으며, 사후 도시는 교회와 종교 중심의 새로운 사회구조가 형성되기 시작하였다.

4~5세기에는 로마 후기 헬레니즘 전통과 동방·기독교적 요소가 융합된 독특한 지역 양식이 뚜렷이 관찰된다. 이 과정에서 로마 장례예술, 교회 건축과 조각, 비문 등은 당시 지역사회의 변화와 정체성 변용을 보여준다. 최근의 고고학적 연구는 콤마게네 및 주변 지역의 로마·비잔틴 전환기 양상, 유물의 변천, 도시 구조의 지속적 변화에 대해 중점적으로 접근하고 있다.

콤마게네 왕국의 유적 연구는 오늘날에도 활발하며, 로마 제국 시기 이후 각종 교회 및 기념비, 묘역 등은 로마의 동방정책과 지역의 사회·문화 통합을 실증적으로 보여주는 자료로 평가된다.

젠데레 다리(세베루스 다리, Cendere Köprüsü)는 튀르키예 아디야만 주에 위치하며, 로마 제국의 세베루스 왕조 시기(서기 2세기 후반, 약 198~211년)에 건설된 대표적인 고대 석조 아치교이다. 이 다리는 콤마게네 왕국의 수도였던 아르사메이아와 넴루트 산을 잇는 주요 도로에 속하며, 로마 황제 셉티미우스 세베루스와 그의 가족(아내 줄리아 도나, 아들 카라칼라와 게타)에게 헌정된 기둥들이 양쪽에 세워진 것이 특징이다. 다리 건설에는 로마 제3군단(Legio III Gallica)이 참여했으며, 주로 군사적 목적과 물자·무역 운반, 지역 내 교역 활성화를 위해 건설되었다.

젠데레 다리는 총 120미터 길이, 7미터 너비, 30미터 높이로, 92개의 큰 돌 블록으로 이루어진 단일 아치형 구조물이다. 다리의 서쪽에는 두 개, 동쪽에는 한 개의 기둥이 현존하고 있는데, 동쪽에는 원래 카라칼라와 게타 형제를 위한 기둥이 있었으나, 카라칼라가 황위에 오르며 게타를 제거('기억 말살령')함에 따라 해당 기둥들이 철거된 바 있다. 이 기념비적 석조 다리는 로마 시대 토목 기술과 정치·사회 구조, 콤마게네 왕국과 로마의 통합적 관계 및 헌정 문화를 보여주는 귀중한 유산으로, 현재도 보존 상태가 매우 우수하다. 오늘날에도 이 다리는 넴루트 산 관광의 주요 유적으로 남아 있다.

Cendere(로마) 다리는 넴루트 여행 경로에 위치한 튀르키예의 대표적 로마 유적으로, 약 900년 동안 자연재해와 인위적 파괴에 견딜 정도로 견고한 구조를 자랑한다. 이 다리는 기원후 2세기 말, 삼사브(Samsat) 인근의 Chaibinas에 본부를 둔 로마 군단이 셉티미우스 세베루스 황제 재위기에 건설한 것으로, 주로 황제 가족을 기리기 위한 목적으로 남·북·서쪽에 각각 기둥이 세워졌다. 남쪽은 세베루스 황제 본인, 앞쪽은 군인들의 어머니로 알려진 줄리아 도나와 황제 부인을 위한 것이며, 북쪽은 아들 카라칼라와 그의 아내를 위해 헌정되었다. 그러나 막내아들 게타의 기둥은 카라칼라가 황위에 올라 형제를 살해한 뒤 '기억 말살령'으로 제거되었다.

다리는 총 92개의 돌 블록을 맞물려 시멘트를 사용하지 않고 축조하였으며, 지진과 홍수 등 자연재해에도 견딜 수 있도록 설계되었다. 기둥에는 다리의 역사와 건축에 관한 비문이 남아 있으며, 이러한 비문은 다리 입구·출구에서 발견된다. 다리의 주요 치수는 높이 17.85m, 길이 117.50m, 넓이 7.80m에 달한다. 기둥 사이의 거리는 5.30m로, 안정적인 구조를 지닌 고대 로마 건축의 기념비적 사례로 평가받는다. Cendere 다리는 1951년과 1997년에 두 차례 복원되었다.

로마 시대에 지어진 이 다리는 나중에 맘루크족과 오스만족에 의해 사용되었다. 1951년에 마지막으로 복원된 이 다리는 오늘날에도 여전히 차량 통행이 개방되어 있다.

샤비나스 강(Cendere Water)을 가로지르는 로마의 다리로 서기 198/200년에 지어졌다.

세베루스 다리 기둥에 새겨진 로마 알파벳으로 쓰여진 비문

　세베루스 다리(Severan Bridge)의 로마 기둥에 새겨진 문자는 라틴어로 작성되었으며, 이는 황제 셉티미우스 세베루스와 그의 가족(아내 줄리아 도나와 아들 카라칼라)의 권위를 기리는 내용을 담고 있다. 이러한 기둥 비문은 다리의 건설 및 복원 기록, 로마 제국 통치의 정당성 강화, 황실 가족의 명예를 공식적으로 표명하는 공적 비문의 일환이다. 실제 기둥에 남아 있는 라틴어 비문에는 셉티미우스 세베루스, 줄리아 도나, 마르쿠스 아우렐리우스 안토니누스(카라칼라) 등 황실 일가의 칭호와 미덕을 열거하였으며, 이는 다리 조성의 목적이 건축기술의 상징 뿐 아니라 로마 황제의 절대적 권위와 사회적 신분 질서를 체계적으로 드러내는 역할을 했음을 알 수 있다.

▌세피티미우스 세버러스와 율리아 도마 칼럼

다리 남쪽 끝에 있는 이 기둥은 당시 로마 황제와 황후를 기리며 세워졌다. 셉티미우스 세베 루스와 그의 아내 Julia Domna에게 헌정된 비문 번역은 다음과 같다.

"황제 카이사르 루키우스 셉티미우스 세베루스 피우스 페리낙스 아라비쿠스 아디아베니쿠 스 파르티카스 가장 자비로운 통치자 최고성직 자 권력 12번 통치자 황제 8번 영사 2번 지방 지사와 위대하고 자애로운 4개 도시 황제 코마진."

"Julia Domna Augusta, Commagene의 4 도시와 그들의 군사 기지의 어머니"

다리 남쪽 입구의 이 기둥은 당시 로마 황제와 황후를 기리며 세워졌다. 다음은 Septimius Severus와 그의 아내 Julia Domna에게 헌정 된 비문 번역이다:

"황제 카이사르 루시우스 셉티미우스 세베루스 피우스 페리낙스 아라비쿠스 아디아베니쿠 스 파르티쿠스 가장 자애로운 황제 최고사제

12회 호족권력의 수송자 황제 8회 영사 2회 친 영사 그리고 콤마게네 4개 도시의 위대하고 자애로운 황제"

"Julia Domna Augusta, 군대 캠프의 어머니 와 공동체의 네 도시."

아디야만/ 튀르키예

세베란 다리의 비문

세베루스 다리(Severan Bridge)의 비문은 고대 로마 시대에 이 다리를 건설한 황제 세베루스 가문과 관련된 내용을 담고 있다. 다리의 비문은 라틴어로 새겨져 있으며, 보통 다음과 같은 내용을 포함한다.

세베루스 다리 비문 (라틴어 원문)

IMP CAES L SEPT SEV PERT AVG
PONTIF MAX TRIB POT XVII IMP VI COS III
PROCOS ET IMP CAES M AVREL ANTONINO AVG PIO FELICI
PARTHICO PONTIF TRIB POT IIII IMP II COS IIPP
QVOD CVM OMNIBVS EIVSDEM SANGVINIS ET FAMILIAE MEMBRIS
PER ANNOS LXXX EXTRVCTVM ESSENT
AD FLVMINIS ALVEVM QVEM ADIACENTEM PROCVL ADIACENTEM
VETERIBVS VIIS ET PONTIBVS CONNEXVM
NOVA OPERA RESTITVIT ET AMPLIAVIT
CVRANTE PRAEFECTO VRBIS ET PROVINCIAE

한글 해석

황제 루키우스 세베루스 페르티낭스와 그의 아들 마르쿠스 아우렐리우스 안토니누스가
신성한 직책을 수행하며, 집정관과 고위 집정관으로서,
같은 혈통과 가문의 일원들이 80년에 걸쳐 건설된 이 다리를
강가의 옛 길과 다리를 연결하는 새로운 공사로 복원하고 확장하였다.
도시와 지방의 총독이 감독하였다.

세베루스 다리 비문은 다리 건설과 복원에 참여한 황제와 관리들의 권위와 업적을 기념하는 공식 기록이다. 다리의 역사적, 건축적 중요성을 강조하며, 당시 로마 제국의 통치와 인프라 확장 정책을 반영한다.

세베루스 다리 비문에 새겨진 고대 로마인 그림

유프라테스 강 상류

세베루스 다리 옆 계곡풍경 Cendere Canyon

세베루스 다리 입구 기둥 (총 3면으로 구성됨)

　세베루스 다리는 서기 2세기 튀르키예의 켄데레(카비나스) 계곡 위에 건설된 고대 로마 석조 아치교이다. 이 다리는 로마 황제 셉티미우스 세베루스 통치 기간(서기 193~211년) 레기온 군단에 의해 세워졌으며, 길이 120미터, 높이 30미터, 너비 7미터로 설계되었다. 주요 구조물로는 황제 세베루스와 그의 아내 줄리아 도나, 그리고 아들 카라칼라와 게타를 기리는 기념비적 기둥들이 있다. 카라칼라가 황제에 오르면서 동생 게타를 암살하자, 그의 이름으로 세운 모든 기둥은 제거되었다. 다리는 총 92개의 큰 돌 블록으로 이루어져 있으며, 고대 로마 건축의 기술적·기념비적 가치를 보여주는 대표 사례이다.

1-4
넴루트 산 안티오쿠스 1세 영묘

튀르키예 남동부 아드야만(Adiyaman) 주 카흐타(Kahta) 지역에 위치한 넴루트 산(Nemrut Daği)은 콤마게네 왕국 안티오쿠스 1세(BC 69~34)의 능묘 유적으로, 1987년 유네스코 세계문화유산으로 지정된 고대 헬레니즘 문명의 대표적 건축물이다.

콤마게네 왕국과 안티오쿠스 1세는 알렉산드로스 대왕의 제국 유민과 시리아 북쪽에 세워진 페르시아계 왕조 계승을 표방하였다. 그는 약 40년간 재위하며 왕국을 안정시키고, 넴루트 산에 능묘를 조성하여 자신의 가계를 부친 측은 페르시아 다리우스 대왕, 모친 측은 알렉산드로스 대왕의 후예로 내세우며 동서 문화의 융합을 도모하였다.

넴루트 산 무덤은 인공산 형태의 대규모 봉분(지름 150m, 높이 50m)으로, 약 60만 톤의 돌을 사람의 손으로 쌓아올려 조성한 독특한 형식이다. 동·서·북 방향으로 인공 테라스가 마련되어 있으며, 가장 중요한 동 테라스에는 안티오쿠스 1세를 비롯한 제우스-오로마데스, 아폴론-미트라스, 헤라클레스-아르타그네스, 여신(티케)의 상 등이 8~10m의 석상 형태로 놓여 있다. 이 석상들은 그리스식 얼굴에 페르시아식 복식(모자, 의복)을 착용하여 동·서양 문화의 융합을 상징한다.

서쪽 테라스 역시 동쪽과 동일한 구성이지만, 폭풍 등으로 훼손이 심하다. 북쪽 테라스에는 제사 진행 및 숙소와 관련된 유구가 남아 있다. 테라스 주변 석상 단에는 독수리(하늘 지배)와 사자(땅의 지배) 석상이 배치되어 있으며, 일부 부조에는 별자리 문양 등도 새겨져 있다.

특히 서쪽 테라스 부조(stelae)에는 안티오쿠스 1세가 신들과 악수하는 '덱시오시스(dexiosis)' 장면이 표현되어, 왕권의 신성성과 신의 총애를 공식화하였다.

비문에는 왕의 업적·혈통·사상 및 봉분 내 석실(매장실)과 관련된 내용이 200여 줄에 걸쳐 기록되어 있다. 매장실 위치는 아직까지 확인되지 않았으나, 석실 수색을 어렵게 하기 위해 인공 돌더미로 봉분을 구성하였다.

  넴루트 산은 고대 헬레니즘 시대의 독특한 예술·건축·종교적 융합을 보여주는 동서 문화 교류의 신빙성 높은 상징적 유적으로, 안티오쿠스 1세가 자신 신성 혈통과 영적 정체성을 시각화한 사례로 평가된다.

  석상과 부조, 비문, 무덤 구조 등에서 동서 융합의 예술성이 뚜렷하게 확인된다는 점에서, 넴루트 산은 고대 문명사 연구의 핵심 유산이다.

  넴루트 산 석상들은 기원전 1세기 콤마게네 왕국의 안티오쿠스 1세에 의해 조성된 헬레니즘 시대 대표적 유적으로, 고대 그리스 신화와의 깊은 연관성을 지닌다. 헬레니즘 문화는 알렉산드로스 대왕의 정복 이후 그리스 신화와 예술이 동방으로 확산되며 넴루트 산 조각에 뚜렷한 영향을 미쳤다. 이 유적에는 제우스, 아폴론, 헤라클레스, 아르테미스 등 고대 그리스 신화의 주요 신들이 페르시아 신앙과 융합된 형태(예: 제우스-오로마스데스)로 등장한다.

  안티오쿠스 1세는 통치자의 신성성을 강조하고자 자신을 신들과 동일시하며, 신격화된 신상들과의 융합을 꾀했다. 이 과정에서 그리스 신화의 신들은 단순 모방이 아니라 페르시아 전통(아후라 마즈다, 미트라 등)과의 종합적 융합을 통해 정치적·종교적 정체성 형성의 매개체가 되었다. 예를 들어, 제우스-오로마스데스는 그리스 최고신과 조로아스터교의 선신이 결합된 형상으로 왕권의 절대성과 신성함을 표상하며, 아폴론, 헤라클레스, 아르테미스 신상은 각각 왕국의 통치 이념과 번영, 보호를 상징적으로 표현한다.

  이렇듯 넴루트 산의 신화적 조각들은 그리스와 페르시아 양대 문명이 융합된 산물로서, 신화적 상징성을 통해 대중에게 왕의 권위와 정통성을 전달했다. 넴루트 산 석상은 고대 신화의 표상적 재해석을 넘어, 동서 문화의 교차와 종교적 융합의 역사적 시공간을 구체적으로 보여 주는 유산이자, 헬레니즘-동방 문화 융합의 독보적 사례로 평가된다

넴루트 산 정상에서 바라본 유프라테스 상류

넴루트 산 안티오쿠스 1세 강자갈로 쌓아올린 영묘

넴루트 산의 동쪽 테라스 전경

넴루트 산의 석상은 콤마게네 왕국의 안티오쿠스 1세가 자신을 기리기 위해 세운 거대한 석상들이다. 이 석상들은 제우스-오로마스데스, 아폴로-미트라, 헤라클레스-아르타그네스 등 다양한 신들의 모습을 하고 있

Aslan - Kartal - Antiochos- Fortuna - Zeus - Apollo - Herakles - Kartal -Aslan

으며, 왕 자신과 그의 조상들의 모습도 포함되어 있다.

이 석상들은 8~9m에 달하는 거대한 크기로, 콤마게네 왕국의 권력과 헬레니즘 문화의 영향을 보여주는 중요한 유적이다. 넴루트 산은 유네스코 세계문화유산으로 지정되어 있으며, 석상 외에도 다양한 유적들이 남아 있다.

이 석상들은 단순한 조각상이 아니라, 콤마게네 왕국의 종교적, 정치적 이념을 상징하는 중요한 의미를 지니고 있다

01. 넴루트 산

넴루트 산의 이 석상들은 콤마게네 왕국의 신성한 권위와 왕권을 상징하며, 신들과 왕족, 그리고 수호자 동물들이 함께 배치되어 왕국의 신성함과 권위를 강조하는 역할을 한다. 특히 사자상과 독수리상은 왕권과 신성한 힘을 수호하는 상징으로 자리 잡고 있다.

1. 사자상 (Aslan)
- **역사적 배경**: 사자는 고대부터 왕권과 권위를 상징하는 동물로, 특히 중동과 근동 지역에서 왕의 힘과 용맹함을 나타낸다.
- **상징성**: 넴루트 산에서는 왕권을 수호하는 수호자 역할을 하며, 왕국의 힘과 위엄을 상징한다.

2. 독수리상 (Kartal)
- **역사적 배경**: 독수리는 하늘의 신성한 권위를 상징하며, 고대 그리스와 근동 지역에서 신과 왕권을 연결하는 상징으로 여겨진다.
- **상징성**: 신성한 권위와 보호를 의미하며, 왕국과 신의 권위를 수호하는 역할을 한다.

3. 안티오쿠스 (Antiochos)
- **역사적 배경**: 콤마게네 왕국의 왕으로, 넴루트 산 석상과 무덤을 세운 인물이다. 기원전 69~34년경 재위하며 헬레니즘 문화와 페르시아 전통을 융합한 독특한 왕국을 다스렸다.
- **상징성**: 왕권의 정당성과 신성함을 강조하며, 자신을 신과 동등한 위치에 놓으려는 의도를 반영한다.

4. 포르투나 (Fortuna)
- **역사적 배경**: 로마 신화에서 운명과 행운을 관장하는 여신이다.
- **상징성**: 왕국의 번영과 행운을 기원하는 신으로, 왕의 통치가 신의 뜻에 따라 행운과 번영을 가져오길 바라는 의미를 담고 있다.

5. 제우스 (Zeus)

- **역사적 배경**: 제우스-오로마스데스는 헬레니즘 시대 콤마게네 왕국에서 숭배된 신으로, 그리스 신화의 최고신 제우스(Zeus)와 페르시아 조로아스터교의 최고신 오로마스데스(Oromasdes, 아후라 마즈다)를 융합한 신격이다.

6. 아폴로 (Apollo)
- **역사적 배경**: 그리스 신화에서 예언, 예술, 치유, 태양의 신으로 알려져 있다.
- **상징성**: 지혜와 예언, 예술적 영감을 상징하며, 왕국의 문화적 번영과 신성한 지혜를 나타낸다.

7. 헤라클레스 (Herakles)
- **역사적 배경**: 그리스 신화의 영웅으로, 강력한 힘과 용기를 상징한다.
- **상징성**: 왕국의 수호자이자 용맹함의 상징으로, 왕권을 지키는 힘과 용기를 나타낸다.

넴루트 산 석상들은 헬레니즘과 페르시아 문화가 융합된 콤마게네 왕국의 독특한 신앙과 정치적 메시지를 담고 있다. 안티오쿠스 1세는 자신을 신들과 동등한 위치에 놓아 왕권의 신성함을 강조하고, 사자와 독수리 같은 동물상은 왕국의 힘과 신성한 보호를 상징한다.

위치	이름	역할 및 의미
1	사자상 (Aslan)	왕권과 힘을 상징하는 수호자 역할
2	독수리상 (Kartal)	하늘과 신성한 권위를 상징하는 수호자
3	안티오쿠스 (Antiochos)	콤마게네 왕국의 왕 또는 왕족 인물
4	포르투나 (Fortuna)	운명과 행운의 여신, 왕국의 번영을 기원하는 신
5	제우스 (Zeus)	최고 신으로서 권위와 정의를 상징
6	아폴로 (Apollo)	예언과 예술, 치유의 신
7	헤라클레스 (Herakles)	힘과 용기의 상징, 왕국 수호자 역할
8	독수리상 (Kartal)	다시 한 번 하늘과 신성한 권위를 상징하는 수호자
9	사자상 (Aslan)	왕권과 힘을 상징하는 수호자 역할 (반대편)

넴루트 산 동쪽 테라스 조각 그룹: 타니의 안티오쿠스 왕, 다산의 여신 콤마게네, 제우스-오로마스데스, 아폴론-미트라스-헬리오스-헤르메스, 아르타그네스-헤라클레스-아레스

넴루트 산 서쪽 테라스의 그리핀 조각상

넴루트 산 동쪽 테라스: 콜로서스 석상과 그 아래 흩어진 머리 부분, 콤마게네 왕국의 대표적인 유적

넴루트 산 기념비 지역에 사용된 재료에 대해 자주 묻는 질문 중 하나는 사암 부조와 조각품의 출처이다. 사실 이 조각품들과 사용된 돌 블록들은 모두 이 지역에서 직접 얻어진 재료로 만들어졌다. 이 재료는 주로 석회석과 암석으로 되어 있으며, 꼭대기 부분에서는 기념비 무덤 건설을 위해 돌을 잘라 사용하였다. 다른 채석장에서 가져온 것이 아니며, 돌 블록 옆에 움푹 들어간 구멍들은 조각상 설치에 사용된 지렛대 시스템을 위해 뚫린 것이다. 또한, 기념비 무덤에 쌓여 있는 작은 돌 조각들은 조각상과 받침대에 쓰인 돌 블록의 남은 조각이다.

사암 재료는 특히 북쪽 테라스 부조와 관련이 깊으며, 이 사암은 동쪽 테라스에서 북동쪽으로 약 2km 떨어진 낮은 산 노루에서 채취하였다. 이 지역과 기념비 지역 사이 경로에는 잉가트 시대 때 부서져 남겨진 조각들이 아직도 남아 있다.

넴루트 산에서 물이 어디에서 공급되는지에 관한 질문 역시 자주 나오는데, 연구 결과에 따르면 동쪽 테라스 북동쪽 3km 거리에 있는 분수에서 아리타살 지역의 물이 공급되고 있음이 밝혀졌다. 현재 기념비 지역에서 근무하는 사람들은 이 원천에서 물을 얻고 있으며, 고지대의 수원 역시 이와 같은 원천에서 비롯된 물이다.

'넴루트'라는 이름의 유래는 기념비 지역이 위치한 동부 토로스 산에 있는 앙카르 산에서 비롯된다. 지역 주민들은 이 산을 '벨리 산'이라고도 부른다. 기원전 2000년경 1262년대에 맘루크족이 이 지역을 지배하기 시작한 이후, 넴루트라는 이름이 시파트 왕과 예언자 이브라힘의 사건에서 영감을 받아 붙여졌다고 전해진다. 당시 여행자들은 벌게 지역에 도착하면 '넴루트'라 불렀고, 이 이름이 서면 문서에도 기록되었다. 다만, 콤마게네 사건과 넴루트 사건 사이에는 2천 년 이상의 시간 차이가 있으며, 두 사건 간에는 직접적인 관련이 없다.

동쪽 테라스에는 신들의 갤러리가 위치해 있으며, 그곳에는 사자와 독수리, 안티오쿠스, 포르투나, 제우스 아후라마즈다, 헤라클레스, 아폴로 미트라스 등의 조각상이 자리하고 있다. 신들의 갤러리 오른쪽 입구에는 불 제단이 있는데, 이곳에서도 독수리와 사자 조각상을 볼 수 있다. 이 제단은 모래 태그로 만들어졌으며, 독수리와 사자, 그리고 남쪽의 어머니 갤러리와 북쪽의 아버지 갤러리는 재료 특성상 자연적 풍화에 취약해 대부분 훼손되었다. 이 동쪽 테라스는 콤마게네 시대에 축제와 의식이 행해지던 장소이다.

또한 신들의 갤러리 뒤에는 고대 그리스 알파벳으로 쓰여진 안티오쿠스 1세 왕의 신성한 법 '노모'가 있다. 그 내용은 제단에서 향과 향기로운 허브를 많이 태우고, 신들과 사람들을

넴루트 산 동쪽 테라스의 조각상 군

위해 살진 제물을 희생하며, 성스러운 법에 따라 연회 재료와 와인을 풍성히 준비해야 한다는 내용을 담고 있다. 이 법은 당시 신들에게 바치는 의식을 엄숙하게 지키기 위한 지침이다.

넴루트 산은 해발 2,134미터 높이로 튀르키예 동남부에 위치한 고대 콤마게네 왕국의 왕실 묘지이자 신전 유적지다. 기원전 1세기경 안티오쿠스 1세가 건설했으며, 헬레니즘과 페르시아 문화가 융합된 독특한 예술과 종교적 상징물이 이곳에 남아 있다. 산 정상에는 거대한 석

FIRAT KIYISINDA TANRI KRALLAR 유프라테스 해안의 신왕
넴루트 산의 조각상은 제우스 오로마스데스 신을 나타내는 것으로, 올림피아의 제우스 상과는 다른 것이다.

상들이 흩어져 있어, 신들과 왕, 조상들을 형상화함으로써 왕권의 신성함과 정통성을 강조하는 정치적·종교적 의미를 지닌다.

주요 석상으로는 그리스 신 제우스와 조로아스터교 최고신 아후라 마즈다가 융합된 제우스-오로마스데스가 있다. 이 신상은 왕권의 신성함을 상징하며, 왕관을 쓴 위엄 있는 얼굴로 표현되었다. 빛과 예언의 신 아폴로는 곱슬머리와 젊은 얼굴로 묘사되어 헬레니즘과 페르시아 양식이 조화된 모습을 보인다. 힘과 용기의 신 헤라클레스는 강인한 체격과 수염으로 표현되었으며, 왕의 용맹함과 권위를 상징한다. 사냥과 자연의 여신 아르테미스 역시 여성 신상으로, 왕실의 보호와 번영을 기원하는 의미를 지닌다. 또 콤마게네 왕국의 창건자이자 신격화된 왕인 안티오쿠스 1세의 석상도 있으며, 그는 자신을 신들과 동일시하며 왕관을 쓴 모습으로 조각되었다.

이 석상들은 산 정상의 피라미드형 제단 주변에 배치되어 있다. 석상들의 머리 부분은 몸체에서 분리되어 기단 아래에 놓여 있는데, 이는 지진이나 후대의 파괴에 의한 결과이다. 제단의 북쪽 면에는 페르시아 계보를, 남쪽 면에는 마케도니아 계보를 새긴 부조가 새겨져 있어 안티오쿠스 1세의 두 혈통을 강조한다. 서쪽 기단에는 사자와 독수리 조각이 있는데, 이는 왕권과 신성의 상징으로 여겨진다.

넴루트 산 석상들은 헬레니즘 세계와 페르시아 문화가 융합된 독특한 예술 양식을 잘 보여준다. 이들은 왕과 신을 동일시하는 정치적 신격화의 산물로, 왕권의 신성함과 정통성을 대중 앞에 과시하는 역할을 했다. 또한 신화적 요소와 왕실 혈통을 결합하여 콤마게네 왕국의 독립성과 권위를 상징적으로 표현하였다. 오늘날 넴루트 산은 유네스코 세계유산으로 등재되어 고대 동서 문화 교류의 중요한 증거로 평가받고 있다.

우리는 그를 자신의 나라인 아르메니아 왕국에서 '왕'으로 불렀다. 넴루트 산의 계층에 위치한 조상들의 갤러리를 볼 때, '왕 중의 왕'이라는 칭호를 가진 아카이메 왕들이 더 높은 계급을 받았다. 하지만 안티오쿠스 1세는 적어도 알렉산더 대왕과 같은 수준에서 '위대한 왕'이 되었다고 볼 수 있다.

'위대한 왕'이라는 칭호는 안티오쿠스 1세 본인에게 매우 중요했으며, 그의 아들 2세에 이르러서도 계속 통치의 상징으로 사용되었다. 놀랍게도 안티오쿠스 1세가 미트라다테스와 공동 통치하던 시기의 동전에서도 이 칭호가 나타난다. 단일 통치자가 된 이후에는 아르메니아 왕관인 티아르와 함께 안티오쿠스 1세가 묘사된 동전도 존재하는데, 여기에는 두 마리의 독수리 사이에 별 모양 장식이 있으며, 이는 그레이트 티그라네스의 동전과도 유사하다. 동전의 뒷면에는 동그라미 형태의 비문과 함께 사자 조각이 있는데, '사자 운세'에 따르면 이 사자는 안티오쿠스에게 중요한 역할을 했다. 또한 소프라즈 마을의 부조 비석에서는 티아라 착용이 확인되며, '왕'이라는 칭호만 표기된 동전도 같은 방식으로 알려져 있다.

'위대한 왕'이라는 칭호가 안티오쿠스 1세가 단일 통치자로 있던 시기의 동전에 있었다는 사실은 일각에서 오류로 보기도 한다. 그러나 엠보싱, 비문, 동전 분석 결과는 만약 왕조 선전의 일환이라면, 동전에 불완전한 칭호가 인쇄될 가능성은 낮다고 본다. 후기의 동전들은 미트라다테스가 공동 통치 임명 후 '위대한 왕' 칭호를 수락한 직후 만들어진 것으로 보이며, 두 종류의 동전이 순차적으로 발행된 점 역시 이를 뒷받침한다. 이런 초기 형태의 공동 통치는 전례 없는 특이한 경우가 아니다.

안티오쿠스 1세의 사위인 2세 오로데스는 파르티아에서 이와 유사한 사례를 보였다. 그는 기원전 56년에 권력자가 되었고, 장남 파코로스를 기원전 51년에 공동 통치자로 임명하였다. 오로데스는 일부 사트라프들이 파코로스 왕자를 '반대왕'으로 세우려는 움직임에 대비해 예방 조치를 취했다.

역사 기록에서 사모사타에서 포위된 벤티디우스 바수스와 마르쿠스 안토니우스 덕분에, 왕조 내부에 갈등이 있었음이 확인된다. 또 안토니우스의 목적은 전리품 획득이었으며, 그는 안티오쿠스 1세를 폐위시키려 했으나 알렉산드로스라는 다른 인물로 교체했다는 기록이 있다. 초기 미트라다테스 왕세자의 공동 통치 또한 로마 외교 정책에 대한 위협을 견제하기 위한 측면이 컸던 것으로 해석된다.

학자 Anneliese Mannzmann은 안티오쿠스 1세의 컬트 개혁 2단계를 종교 정치적 시도로 보는데, 이는 '로마 식민 권력이 콤마게네에 준 위협에 저항하며 국가와 통치자 컬트를 결합해 국가를 영원히 유지하려는 목적'으로 설명된다.

로마의 주요 경쟁자였던 폰토스의 왕 미트라다테스는 에우파토르와 아르메니아 왕 뷔유크 티그라네스를 물리친 후, 기원전 65~64년 겨울의 아미소스 통치자 회의에서 로마 주권 기초가 마련되었다. 이로 인해 로마-파르티아 유프라테스 완충지대 국가들은 긴장 상태에 놓였다.

안티오쿠스 1세가 달성한 정치적 존경은 스스로를 보호하기에 충분하지 못했고, 그의 권력은 로마에 의해 크게 도전받았다. 폼페이우스가 기원전 62년 봄에 확립한 '신동부 질서' 이후, 안티오쿠스 1세가 사자자리 상징을 통해 자신을 신들 사이의 '신의 왕'으로 소개한 것은 우연이 아니었다.

또한 안티오쿠스 1세는 아마도 셀레우코스 4세의 조상으로 볼 수 있으며, 셀레우코스 4세는 안티오쿠스를 모범으로 삼았다. IV. 펠루시온 전쟁 이후, 안티오쿠스는 동전의 별 관련 상징을 그리고, 일부 구분된 칭호를 폐기하였지만, 콤마게네 왕이라는 칭호는 유지하였다. 그가 이 칭호를 계승했을 때, 이는 자신의 신성한 위상을 더욱 강하게 표현하였어야 함을 의미한다.

넴루트 산의 제우스상은 단순히 그리스 신화의 제우스와 동일한 신이 아니다, 그리스 신 제우스와 조로아스터교의 최고신인 아후라 마즈다를 융합한 '제우스-오로마스데스' 신을 나타내는 점에서 본질적으로 다르다. 이는 헬레니즘 시대에 동서 문화가 혼합되며 나타난 독특한 신앙 형태로, 올림피아의 제우스상과 구분된다.

넴루트 산의 제우스-오로마스데스상은 헬레니즘과 페르시아 신앙이 결합된 신상이다. 이 석상은 콤마게네 왕국의 정치적, 종교적 정체성을 반영한다. 신상은 페르시아 왕관을 쓰고 있어, 동서양 신화가 융합된 상징성을 지닌다. 넴루트 산에 남아 있는 거대한 석상들 가운데 가장 중요한 신상으로 손꼽히며, 왕권과 신성의 결합, 즉 신격화된 왕권의 정당성을 드러낸다고 볼 수 있다.

그에 비해 올림피아의 제우스상은 고대 그리스 올림피아 신전에 세워진 조각상으로, 피

제우스-오로마스데스 상

디아스가 만든 세계 7대 불가사의 중 하나로 여겨진다. 이 상은 순수하게 그리스 신화의 제우스를 표현한 것으로, 헬레니즘 이전 시대의 고전 그리스 조각 양식을 대표한다. 올림피아의 제우스상은 피디아스가 기원전 435년에 만든 명작으로, 대형 좌상이다. 실제로 높이가 12미터에 이르렀으며, 황금과 상아를 재질로 사용해, 그 시대의 최고 조각 기술이 집약된 결과물이었다. 제우스가 왕좌에 앉은 모습은 신권과 왕권을 동시에 상징하며, 신성한 권위와 위엄을 드러냈다. 좌상 주위에는 신화와 제우스의 업적을 묘사한 화려한 부조 장식이 둘러싸여 있었다. 안타깝게도 이 작품은 화재와 파괴로 인해 오늘날에는 남아 있지 않다.

이처럼 넴루트 산의 제우스-오로마스데스 신상과 올림피아의 제우스상은 신격과 문화적 배경, 예술적 맥락 면에서 큰 차이를 갖는다. 넴루트 산은 동서양 문화와 종교가 융합된 상징물을 보여주며, 헬레니즘과 페르시아적 요소가 결합된 왕국의 유산으로 이해해야 한다. 올림피아의 제우스상은 고대 그리스 예술의 걸작이자 신들의 왕 제우스의 권위를 대변하는 명작이다.

넴루트 산 동쪽 테라스에 있는 콤마게네 티케 여신상

티케 여신은 고대 그리스와 로마 세계에서 '운명의 여신' 또는 '행운의 여신'으로 알려져 있다. 티케는 개인의 운명이나 도시의 번영과 행운을 상징하며, 특히 도시국가의 수호신으로 숭배받았다. 고전 신화 속에서 티케는 손에 풍요의 뿔(코르누코피아)을 들고 있는 모습, 또는 머리에 성벽을 형상화한 관을 쓴 모습으로 자주 표현된다.

콤마게네 왕국에서는 헬레니즘과 동방적 신앙이 융합된 독자적인 신격화가 이루어지면서, 티케 여신 역시 중요한 역할을 담당했다. 그는 왕조와 도시, 백성들의 번영과 행운을 기원하는 의미를 담아 넴루트 산 서쪽 테라스에 석상으로 조성되었다. 이처럼 티케 여신 상은 고대 세계에서 번영과 보호, 행운의 상징이자 정치·종교적 정당성의 표상으로 중요한 의미를 지닌다.

넴루트 산 서쪽 테라스에 있는 헤라클레스 석상

    넴루트 산의 헤라클레스 석상은 튀르키예 동남부 콤마게네 왕국의 안티오쿠스 1세가 자신의 무덤과 신들을 기리기 위해 기원전 1세기에 세운 거대한 조각 중 하나이다. 넴루트 산의 석상들은 동쪽과 서쪽 테라스에 배치되어 있으며, 대부분 머리 부분이 지진 등으로 인해 몸체에서 분리되어 바닥에 놓여 있다.

    헤라클레스 식상은 그리스 신화의 영웅이자 신으로서, 강인함과 용기를 상징한다. 특히 머리에는 독특한 투구 장식이 표현되어 있어, 이를 바탕으로 헤라클레스의 머리 조각상으로 추정된다. 넴루트 산에 남아 있는 헤라클레스 석상은 아폴론, 제우스, 콤마게네 여신, 그리고 신격화된 왕 안티오쿠스 1세 등과 함께 고대 신들과 왕의 모습을 담고 있다. 이 석상들은 헬레니즘과 페르시아 문화가 융합된 독특한 예술적 양식과 신성함, 그리고 왕권의 위엄을 보여준다. 넴루트 산에 있는 헤라클레스 석상은 튀르키예 동남부 콤마게네 왕국이 기원전 1세기 안티오쿠스 1세 때 건립한 대표적인 거대 조각상 중 하나이다. 이 석상은 신들의 무덤과 왕의 권위를 기리기 위해 세워졌으며, 현재는 지진 등으로 인해 대부분 머리 부분만 남아 바닥에 놓여 있다. 헤라클레스 석상은 강인함과 용기를 상징하는 영웅이자 신으로, 독특한 투구 모양의 머리 장식이 특징이다. 이 조각상은 헬레니즘 시대의 예술과 종교가 융합된 특색을 보여주며, 아폴론, 제우스, 콤마게네 여신, 안티오쿠스 1세 등과 함께 왕권과 신성함을 상징하는 넴루트 산의 주요 석상들 중 하나로 꼽힌다.

넴루트 산에 있는 사자상은 특별한 고유명칭보다는 일반적으로 '넴루트 산 사자상'으로 불린다. 이 사자상은 넴루트 산 유적지에서 왕권과 힘, 그리고 보호를 상징하는 중요한 조각상으로, 제단 주변에 배치되어 있다. 콤마게네 왕국의 권위와 신성함을 나타내는 상징물 중 하나로서, 넴루트 산 석상군은 신들과 왕, 그리고 동물 상징물이 혼합된 형태다. 그중 사자상은 특히 왕권과 용맹함을 상징하는 대표적인 동물 조각상으로 여겨진다.

제우스-오로마스데스 석상

넴루트 산의 제우스-오로마스데스 석상은 고대 콤마게네 왕국의 독특한 왕권 신앙과 예술, 그리고 동서양 문화가 융합된 상징적 유적 가운데 하나이다. 이 석상은 기원전 1세기 안티오쿠스 1세가 자신의 무덤이 위치한 넴루트 산 정상에 신격화된 왕권을 표현하고, 정통성과 신성함을 대중에게 과시하기 위해 조성한 대형 군상 중 핵심적인 존재다.

제우스-오로마스데스는 이름에서 알 수 있듯이, 그리스 신화의 최고신 제우스(Zeus)와 페르시아, 조로아스터교의 주신인 아후라 마즈다(Oromasdes, Ahura Mazda)를 융합한 신격이다. 헬레니즘 시대 콤마게네 왕국의 현실을 반영하듯 이 신상은 서양의 그리스 신들과 동방의 페르시아 신앙이 결합된 형상으로, 양국의 혈통과 문화적 정체성을 한몸에 드러낸다. 실제로 이 신상은 위엄 있는 자세와 풍부한 디테일, 왕관 등의 상징물을 통해 초월적 권위와 위력을 표현하며, 왕과 신의 동일시라는 주제를 시각적으로 전달한다.

석상은 본래 거대한 크기의 몸체와 함께 제단과 나란히 배치되어 있었고, 햇빛이 비추는 동쪽을 바라보고 있어 신성한 의식의 공간이자 상징적 보호자 역할을 했다. 신상의 앞에는 제단이 있고, 왕국의 주요 기념일과 의례에서 향과 제물이 바쳐졌으며, 이는 신과 왕, 국가의 결속을 다지는 의미였다. 불의 제단과 위병 역할을 하는 동물상(**사자와 독수리 등**)과도 함께 배치되어, 자연과 우주의 질서, 그리고 권력의 원천이 하늘과 연결되어 있음을 상징적으로 드러냈다.

제우스-오로마스데스 석상은 단순한 신상에 그치지 않고, 정치적·신화적·문화적 함의를 모두 내포한다. 그리스의 올림포스 신들과 조로아스터교 최고신이 융합되면서, 이 석상은 왕권의 신성함뿐 아니라 왕국이 동서 문명의 교차로임을 대담하게 보여준다. 콤마게네 왕국은 이러한 상징체계를 통해 내외적으로 정치적 정통성과 자주성을 확립했고, 석상은 그 유산이 오늘날까지도 생생하게 전해지는 증거다.

널리 보전된 이 군상은 유네스코 세계유산으로 등재되어 있으며, 고대 미술과 왕권 신격화, 그리고 동서양 사상의 교차 과정을 연구하는 데 더없이 소중한 자료다. 무엇보다 제우스-오로마스데스 석상은 넴루트 산이 지닌 신비로운 분위기를 대표하는 존재로, 고대 세계의 미학과 사상, 그리고 역사적 맥락을 한눈에 보여주는 결정적 유물이다.

안티오쿠스 1세 석상

넴루트 산에 있는 안티오쿠스 1세 석상은 콤마게네 왕국의 창건자이자 신격화된 왕인 그의 모습을 표현한 매우 중요한 조각상이다. 전형적으로 넴루트 산 석상들은 왕관을 쓴 위엄 있는 모습으로 왕권과 신성함을 상징하는데, 이 석상은 안티오쿠스 1세의 권위와 정통성을 나타낸다.

석상의 얼굴이 비교적 젊어 보이는 점은 흥미로운 특징이다. 이는 고대 왕조의 조각에서 때로 볼 수 있는 이상화된 표현일 가능성이 크다. 즉, 실제 나이보다 젊고 이상적인 모습으로 묘사하여 왕권의 영원함과 활력을 상징하고자 한 예술적 의도일 수 있다. 또한, 헬레니즘 시대 조각 양식은 왕이나 신의 이미지를 이상화하는 경향이 있어, 실제 인물의 나이보다는 권위와 신성함을 강조하는 표현 형태로 볼 수 있다. 즉, 이 젊은 얼굴은 안티오쿠스 1세의 신성한 왕권과 이상화된 영광을 상징하는 요소로 해석된다.

넴루트 산, 서쪽 테라스, 신의 머리: 젊은 아폴론-미트라와 오래된 제우스-오로마스데스

넴루트 산, 서쪽 테라스에서 제우스상과 독수리 그리핀상과 사자상

넴루트 산 서쪽 테라스 / 그리핀 독수리상과 안티오쿠스 1세

넴루트 산 동쪽 테라스는 콤마게네 왕국의 안티오쿠스 1세가 기원전 62년에 자신의 무덤을 조성하면서 만든 3개의 테라스 중 하나로, 가장 웅장하고 완전한 형태를 유지하고 있는 공간이다. 이곳에는 약 8~10미터 높이의 거대한 왕과 신들의 석상이 왕좌 위에 나란히 앉아 배치되어 있다. 석상들은 태양이 떠오르는 동쪽을 향해 있어 신성한 의식과 하늘의 권위를 상징한다.

동쪽 테라스에는 안티오쿠스 1세 자신과 함께 마케도니아·페르시아 혈통을 반영한 다양한 신상들이 있다. 그중에서는 제우스-오로마스데스(그리스 신 제우스와 페르시아의 아후라 마즈다를 결합한 신), 아폴론-미트라스(태양신과 전쟁의 신의 복합체), 헤라클레스(힘과 용기의 신), 티케(행운의 여신) 등이 있으며, 이들 사이에 왕좌에 앉은 안티오쿠스 1세가 위치한다. 신상은 각기 왕국의 신성함과 권위를 대변하며, 왕이 신들과 동등하거나 그 이상임을 상징적으로 드러낸다.

테라스 앞에는 불을 피우는 제단과 수호자 역할을 하는 사자상과 독수리상이 배치되어 있어 신성한 제례가 이루어졌던 장소임을 보여준다. 이 제단과 수호상들은 권력과 보호를 상징하며 해당 공간의 종교적, 정치적 중요성을 한층 강조한다.

넴루트 산 동쪽 테라스는 그 예술적 가치와 역사적 중요성 때문에 1987년 유네스코 세계유산에 등재되었으며, 고대 동서 문화의 융합과 왕권 신격화의 생생한 증거로 평가받는다. 오늘날 이 곳은 고고학적 연구뿐만 아니라 많은 관광객이 찾는 튀르키예의 대표적인 유적지 중 하나이다.

넴루트 산 동쪽 테라스에 있는 제우스 오로마스데스의 머리와 안티오쿠스 1세의 아버지의 조상들. 조상들의 부조에서. Dareios, 이름을 확실하게 결정할 수 없는 아르메니아 왕 "-danes"

넴루트 산의 이 조각상은 일반적으로 '미트리다테스' 왕상으로 알려져 있다. 이 거대 조각상은 콤마게네 왕국 왕실의 권위와 정통성을 시각적으로 드러내기 위해 세워진 유물로, 왕 안티오쿠스 1세와 그의 조상, 그리고 신들을 형상화한 석상들 중 하나이다. 특히 이 조각상은 머리 위에 표현된 독특한 왕관 모양과 인상적인 얼굴 특징으로 인해 콤마게네 왕조의 왕이나 왕족을 상징하는 모습이라 볼 수 있다.

넴루트 산의 석상들은 신과 왕을 동일시하는 헬레니즘과 페르시아 문화 융합의 대표적 유산이다. 이러한 융합 양식은 왕의 신성함과 권위를 한층 강조하며, 왕이 곧 신의 권능을 지녔음을 드러내는 상징적 역할도 했다. 이와 같은 석상들은 당시 왕국의 정치·종교적 정체성을 후대에 전하는 중요한 문화유산으로 평가된다.

넴루트 산 '미트리다테스'(Mithridates) 왕상

적석총, 또는 쿠르간이라고 불리는 고대 무덤 형태는 돌이나 흙, 자갈 등을 쌓아 올려 만든 고분이다. '쿠르간'이라는 용어는 주로 유라시아 초원 지대에서 발견되는 고분을 가리키는 러시아어 및 튀르키예어에서 유래했으며, 적석총과 거의 같은 의미로 사용된다. 적석총은 청동기 시대부터 철기 시대에 이르기까지 유목민과 정착민 사회에서 왕족이나 귀족 등 중요한 인물의 무덤으로 조성된 경우가 많다.

　적석총의 외형은 둥글거나 타원형인 큰 흙무더기나 돌무더기로 이루어져 있으며, 크기는 수 미터에서 경우에 따라 수십 미터에 이르기도 한다. 내부에는 무덤실, 즉 매장실이 있으며, 이 공간은 돌로 쌓거나 나무로 만든 관이나 방 형태로 구성된다. 피장자의 유골과 함께 무기, 장신구, 생활용품 등의 부장품이 함께 묻혀 있어 고대 사회의 문화와 생활상을 알 수

넴루트 산 안티오쿠스(Antiochos) 1세 영묘 유프라테스강 자갈로 쌓아 올린 적석총

있는 중요한 자료가 된다. 이처럼 적석총은 단순한 무덤 이상의 의미를 지니는데, 권력과 신분을 과시하고 사회적·종교적 상징으로서 기능했다.

유라시아 초원 지대에서는 스키타이, 흉노, 돌궐 등 다양한 유목민 문화에서 적석총이 널리 발견된다. 이들은 고대 동서 문명 간 교류의 중요한 증거로 평가받으며, 적석총이라는 형태는 유목 사회의 권력 체계와 사후 세계관을 반영하는 문화적 유산이다. 이에 반해 튀르키예에 위치한 넴루트 산의 적석총은 콤마게네 왕국이라는 독특한 헬레니즘과 페르시아 문화가 융합된 왕국에서 만들어진 대표적 사례이다. 넴루트 산의 적석총은 그 거대함과 인공적으로 축조된 돌무더기라는 점에서 매우 인상적이며, 높이가 약 50미터에 이른다.

넴루트 산 적석총은 콤마게네 왕국의 안티오쿠스 1세의 영묘로 추정된다. 이 무덤은 단순한 사망자의 안식처를 넘어, 왕의 신성함과 권위를 상징하는 정치적, 종교적 공간이다. 무덤 주변에는 크고 작은 신상과 왕상들이 배치되어 있는데, 이는 왕권의 정통성과 신성함을 시각적으로 과시하는 역할을 했다. 또한, 이러한 석상들은 헬레니즘과 페르시아 문화가 혼합된 혼합 양식으로, 콤마게네 왕국이 동서양 문명 교차로에 있던 다문화 왕국임을 보여주는 대표적인 예이다.

넴루트 산 적석총의 내부 매장실은 아직 완전히 발굴되지 않은 상태이며, 대부분의 연구는 봉분과 주변에 배치된 거대한 신상들과 부조를 중심으로 이루어져 있다. 봉분과 신상들은 고대 왕권과 신성의 상징물로서, 당시 왕의 권위와 신성함, 그리고 정치적 위상을 대중과 후대에 전달한 중요한 문화유산이다. 넴루트 산을 직접 방문한 고고학자들과 연구자들은 이 거대한 적석총과 신상들이 고대인의 신념과 예술, 권력 구조를 시각적으로 이해하는 데 큰 도움을 준다고 평가한다.

요약하면, 적석총 또는 쿠르간은 돌과 흙을 쌓아 올려 만든 고대 무덤으로, 주로 유라시아 초원 지대에서 발견된다. 이 무덤들은 둥근 돌무더기 형태이며 내부에 매장실과 부장품을 포함한다. 적석총은 단순한 무덤을 넘어 권력과 신분을 과시하는 정치적·종교적 상징물로 기능했다. 넴루트 산의 적석총은 약 50미터 높이의 거대한 돌무더기로, 콤마게네 왕국 안티오쿠스 1세의 영묘로 추정되며 왕권과 신성의 상징으로 신상과 함께 조성되었다. 이 유적은 헬레니즘과 페르시아 문화가 융합된 고대 왕국의 역사적·문화적 상징으로, 고대 동서 문명 교류와 정치문화 연구에 중요한 자료로 평가된다.

넴루트 산에서 발견된 이 부조는 안티오쿠스 1세와 여러 신들이 악수하는 장면을 묘사한 것으로 추정된다. 안티오쿠스 1세는 콤마게네 왕국의 창건자로서, 자신을 신들과 동등한 존재로 표현하기 위해 이와 같은 악수 부조를 왕릉에 여러 점 남겼다. 특히 부조 속 인물 중 한 명이 몽둥이와 사자 가죽을 걸치고 있는 모습이 보인다면, 이는 그리스 신화의 영웅 헤라클레스(아

안티오쿠스 1세와 여러 신들이 악수하는 장면을 묘사한 부조

르타그네스-아레스)일 가능성이 높다. 이 장면은 왕과 신이 서로 손을 맞잡음으로써 신성함과 왕권의 정통성을 함께 상징하는 중요한 의미를 담고 있다.

넴루트 산 유적에서 발견되는 악수 부조들은 다양한 신상들과 왕의 모습을 함께 조각해 콤마게네 왕국의 정치적, 종교적 권위를 강조하는 시각적 수단이었다. 이러한 부조들은 안티오쿠스 1세가 단순한 인간 왕을 넘어 신과 같은 권위를 가진 존재임을 대중과 후세에 알리고자 했던 의지를 보여준다. 또한 이 부조들은 헬레니즘의 신격화 전통과 페르시아 왕조의 권력 상징이 혼합된 독특한 문화적 표현으로, 넴루트 산이 동서양 문화가 교차하는 중요한 지점임을 보여주는 역사적 증거라고 할 수 있다.

따라서 이 부조는 단순한 조각 이상의 의미를 지니며, 왕과 신이 결합된 정치적 상징물로서 콤마게네 왕국의 독립성과 왕권의 신성함을 강하게 드러내는 자료다. 이를 통해 당시 왕국이 자신들의 권위를 어떻게 시각적, 문화적으로 표현했는지 알 수 있으며, 넴루트 산 유적이 고대 동서 문화 융합의 중요한 산물임을 입증하는 역할도 한다.

페르시아 크세르크세스 1세(Xerxes I), 다리우스 1세(Darius I) 부조상

넴루트 산에 있는 이 두 부조는 각각 아케메네스 페르시아 제국의 두 왕을 기리는 스텔레(석판 부조)로, 오른쪽 부조는 크세르크세스 1세(Xerxes I), 왼쪽 부조는 다리우스 1세(Darius I)를 묘사한 것으로 추정된다.

이 부조들은 기원전 1세기 콤마게네 왕국의 안티오쿠스 1세가 조성한 왕릉 유적의 일부로, 동서양 신들과 함께 왕의 계보와 정통성을 강조하기 위해 다양한 왕 조상들의 형상을 새긴 것이 특징이다. 오른쪽의 크세르크세스 1세 부조는 페르시아 제국의 왕이자 다리우스 1세의 아들로, 왕의 권위와 업적, 혈통을 기념한다. 반면 왼쪽의 다리우스 1세 부조는 안티오쿠스 1세가 자신의 페르시아계 조상임을 드러내기 위해 선택한 인물로, 아케메네스 제국의 세 번째 샤한샤(대왕)이자 크세르크세스 1세의 아버지를 상징한다.

이 부조들은 넴루트 산 서쪽 테라스에 놓여 있으며, 콤마게네 왕국이 헬레니즘과 페르시아 문화 전통을 계승했다는 정치적·문화적 메시지를 시각적으로 드러낸다.

넴루트 산 서쪽 테라스에 위치한 사자상은 독수리상과 나란히 배치되어 있으며, 테라스를 수호하는 중요한 수호자 역할을 한다. 이 사자상은 왕권과 힘을 상징하는 웅장한 모습으로 앉아 있다. 사자의 몸체에는 별과 초승달 문양이 정교하게 새겨져 있어 천체와 신성한 힘을 상징하는 의미를 담고 있다. 비록 머리는 일부 손상되었지만, 전체적으로 뛰어난 조각 기술과 예술적 가치가 돋보인다.

사자는 고대 근동과 페르시아 문화에서 왕권과 용맹함, 그리고 보호의 상징으로 여겨진다. 넴루트 산의 이 사자상 역시 왕국과 신성한 권위를 지키는 역할을 하며, 안티오쿠스 1세 왕의 권력과 신성함을 강조하는 중요한 상징물이다. 또한 별과 초승달 문양은 하늘의 신성한 힘과 우주의 질서를 나타내어, 왕권이 우주적 질서와 연결되어 있음을 의미한다.

문화적으로 넴루트 산은 헬레니즘과 페르시아 문화가 융합된 지역으로, 이 사자상 또한 두 문화가 결합된 독특한 예술성을 반영한다. 그리스 조각 양식과 페르시아 상징이 조화롭게 어우러져 있어, 넴루트 산 유적의 신비로움과 고대 왕국의 권위, 그리고 동서양 문화가 만나는 지점을 상징하는 매우 중요한 유물로 평가된다.

Nemrut Mount, dexiosis 구호와 서쪽 테라스의 사자상

▮ 넴루트 산 석상들의 역사적 의미

넴루트 산의 거대한 석상들은 콤마게네 왕국의 창건자인 안티오쿠스 1세가 자신의 권위와 신성을 과시하기 위해 세운 것이다. 이 석상들은 왕과 신을 동일시하는 신격화 전략의 일환으로, 왕권의 정통성과 신성함을 대중에게 강력하게 알리는 역할을 했다. 제우스-오로마스데스, 아폴로, 헤라클레스, 아르테미스 등 그리스 신들뿐만 아니라 페르시아 신앙이 혼합된 신상들이 함께 배치되어, 동서양 문화가 융합된 모습을 보여준다.

석상 주변에는 안티오쿠스 1세의 두 혈통을 새긴 부조가 자리 잡고 있다. 북쪽 면에는 페르시아 조상, 남쪽 면에는 마케도니아 조상이 새겨져 있어 두 혈통이 대칭적으로 배열되어 왕의 정통성을 강조한다. 이는 헬레니즘 세계와 페르시아 전통을 모두 아우르는 정치적 메시지를 담고 있다.

넴루트 산의 제단과 석상들은 단순한 무덤 이상의 의미를 지닌다. 이곳은 왕국의 정치적 권위와 종교적 권위를 상징하는 장소로, 거대한 석상과 피라미드형 제단은 왕의 신성한 권위를 시각적으로 표현하며 왕권 강화에 크게 기여했다. 더불어, 사자와 독수리 조각상들은 힘과 보호, 그리고 왕권을 상징하며 제단을 수호하는 역할도 담당했다.

이 석상들은 헬레니즘과 페르시아 문화가 융합된 독특한 예술 양식의 산물로, 그리스 신화의 신들과 페르시아 신앙 최고신 아후라 마즈다가 결합한 '제우스-오로마스데스' 신상이 대표적이다. 이러한 융합은 콤마게네 왕국이 동서 교차로에 위치한 다문화 왕국임을 잘 반영한다.

넴루트 산은 2천 년이 넘는 세월 동안 잘 보존되어 오늘날 고대 헬레니즘 시대와 페르시아 문화의 교류를 보여주는 중요한 유산으로 평가된다. 현재는 유네스코 세계유산으로 등재되어 있으며, 고대 동서 문화 교류와 왕권 신격화 연구에 중요한 자료가 되고 있다. 넴루트 산의 석상들은 단순한 조각상을 넘어서, 고대 왕국의 정치, 종교, 문화가 복합적으로 담겨 있는 상징물이라 할 수 있다.

서쪽 테라스에 위치한 사자 운세는 세계에서 가장 오래된 운세 중 하나이다. 이 사자의 높이는 175㎝, 너비는 240㎝로, 사자가 오른쪽을 향해 걸어가는 모습을 보여준다. 사자의 몸에는 열아홉 개의 별이 있으며, 이 별들은 기저 행성들을 형상화한 것이다. 사자의 목 아래에는 초승달 모양이 있는데, 이 초승달은 접시 모양을 하고 가운데에 별이 위치해 있다. 별 가운데 하나인 레굴루스는 콤마게네 왕국의 별로 알려져 있다.

별들은 8개의 주요 별과 그 외에 여러 하위 별들로 구성되어 있으며, 기본 행성들은 화성, 목성, 수성 순서로 꼬리에서 뒤쪽까지 줄지어 있다. 이 행성들의 이름은 고대 그리스 알파벳으로 표기되어 있다. 점성술적 상징으로서 화성은 헤라클레스, 수성은 아폴로, 목성은 제우스를 나타낸다.

넴루트 산의 사자상

사자 운세에 대해 점성학적으로 결정된 날짜는 기원전 62년 7월 7일로, 이는 콤마게네인들이 점성술에 대한 깊은 연구와 지식을 가지고 있었음을 보여준다. 특히 이 점성술 구성이 2만 년에 한 번 일어나는 현상으로 추정되며, 이 날짜는 안티오쿠스 1세 왕이 왕위에 오른 시점과 관련 있을 수도 있다. 이 운세는 당시 왕국의 권위와 신성한 권력을 점성술과 결합해 상징적으로 표현한 중요한 문화 유산이다.

사자 황도판은 서쪽 테라스에서 발견된 세계적으로 가장 오래된 점성술 도판 중 하나이다. 이 도판의 크기는 높이 175㎝, 너비 240㎝이며, 오른쪽을 향해 걷는 사자를 나타낸다. 사자의 몸에는 열아홉 개의 별, 세 개의 행성, 그리고 목 아래에 하나의 초승달이 새겨져 있다. 별들은 각각 8개의 광선으로 표현되어 있으며, 꼬리 아래 부분에는 세 개의 행성이 일렬로 배치되어 있다. 이 행성들은 차례로 화성, 목성, 수성을 의미하며, 모두 상징적인 원반 형태로 새겨져 있다. 각 행성의 이름은 고대 그리스 문자로 기록되어 있다. 사자 몸의 초승달은 접시처럼 생겼으며 중앙에는 하나의 별이 있다. 이 별은 레굴루스(Regulus)로, 콤마게네인들의 상징별이다. 사자 황도판에 표현된 점성학적 구성은 기원전 62년 7월 7일을 가리키는 것으로 확인된다.

화성은 헤라클레스를, 수성은 아폴로를, 목성은 제우스를 상징한다. 사자 황도판의 점성학적 해석을 통해 콤마게네인들이 정교한 점성술 지식을 보유하고 있었음을 알 수 있다. 별자리 배열이 스무 번째 별을 중심으로 구성되어 있으며, 이 도판이 만들어진 시기가 당시 왕이었던 안티오쿠스 1세의 즉위 시기와 일치하는 것으로 추정된다.

이 사진은 1882년에 발굴된 사자 황도판의 손상되지 않은 상태를 보여준다.

콤마게네 왕국 사자 황도판

02. 콤마게네 카흐타 왕성
Commagene Kahta Castle

▌카흐타 성(Kahta Castle)

　카흐타 성(Kahta Castle)은 튀르키예 아디야만 주 카흐타 지구에 위치한 대표적인 고대 유적지로, 넴루트 산 국립공원(Nemrut National Park)으로 향하는 길목에 자리하여 방문객에게 높은 인기를 끌고 있다. 본 유적의 건축 연대는 정확히 밝혀져 있지 않으나, 구조적 특성과 주변 고고학적 맥락에 비추어 볼 때 기원전 2세기 히타이트 시대의 산성에서 기원을 찾는 견해가 있으며, 이후 로마 시대에는 행정 중심지 역할을 하였다. 특히 콤마게네 왕국(Commagene Kingdom) 시대에는 아르사메이아(Arsameia)와 함께 주요 행정·정치적 거점으로 사용되었고, 중세에는 비잔틴 제국, 맘루크 왕조, 셀주크 투르크, 오스만 제국 등 다양한 집단에 의해 점유 및 확장, 보수되어 왔다. 맘루크 왕조는 1260년대에 대대적으로 복원하였으며, 성문의 비문에는 맘루크 술탄 칼라운(Qalawun)과 아슈라프 칼릴(Asrah Khalil), 나시르 무함마드(Al-Nasir Muhammad)의 이름이 확인되어 당시 맘루크 건축 활동의 흔적을 보여주고 있다.

　현대에 들어 2005년부터 대규모 복원 작업이 단계적으로 진행되었으며, 2022년과 2023년에 걸친 지진으로 인한 구조적 손상이 발생하였으나, 문화관광부 주도로 주요 구간이 재개방되는 등 적극적인 보존 조치가 이어지고 있다. 성은 전략적 요새로서 카흐타 강 인접 절벽 위에 위치해 평야 및 산악 지형을 조망하며, 높은 성벽으로 둘러싸인 내부·외부 궁전, 거주 공간, 시장, 상점, 저수지, 욕탕, 감옥, 저수조, 던전, 모스크 등 다양한 용도의 공간으로 이루어져 있다. 특히 남측 경사면에는 위급 시 안전한 대피를 위한 비밀 통로(비둘기집과 연계)가 설치되어 있으며, 국가 및 군의 통신망 역할을 감당한 32개 공간의 비둘기집이 자리하고 있다.

　건축 양식상 카흐타 성은 콤마게네, 로마, 셀주크, 맘루크, 오스만 등 여러 문명의 특성이 공존하며, 성곽 내외부에는 각 시대별 정치·종교적·생활적 실경이 중첩되어 있다. 아르사메이아와 같은 고대 도시 및 주변의 다양한 유적과 더불어, 본 성은 남투르키예 산악 지대의 역사·문화 경관을 대표하는 유산으로 평가받는다. 유네스코 세계유산인 넴루트 산 일대와 연계된 풍부한 유산적 연속성, 지속적인 보존 복원 사례, 중세 이슬람 왕조의 건축 행위 등은 지역사 연구 및 문화유산관리 측면에서 중요한 사례로 기능한다.

카흐타 성 구조, 기능, 복원, 역사적 연속성에 대한 연구는 고대에서 현대에 이르는 서아시아·남투르키예 역사문화 변천사를 조명함과 동시에, 다양한 민족과 왕조의 거점이 중첩된 성곽도시로서의 가치를 뒷받침한다. 넴루트 산을 방문하는 관람객에게도 고대 건축, 자연경관, 문화유산의 복합적 측면을 선사하는 대표적 고고학적·관광 자원으로 볼 수 있다.

카흐타 성 전경

카흐타 성 입구

콤마게네 왕국 시대에 건설된 카흐타성(Karta Kalesi)은 전략적 요충지에 위치하여 왕국의 방어와 행정 기능을 담당한 중요한 요새이다. 이 성은 주로 견고한 돌로 쌓은 성벽과 내부 건축물로 구성되어 있으며, 당시 군사적·정치적 중심지로서 기능하였다. 특히 넴루트 산 유적과 인접해 있어 콤마게네 왕국의 주요 거점 중 하나로 평가된다.

성의 구조는 두꺼운 돌벽과 방어용 탑들이 배치되어 외부 침입에 효과적으로 대응할 수 있는 견고한 방어체계를 갖추고 있다. 내부 공간에는 행정 공간, 병사들의 숙소, 무기고 등이 포함되어 있으며, 사진에 나타난 작은 돌무더기(적석)와 좁고 긴 창문은 방어와 동시에 채광을 위한 설계적 특징으로 해석된다. 이러한 좁고 긴 창문은 적의 공격을 방어하면서 내부에서 외부를 관찰할 수 있도록 고안된 구조물이다.

카흐타성은 콤마게네 왕국의 정치적 안정과 군사적 방어를 상징하며, 넴루트 산의 신성한 왕릉과 더불어 왕국의 종교적·정치적 중심지를 구성하는 중요한 유적으로 간주된다. 성 내부의 돌무더기와 적석은 당시 건축 기술과 방어 전략뿐 아니라 의식적·종교적 의미까지 내포하고 있을 가능성이 있다.

사진에 담긴 카흐타성 내부 모습은 견고한 돌벽과 방어적 설계 요소를 확인할 수 있으며, 좁은 창문과 돌무더기는 군사적 긴장감과 함께 의식적인 용도로 사용되었을 가능성을 시사한다. 전반적으로 단순한 구조임에도 불구하고 이 요새는 콤마게네 왕국의 왕권과 권위를 실감케 하는 중요한 공간임을 부각시킨다.

카터성에서 관찰되는 석재 축조 기법은 주로 불규칙한 자연석을 활용하여 쌓아 올리는 '조적식 축조법'의 일종으로, 이는 고대 성곽에서 흔히 볼 수 있는 전통적인 건축 방식이다. 이 축조법은 해당 시대의 기술력과 자원 상황에 맞춰 효율적으로 설계된 것으로, 돌의 크기와 모양이 일정하지 않아도 견고한 성벽을 구축할 수 있다는 특징을 지닌다. 특히, 돌과 돌을 잘 맞물리게 쌓는 기능과 함께, 틈새마다

주피터 돌리케누스에게 바쳐진 부조
주피터 돌리케누스(Jupiter Dolichenus)는 고대 로마와 근동에서 숭배된 신으로, 번개와 천둥의 신인 로마의 주피터(Jupiter)와 시리아의 돌리케누스(Dolichenus) 신앙이 융합된 신격이다.

모래와 자갈, 석회 혼합물인 모르타르를 적절히 사용함으로써 내구성을 크게 높였다.

실제 카터성의 벽체에서는 자연석을 주재료로 하여 불규칙하게 쌓아 올린 흔적이 뚜렷하게 관찰되며, 일부 구간에서는 모르타르로 마감·보강한 부분도 확인된다. 이러한 축조법은 고대부터 중세에 이르기까지 오랜 기간 이어진 전통으로서, 돌의 무게와 맞물림만으로도 충분한 견고함을 유지하고, 아치형 구조나 두꺼운 벽체가 하중을 효과적으로 분산시키는 기능을 한다.

또한 외부 충격과 침식에 대비하기 위해 일부 표면은 모르타르로 세밀하게 마감하거나, 돌을 다듬어 평면을 맞추는 처리 방식도 사용되었다. 궁극적으로 이와 같은 석축 방식은 방어력을 강화하고 내구성을 크게 높였으며, 성곽이 위치한 자연환경과 조화를 이루어 건축적·기능적 목적을 빈틈없이 달성하는 데 기여하였다.

타츠아그와 아두의 기원은 불분명하다. 이들 지역에는 전설적인 영웅 아크리타스와 그의 궁전 이야기가 전해지며, 그의 서사시는 오랜 세월 동안 그리스 세계에서 전해 내려왔다.

비잔티움 제국의 북동 전선에서 발생한 권력 변화는 토러스 산맥과 유프라테스 산맥 사이의 지역에 큰 영향을 미쳤다. 1045년 비잔틴의 탄압으로 아르메니아 바그라티 왕조가 멸망했으며, 이로 인해 남코카서스와 반호수 사이에 있던 아르메니아 왕국은 셀주크족의 압박에 비잔틴의 지원 없이는 더 이상 저항할 수 없게 되었다. 이에 많은 아르메니아 귀족과 그들의 가족들이 토러스 산맥 주변과 그 인근 지역으로 이주하게 되었다.

1071년 말라즈기르트 전투에서 비잔틴의 로마노스 디오게네스가 셀주크 술탄 알프 아르슬란에게 패하면서 아나톨리아의 문은 셀주크에게 열렸다. 이어 튀르키예 군은 왕국 대부분이 비워진 지역과 토러스 산맥, 비잔티움 산맥 사이의 아르메니아인이 점유한 작은 지역에 진입하였다.

이 과정에서 새 통치자들은 비잔틴, 셀주크, 시리아 에미레이트 간의 경계 지역인 중간지대에 자신들의 독립 공국을 세우는 기회를 잡았다. 그러나 명목상 비잔틴 통치 하에 있었던 이 지역은 사실상 독립적인 통치가 이루어졌다.

11세기 후반, 아르메니아 사령관이자 비잔틴에 복무하던 필라레토스는 벽과 요새를 구축

카흐타 성 내부

하며 유프라테스 지역을 하나로 통합했으나, 그의 사후 새로 형성된 권력은 분열되었고 경쟁하는 가문들이 개별 주권을 행사했다.

첫 번째 십자군 원정 전날 상황은 산악 지형의 험난한 여정을 거쳐 마라스(현 카흐라만마라스)에서 벌어진 전투로 재점화되었다. 보두앵은 다른 지휘관들과 단절한 채 1097년 가을, 소수의 병력으로 유프라테스를 계속 점령했으며, 후에 이 지역의 아르메니아 귀족 가문들이 그의 권위를 인정하고 에데사 백작령이라는 최초의 프랑크 국가가 세워졌다.

그 후 약 50년간 프랑크족은 피라트 지역에서 주권을 확립했으나, 종교적 유대와는 달리 아르메니아인, 수리아인, 프랑크인 사이에는 실질적인 정치적 단결이 사라졌다.

1144년 에데사는 강제 방어 끝에 함락되었고, 수년 후 토러스 산맥과 유프라테스 산맥 사이의 주요 도시들이 항복하면서 이 지역은 그리스 셀주크, 아르투크, 알레포 세력 사이에 분할되었다.

이 시기 프랑크와 아르메니아 도시 성들은 일부 개조되며 행정 중심지 역할을 키웠다. 이러한 발전의 예는 카흐타(예스키 카흐타) 지역에서 확인된다. 중세 초기에, 이곳에선 수도원 주변을 아르메니아인들이 점령하고 있던 기록이 있다. 당시 에데사는 백작령으로서 중대한 역할을 하였다.

02. 콤마게네 카흐타 왕성

카흐타 성 방어의 방

　카흐타성은 가파른 절벽 위에 세워져 있어 전략적 방어에 매우 유리한 위치를 차지하고 있다. 이러한 절벽은 자연적인 요새 역할을 하여 적의 접근을 어렵게 만들고, 방어력을 극대화할 수 있는 환경을 제공한다. 또한 높은 위치는 주변 지역과 주요 교통로를 한눈에 감시할 수 있어 왕국의 안전과 행정 통제에도 큰 도움이 되었다. 절벽 위에 세운 성은 단순한 방어 시설을 넘어 왕국 권력의 위엄과 신성함을 상징하며, 하늘에 가까운 위치에서 신과 왕권의 연결을 표현하는 의미도 함께 지니고 있다.

님파오이스 개울은 '님프들의 장소'를 뜻하는 고대 그리스어로, 자연의 정령인 님프들이 거주하는 신성한 물줄기를 의미한다. 콤마게네 왕국에서는 이 개울의 물이 주변 도시들에 공급되면서 풍요와 생명의 상징이자, 왕국의 번영과 자연의 조화를 상징하는 중요한 문화적·종교적 유산으로 여겨졌다.

사진 속 아치 다리는 콤마게네 왕국 시대에 건설된 것으로 보인다. 이 아치 구조는 헬레니즘과 페르시아의 건축 양식이 융합된 형태로, 콤마게네 왕국의 기술력과 문화적 특색을 잘 보여준다. 아치는 단순한 건축물이 아니라 개울을 건너는 교통로 역할을 하면서 동시에 물 공급과 관리, 그리고 왕국 내 도시 연결망의 중요한 인프라 역할을 했을 가능성이 크다. 넴루트 산 주변 산악 지형에서 효율적인 물 관리와 교통 네트워크 구축에 심혈을 기울였던 콤마게네 왕국의 군사적, 문화적, 경제적 중요성을 반영하는 요소라 할 수 있다.

님파오이스라는 이름은 콤마게네 시대에 두 성곽 사이에 있는 물에 붙여진 이름이다. 이 이름은 '물요정'을 의미하며, 옛 카흐타 성곽에서 나오는 물과 유프라테스 강의 물이 합쳐져 두 번째 수도인 삼사타에 물을 공급하는 역할을 한다. 산에서 유프라테스까지 흐르는 이 물길을 따라 많은 콤마게네 정착지들이 자리하고 있다. 님파오이스는 풍요와 생명을 상징하는 신성한 물줄기로 여겨졌다.

카흐타 성곽 풍경

카흐타 성 방어 성벽

카흐타 성 방어 성벽

카흐타 성 지하로 내려가는 동굴 계단

카흐타 성의 지하 터널은 중세부터 근세에 이르기까지 전략적 방어시설로 중요한 역할을 수행하였다. 이 터널들은 외부의 공격이나 포위 상황에서 성 내부와 외부를 연결하는 비밀 통로나 탈출구로 빈번하게 활용되었다. 병력의 은밀한 이동과 보급 확보, 위급 상황에서의 비상 탈출 등이 이루어졌으며, 군사적 전략 수행의 중심이 되었다.

이러한 지하 터널은 돌이나 벽돌을 견고하게 쌓아 만든 아치형 통로로, 구조적 안정성이 매우 높았다. 통로 내부에는 돌계단이 설치되어 출입이 용이하게 설계되었으며, 아치형 천장과 돌계단은 터널의 내구성을 높이고 적의 침입을 효과적으로 방지하는 기능을 수행하였다. 주로 성벽 내 주요 출입구 근처, 중앙 요새 아래, 그리고 인근 지하수원이나 외부 방어선으로 연결되는 다양한 위치에 분포하였다는 점이 확인된다.

지하 터널의 길이와 연결성도 특기할 만하다. 터널은 성 내부의 안전한 장소나 인근 지하수원, 혹은 다른 방어 시설까지 직접 연결되어 있었다. 이러한 연결성 덕분에 평상시에는 저장 공간이나 물자 이동 경로로, 전시에는 병력 이동과 식량 및 무기 보급, 적의 침입 감시와 비상 탈출 통로 등 다양한 군사적 목적으로 활용되었다.

카흐타 성의 지하 터널은 초기 성곽 건설 단계부터 존재했던 것으로 보인다. 이후 각 시기의 전쟁과 방어기술 변화에 맞추어 지속적으로 보완과 확장이 이루어졌다. 특히 외부 공격이 감지될 때 비밀 통로로 기능하며 군사 전략의 핵심을 담당하였고, 평상시에는 성 내외의 물자 이동이나 저장을 위한 공간으로 사용되었다.

21세기 초부터 본격적으로 시작된 고고학 발굴 프로젝트를 통해 카흐타 성 지하 터널의 주요 구간이 확인되고 있으며, 일부 구간은 복원되어 연구자 및 일반인에게 공개되고 있다. 발굴 과정에서는 돌계단, 아치형 천장, 터널 내 사용됐던 도구와 무기 흔적, 생활 유물 등이 발견되었으며, 이는 당시의 군사 전략과 생활상을 연구하는 중요한 근거로 평가된다. 앞으로도 추가적인 발굴과 복원 작업이 진행됨에 따라 카흐타 성 지하 터널의 실체와 역사적 가치가 더욱 명확히 밝혀질 것으로 기대된다.

카흐타 성 강 밑으로 내려가는 계단

님파와이 다리에서 바라본 카흐타 성의 전망

카흐타 성의 동쪽 성벽

아르사메이아(Arsameia) '덱시오시스(dexiosis)' 부조와 함께 남아 있는 긴 비문 내용에 따르면, 안티오쿠스 1세가 악수하는 상대는 그리스-페르시아 신격인 헤라클레스(그리스식), 또는 아르타그네스/아레스(페르시아-헬레니즘 양식)로 명시되어 있다.
비문에는 왕이 신들의 형상과 자신을 함께 새겨 놓았고, 신의 "자애로운 오른손(right hand)"을 받아 신들의 도움과 보호 아래 자신의 통치와 안녕을 기원한다는 내용이 포함되어 있다.

안티오쿠스 1세가 "위대한 왕"이라는 칭호를 사용한 배경에는, 그가 티그라네스 2세로부터 물려받은 티아(Tia)의 통치권을 자신의 개인적 주권과 왕권의 상징으로 삼으려는 정치적 의도가 내포되어 있다. 기원전 69/68년 셀레우케이아에서 티그라네스 2세가 철수한 이후, 기원전 66/65년 푸페이우스에 의해 아르메니아의 통치권이 상실되는 과정을 거친다. 기원전 65/64년, 안티오쿠스 1세는 다리 근방 오르파테스-셀레우케이아/제우그마와 함께 주요 전략적 거점을 확보하였다. 이러한 사건들은 티아 지역에서의 기초적 지배권 확립과 "위대한" 칭호의 사용을 가능케 한 역사적 맥락을 제공한다. 로마의 관점에서 푸페이우스의 승리와 함께 만들어진 언약서는 패배한 왕을 복종자로 인식하게 했으나, 안티오쿠스 1세는 후대 비문에서 자신을 "위대한 왕"으로 칭하면서도 복속자적 측면을 전략적으로 활용하였다.

제우그마 및 티아, 푸페이우스 아르메니아 통치 경험은 안티오쿠스 1세의 왕권 강화 및 칭호 부여의 중요한 근거가 되었음을 알 수 있다.

넴루트 산 정상의 콤마게네 왕국 안티오쿠스 1세 원형 영묘가 작게 보인다.

03. 샨르우르파 박물관
Şanlıurfa Museum

샨르우르파 고고학 박물관은 튀르키예 남동부에서 가장 큰 규모의 박물관 복합 단지 중 하나로, 특히 신석기 시대 유물 컬렉션으로 세계적으로 유명하다. 괴베클리테페, 카라한테페 등 인근의 중요한 고고학 유적지에서 발굴된 방대한 유물들을 소장하고 있다. 하지만 샨르우르파 박물관은 콤마게네 왕국 유물을 특화해서 전시하는 곳은 아니며, 콤마게네 왕국의 핵심 유적지인 넴루트 산은 샨르우르파 주가 아닌 아디아만(Adiyaman) 주에 위치한다. 따라서 넴루트 산에서 출토된 주요 콤마게네 왕국 유물들은 주로 아디아만 박물관(Adiyaman Museum)에 소장되어 있다.

샨르우르파 박물관의 주요 소장품으로는 신석기 시대의 괴베클리테페와 카라한테페에서 출토된 인류 최초의 사원 유적 관련 유물들이 포함되며, T자형 돌기둥의 부조, 동물 형상, 인간상 등이 전시되어 있다. 특히 발리클리글(Balikligöl)이라는, 세계에서 가장 오래된 실물 크기 인간 조각상(기원전 9300~8700년)이 이곳에 전시되어 있어 학술적 가치가 매우 높다. 또한 할레플리바흐체 모자이크 박물관(Halepplibahçe Mosaic Museum)이 샨르우르파 고고학 박물관 옆에 위치하여 로마 시대의 화려한 모자이크 작품들을 전시하고 있다. 이 밖에도 청동기, 철기, 히타이트, 아시리아, 바빌로니아, 로마 시대 등 다양한 시대의 유물들이 연대순으로 전시되어 있으며, 도구, 도자기, 조각상 등도 포함된다.

샨르우르파 박물관은 로마 시대 유물도 다수 소장하고 있으며, 콤마게네 왕국과 관련된 유물 역시 일부 전시되고 있다. 콤마게네 왕국은 튀르키예 남동부에 위치했던 헬레니즘 왕국으로, 로마 제국의 영향력 아래 있었다. 샨르우르파 박물관은 이 왕국이 자리 잡았던 지역에서 출토된 다양한 시대의 유물을 전시하고 있으며, 특히 로마 시대와 콤마게네 왕국 관련 유물들도 포함되어 있다. 샨르우르파는 고대에 에데사(Edessa)라는 이름으로 불렸으며, 로마 제국의 중요한 도시 중 하나였다. 박물관에는 이 시기의 기둥, 모자이크, 조각상 등 다양한 유물이 소장되어 있다.

콤마게네 왕국의 가장 유명한 유적지인 넴루트 산(mount Nemrut)은 샨르우르파 근처 아디아안 주에 위치해 있다. 넴루트 산과 인접해 있기 때문에, 샨르우르파 박물관에서도 콤마게네 왕국과 관련된 유물을 접할 수 있다. 비록 사진의 로마 기둥이 직접적으로 콤마게네 왕국 유물이라고 단정하기는 어렵지만, 샨르우르파 박물관에는 로마 시대 유물과 콤마게네 왕국 유물이 함께 전시되어 있는 것이 사실이다.

메소포타미아는 오랜 역사적 배경 속에서 다양한 신화와 신화적 요소가 혼합된 지리학적 공간이었다. 아라랏산 인근 지역과 동쪽으로 돌아선 알렉산더 대왕의 통치 아래, 페르시아인들과 콤마게네인들은 신화적 인물을 비롯한 종교적 상징들을 활용해 신성한 권위를 만들어 나갔다. 제우스, 아폴로, 미트라스, 티세 등 동서양 신들이 융합되어 신들의 왕좌를 점령하였으며, 사자와 독수리도 콤마게네인의 상징으로, 땅과 하늘을 수호하였다. 이처럼 콤마게네 왕국의 신앙은 미트라교와 동페르시아 신앙의 영향을 받아 무거운 신앙 체계를 형성하였다.

샨르우르파(옛 우르슈)와 콤마게네 왕국은 지리적·역사적으로 밀접한 관련을 가지고 있다. 샨르우르파는 오늘날 튀르키예 동남부에 위치해 있으며, 콤마게네 왕국 또한 이 지역과 매우 인접한 곳에서 성립하였다. 콤마게네 왕국은 기원전 163년경부터 기원후 72년까지 헬레니즘 왕국으로 존재하며, 아나톨리아 남동부와 유프라테스 강 인근을 중심으로 발전하였다.

두 지역은 지리적으로 인접하여 문화적, 경제적 교류가 활발했을 가능성이 크다. 특히 콤마게네 왕국은 헬레니즘과 페르시아, 아나톨리아 문화가 융합되어 독특한 문화를 형성하였고, 샨르우르파 역시 다양한 문명과 제국의 영향을 받아 복합적인 문화권이었다. 로마 시대에는 콤마게네 왕국이 로마와 파르티아 사이 완충지대 역할을 하면서 기원후 17년경 로마 제국에 편입되었으며, 샨르우르파 역시 로마 제국의 동방 속주 오스로에네(Osroene)와 인접해 있었다. 이에 두 지역은 로마 제국 내에서 상호 정치·군사적, 행정적 관계를 유지하였다.

문화적 교류 측면에서 콤마게네 왕국의 왕실과 귀족들은 헬레니즘 예술과 건축, 종교를 후원하며 지역 문화 발전에 기여했으며, 샨르우르파에서도 로마 시대 유리공예와 조각, 건축 등에서 유사한 문화적 특징이 발견된다. 이는 두 지역이 문화면에서도 긴밀히 연결되어

샨르우르파 박물관에 전시된 그리스 로마 양식 기둥

있음을 시사한다.

결론적으로 샨르우르파와 콤마게네 왕국은 지리적 인접성에 기초해 로마 시대 동안 정치적, 문화적, 군사적으로 밀접한 관계를 맺으며 상호 영향을 주고받았다. 콤마게네 왕국이 로마 제국에 복속된 이후에도 두 지역은 동방 속주 체계 내에서 영향력 관계를 유지하며 공존하였다고 할 수 있다. 이와 같은 역사적·문화적 교류는 현대 샨르우르파 박물관 소장 유물과 전시 구성에도 반영되어 있어, 신석기 시대부터 고대 로마 시대까지 다양한 문명과 왕국의 발자취를 조명하는 데 중요한 자료적 가치를 제공한다.

로마 시대부터 중세에 이르기까지 아나톨리아 지역의 역사는 매우 복잡하게 전개되었다. 기원전 133년에 페르가몬 왕국의 영토가 로마로 넘어가면서 헬레니즘 왕국들은 점차 새로운 국가 정체성을 갖게 되었고, 이 과정에서 도시 제도가 점차 발전하였다. 다수의 도시는 아우구스투스 황제 시기에 로마와 긴밀히 연결되었다.

당시에는 파르티아와의 갈등이 심화되면서 아나톨리아에는 영구적인 군대가 주둔하게 되었고, 토지 소유권 또한 급격한 변화를 겪었다. 세금 징수와 군대의 보급 및 수송은 잘 정비된 도로망을 통해 효율적으로 수행되었다. 콤마게네 지역의 도시들에는 로마 투자자들과 지역 관리들이 활동했으며, 이들은 정규 소득을 받는 지역의 주요 인물들이었다.

로마의 관심은 점차 유프라테스 지역으로 향했다. 우르파의 왕 압가르가 크라수스 장군에게 유프라테스 지역의 통치를 요청했지만, 크라수스는 큰 패배를 당했다.

샨르우르파 박물관에 전시된 콤마게네-로마 시대 사자상. 로마 양식 기둥과 기독교적 상징이 결합된 형태로, 힘과 수호의 의미를 담고 있다.

이 후 트라이아누스 황제가 원정을 조직했지만, 에데사는 카라칼라 황제의 원정 이후인 서기 214년에 식민지로 선언되었다.

서기 296년에는 에데사를 근거지로 삼은 오스무로네와 메소포타미아 지역이 두 부분으로 나뉘게 되었다. 이 지역은 사사니드 제국과 로마 제국 사이의 전략적 요충지로 운영되었다. 아나톨리아 내에서는 로마와 사사니드 제국 간의 군사적, 행정적 긴장과 공존이 중요한 시기가 계속되었다.

이와 같은 역사적 배경 속에서 콤마게네는 로마 제국의 영향력 아래 있었으며, 지역 방어와 행정, 경제 활동의 중심지로서 중요한 역할을 수행하였다. 이를 통해 아나톨리아 내에서 로마 세력이 유지되고 확장되는 데 기여하였다.

결과적으로, 로마 시대부터 서기 1031년까지 아나톨리아 지역은 정치적·군사적으로 격변하는 시기였지만, 콤마게네 왕국을 포함한 여러 도시와 지역은 로마의 관리 하에 꾸준히 발전하며 전략적 중요성을 유지하였다.

샨르우르파 박물관에 전시된 유리 공예 유물들은 대체로 로마 시대에 제작된 것으로, 이 지역이 로마 제국의 영향권에 있었던 점을 반영한다. 전시장 그림 설명과 함께 안내된 자료들도 대부분 '로마 시대 유리 제작(Roman Period Glass Production)'임을 명확히 밝히고 있으며, 기원전 1세기부터 기원후 4세기까지 로마 제국 치하에서 유리 제작 기술이 크게 발달했던 시기를 배경으로 하고 있다. 이 시기에는 불어서 만드는 유리 기법이 의미 있게 등장했고, 그 결과 유리 제품들은 더욱 얇고 정교해졌으며 다양한 형태와 대량 생산이 이뤄졌다.

로마 제국이 본격적으로 유리 생산을 주도한 이후 일부 유리 장인들은 동방 지역으로 이동하여 기술 전파가 이루어졌고, 이 과정에서 샨르우르파를 포함한 동방 속주에서도 로마식 유리 제작이 활발하게 전개되었다. 박물관에 전시된 유리 제품들은 제작 공정과 당대 작업 환경을 시각적으로 재현함으로써, 로마 시대의 유리 기술이 현지에 어떻게 정착·발전했는지를 엿볼 수 있도록 해준다.

콤마게네 왕국의 경우, 기원전 163년에서 기원후 72년까지 샨르우르파 인근에 존재했던 독특한 헬레니즘-페르시아 혼합 문화의 소왕국으로, 본격적인 유리 산업의 대규모 발전보다는 소규모 유리 제작 기술 및 공예가 이 시기에 일부 존재했을 가능성이 있다. 그러나 로마의 동방 정복과 더불어 유리 기술이 더욱 석극석으로 시역에 유입·확산되었고, 그 영향 아래 콤마게네 왕족 및 귀족층도 유리 공예품을 후원하거나 생활에 활용했을 것으로 추정된다. 박물관에 소장된 일부 유리 유물 중에는 콤마게네 왕국 시기와 접점이 있을 수 있으나, 현존하는 작품 대부분은 로마 시대 본격 유물로 분류된다.

정리하자면, 샨르우르파 박물관에 소장된 지역 유리 유물은 주로 로마 제국 치하에서 본

유리 제작 공방

격적으로 발전한 유리 공예 기술의 산물이며, 콤마게네 왕국 시기의 유리 제작 문화는 본격적인 산업 규모로 진전되지는 않았으나, 헬레니즘-페르시아 혼합 문화를 배경으로 지역 예술·공예에 일정 부분 반영된 것으로 볼 수 있다. 궁극적으로 샨르우르파와 콤마게네 지역의 유리 공예 발전사는 로마 제국의 기술·문화적 영향권 아래에서 이루어진 결과로 이해된다.

콤마게네 왕비의 금 장식품 유물

카라쿠쉬 능묘는 미트리다테스 2세가 그의 어머니 이시아, 누이 안티오키스, 그리고 조카 아카 1세를 포함한 왕가 여성들을 위해 만든 기념비적 무덤으로, 콤마게네 왕국 왕실 여성들의 권위와 위상을 상징하는 중요한 유적으로 평가된다. 이 능묘에서는 왕관을 쓴 여성 조각상과 장신구 등 당대 여성들의 권력과 품위를 보여주는 다양한 유물들이 출토되었다.

샨르우르파 박물관에 전시된 왕관을 쓴 여인의 그림은 콤마게네 왕국 왕실 여성상을 상징적으로 표현한 것으로 보인다. 박물관에는 왕관과 화려한 의복, 장신구를 갖춘 모습이 묘사된 그림이 있는데, 이는 콤마게네 왕비 혹은 왕실 귀족 여성의 권위를 나태내는 전형적인 상징이다. 특히 카라쿠쉬 능묘의 여성 무덤과 관련된 유물의 스타일, 표현 방식이 박물관 전시품과 유사한 점을 고려할 때, 이 그림 역시 콤마게네 왕실 여성, 어쩌면 그 중 한 명을 모사했을 가능성이 있다.

따라서 샨르우르파 박물관의 왕관 쓴 여성 그림은 카라쿠쉬 능묘에 묻힌 콤마게네 왕가 여성들과 깊은 관련이 있을 가능성이 높으며, 특히 미트리다테스 2세의 어머니 이시아, 누이 안티오키스, 조카 아카 1세 등 왕실 여성들의 권위와 위상을 대표적으로 상징하는 이미지로 이해할 수 있다.

샨르우르파는 고대에 '우르슈(Urshu)' 또는 '우르(Ur)'로 불리며 아나톨리아 남동부에 자리 잡은 중요한 도시였다. 청동기 시대부터 사람들이 정착하여 각종 문명을 이루었고, 히타이트, 셀레우코스, 파르티아 등 여러 강대국이 이 지역을 차지하며 정치·문화적 영향을 미쳤다.

로마 제국은 1세기 말에서 2세기 초에 이 지역을 동방 전략의 일환으로 점령했다. 특히 116년부터 118년 사이 로마군이 일시적으로 샨르우르파 일대를 정복했고, 214년에는 오스로에네(Osroene) 속주에 편입하여 직접적으로 통치하였다. 이 시기 샨르우르파는 로마 제국의 동방 지배 전략에서 군사적·행정적 거점 역할을 하며, 로마의 문화·건축·행정 체계를 적

샨르우르파 박물관에 전시된 로마시대 (콤마게네) 유물

극적으로 도입하는 도시로 변화했다.

로마 시대의 샨르우르파는 헬레니즘 문화와 로마 문화가 융합되어 독특한 지역색을 보여준다. 유리 공예, 모자이크, 조각 등 예술과 공예 분야가 활발하게 발전했으며, 오늘날 박물관에 남은 유리 제작 공방 그림, 비문, 조각상 등은 당시 문화적 번영상을 잘 드러낸다. 특히 Salmet와 그녀의 딸 Rabbayta 조각상은 귀족 여성의 복식·위상·가족 구조 등 이 시기 사회상과 문화를 이해하는 데 중요한 단서를 제공한다.

약 400년간 이어진 로마 제국의 지배 이후 7세기 초, 이슬람 제국이 이 지역을 무혈로 점령하면서 도시 명칭도 '우르파'로 바뀐 채 이슬람 문화권에 편입됐다. 이처럼 샨르우르파는 고대부터 지금까지 매 시기마다 다양한 문명과 제국의 영향을 받으며 풍부한 역사와 문화를 이어온 도시이고, 로마 시대는 그러한 흐름 속에서 예술과 문화의 융합이 가장 뚜렷하게 드러났던 중요한 전환점이었다.

샨르우르파 박물관에 전시된 콤마게네 왕국의 장례 풍경 / 사르고파스 (석관묘)

샨르우르파 로마 시대 석회암 흉상,
높이 92㎝, 너비 47㎝
Sanliurfa Roman Period Limestone Bust,
H: 92㎝, W: 47㎝

샨르우르파 로마 시대 석회암 조각,
높이 77㎝, 너비 42㎝
Sanliurfa Roman Period Limestone Sculpture,
H: 77㎝, W: 42㎝.

샨르우르파 로마 시대 조각상, 살메트와 딸 라바이타
마루나의 딸 살메트와 그녀의 딸 라바이타를 묘사한 조각상

Roman Period Statue from Sanlurfa, Portrait of Salmet and her Daughter Rabbayta
Statue depicting Salmet, daughter of Maruna, and her daughter Rabbayta

샨르우르파 석고 두상, 높이 25cm, 너비 30cm
Sanliurfa Plaster Head, H: 25cm, W: 30cm

샨르우르파 두상 조각, 높이 23cm, 너비 24cm
Sanliurfa Head Sculpture, H: 23cm, W: 24cm.

고대 유난 신화에서 "나이키"는 로마 신화의 "빅토리아"에 해당하는 여신으로, 승리의 상징으로 숭배되었다. 나이키는 주로 군사적 승리 및 성공과 결부되어 등장하며, 그녀의 역할과 중요성은 로마 제국 도상에서 특히 강조되었다. 올림푸스의 신들 가운데에서도 그녀는 존재감이 뚜렷했고, 일부 신화에서는 아테나의 놀이 친구로 묘사되기도 한다.

조각상과 그림에서 가장 자주 묘사되는 나이키는 날개가 달린 어린 소녀의 모습으로, 하늘을 빠르게 훨훨 날아다니며 사람들에게 승리의 소식을 전하는 사자로 그려진다. 이런 상징성 때문에, 조각이나 회화 속 나이키는 항상 펼쳐진 날개와 바람에 휘날리는 옷차림으로 표현된다. 보통 왼쪽 어깨에서 오른쪽 옆구리, 복부, 무릎, 발목을 가로지르는 주름진 옷, 그리고 샌들 등은 그녀가 하늘을 누비며 구원의 소식을 전한다는 신화적 이미지를 부각시킨다.

나이키 조각상, 로마 시대 현무암, 높이 163㎝, 너비 53㎝, 깊이 41㎝
Nike Sculpture, Roman Period, Basalt, H: 163㎝, W: 53㎝, D: 41㎝

 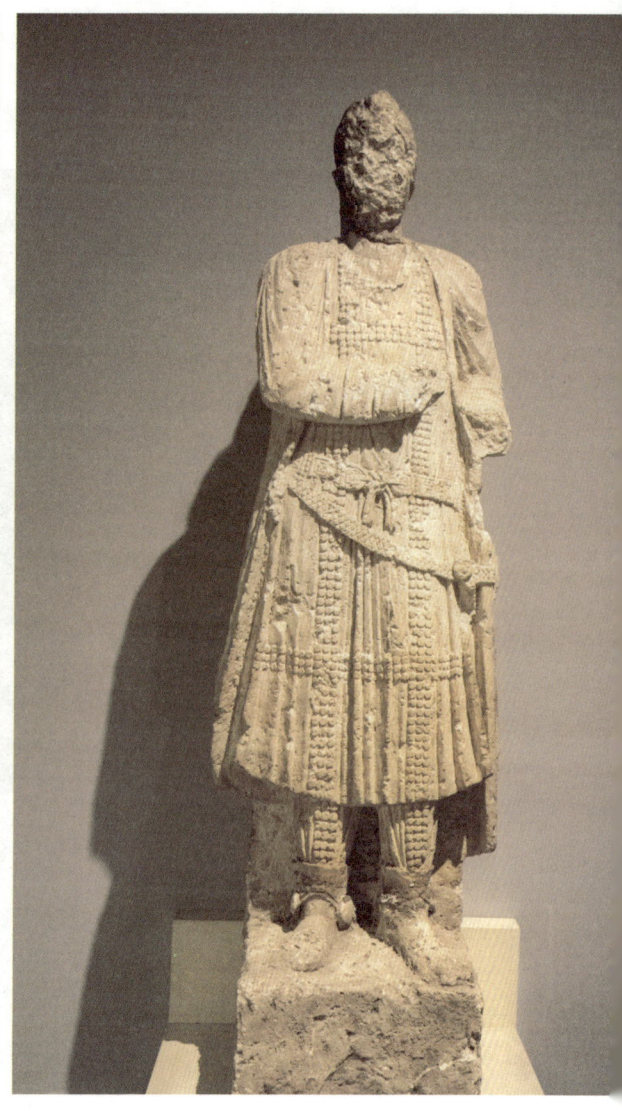

병사 조각상, 샨르우르파, 로마시대 석회암, 높이 193cm, 너비 50cm
Soldier Sculpture, Sanliurfa, Limestone

샨르우르파 출토 로마시대 석회석 묘비
H: 60cm, W: 36cm

샨르우르파 출토 로마시대 석회석 묘비
H: 52 cm, W: 68cm

샨르우르파 출토 독수리 부조 로마시대 석회석 묘비
H: 79cm, L: 59cm, W: 18cm

샨르우르파 출토 독수리 부조 로마시대 석회석 묘비
H: 110cm, W: 53cm

샨르우르파 출토 독수리 부조 로마시대 석회석 묘비 H: 52cm, W: 68cm

샨르우르파 출토 로마시대 석회석 묘비 U: 50cm, H: 40cm, W: 48cm

샨르우르파 박물관에 전시된 고대 그리스 독수리 석상은 정확한 제작 연대는 명확하지 않으나, 고대 그리스 예술 양식과 비문을 고려할 때 기원전 5세기에서 3세기 사이인 고전기에서 헬레니즘 시기에 만들어진 것으로 추정된다. 샨르우르파 지역이 동서양 문명이 만나는 교차로였던 만큼, 이 시기는 알렉산더 대왕의 동방 원정 이후 헬레니즘 문화가 이 지역에 확산되던 시기와도 일치한다. 따라서 이 독수리 석상은 헬레니즘 시대 문화적 교류와 예술적 영향을 반영한 작품으로, 그리스 조각 예술이 고도로 발달하여 신화적 상징과 정교한 조각 기법이 결합된 신성한 동물 형상인 독수리를 표현한 결과물로 볼 수 있다. 샨르우르파 박물관의 이 석상은 지역적 특색과 그리스 예술의 융합을 보여주는 중요한 유물이다.

샨르우르파 박물관에 전시된 고대 그리스 독수리 석상은 고대 그리스 문화에서 독수리가 갖는 신성한 상징성을 잘 보여주는 유물이다. 독수리는 주로 신성함과 권력, 그리고 신과 인간을 연결하는 매개체로 여겨졌으며, 특히 제우스 신과 연관되어 '신의 사자' 역할을 하기도 했다. 이 석상은 석회암이나 대리석으로 만들어졌고, 고대 그리스 건축 양식의 일부인 삼각형 박공(페디먼트) 안에 독수리가 정교하게 부조되어 있다. 깃털과 자세의 세밀한 표현을 통해 당시 조각 기술과 예술적 감각을 엿볼 수 있다.

석상 하단에는 고대 그리스어로 된 비문이 새겨져 있는데, 비문은 헌정자나 제작자, 혹은 신에게 바치는 메시지를 담고 있어 이 석상이 신전이나 공공 건물의 장식품이었음을 암시한다. 비문은 일부 훼손되었지만, 일반적으로 헌정자의 이름과 독수리가 제우스 신을 상징한다는 내용, 그리고 제작자의 기록 등이 포함되어 있다. 이러한 비문은 당시 사회에서 독수리가 차지한 신성한 위치와 이를 헌정한 인물의 사회적 지위, 신앙심을 보여주는 중요한 단서이다.

이 석상은 튀르키예 동남부 샨르우르파 지역에서 발굴되었으며, 이 지역은 고대 메소포타미아, 그리스, 로마 문명이 만나는 지점으로 다양한 문화가 혼재하던 곳이다. 출토된 장소는 고대 신전 유적이나 공공 건축물의 일부로 추정되며, 20세기 중반 이후 튀르키예 고고학 발굴 프로젝트를 통해 알려졌다. 문화적 배경은 헬레니즘 시대에 그리스 문화가 이 지역에 확산되면서 현지 문화와 융합된 예술품으로 평가된다. 출토 당시 이 석상은 고대 종교 의식이나 권력 상징과 관련된 중요한 위치를 차지했던 것으로 보인다.

시대적으로 이 독수리 석상은 주로 기원전 4세기부터 1세기까지의 헬레니즘 시대에 제작된 것으로 추정된다. 이는 알렉산더 대왕의 동방 원정 이후 그리스 문화가 광범위하게 퍼지며 현지 문명과 융합한 예술과 종교적 상징이 활발히 나타난 시기다. 독수리는 제우스 신의 권위를 상징하는 신성한 존재로서, 메소포타미아와 페르시아, 소아시아 지역의 문명과 그리스 문화가 혼합되어 독특한 예술 양식을 형성했다. 조각 기법은 세밀한 부조와 상징적 표현이 특징이며, 주로 신전 장식이나 공공 기념물로 사용되었다.

따라서 샨르우르파 박물관의 이 독수리 석상은 단순한 장식품을 넘어 당시 사회의 종교적 신념과 정치적 권위를 시각적으로 표현한 중요한 유물이다. 고대 그리스의 신화적 상징이 동방 지역과 만나 융합된 결과물로서, 신성한 권위와 보호를 상징하는 독수리 이미지를 통해 당시 문화적, 종교적 교류를 잘 보여준다.

샨르우르파 출토 로마시대 석회석 트리톤 부조 V: 63cm, H: 54cm, W: 23cm

슬픈 프시케 부조, 샨르우르파 출토 로마시대 석회암 H: 36㎝, L: 41㎝, W: 40㎝

트리톤 부조, 샨르우르파 출토 로마 석회암, Y: 44㎝, W: 36㎝

에로스와 프시케 부조, 샨르우르파 출토 로마 석회암
Y: 53cm, L: 50cm, W: 24cm

프시케는 밀레토스의 왕들 가운데 가장 아름다운 여인으로, 그녀의 아름다움은 아프로디테조차 분노하게 만들 만큼 뛰어났다. 신들은 프시케에게 산에 홀로 남겨두고, 그녀의 운명을 용에게 맡기라고 명령했다. 그러나 오클로스는 에로스에게 프시케의 소원을 들어주기를 바란다. 에로스는 프시케를 본 순간 사랑에 빠져 그녀를 궁전에 두고 깊은 밤 몰래 그녀에게 다가간다. 그는 프시케에게 연인이라는 사실을 알리지 않은 채, 낮에는 얼굴도 비추지 않고 오직 밤에만 함께했다.

그러나 어느 날 밤, 에로스가 잠든 사이 프시케는 램프를 밝혀 그의 얼굴을 바라본다. 연인이 신이라는 사실을 안 그 순간, 촛불의 기름이 에로스의 어깨에 떨어지고, 에로스는 깨어나 프시케 곁을 떠난다. 프시케는 오랜 시간 연인과 떨어져 있어야 했고, 신들에게 에로스를 찾게 해달라고 간청한다. 에로스는 프시케의 슬픔을 보고 그녀를 다시 데려오며, 신들은 이 둘의 사랑과 영혼을 결합시켜 영원히 행복하도록 허락한다.

이와 같은 프시케와 에로스의 사랑 이야기는 고대에 많은 기념비적 건축물과 석관, 무덤의 외관을 장식하는 데 쓰였고, 중세에는 도상학적 주제의 모델로 널리 활용되었다.

로마 시대 인물상, 테라코타(구운 점토),
높이: 32.3cm, 너비: 11.5cm, 두께: 4cm.

쌍인(雙人) 부조, 샨르우르파 출토, 헬레니즘 시대(기원전 330~244년), 현무암, 높이: 70cm, 너비: 70cm, 두께: 20cm.

세례정(세례 대야), 타느르트 출토 로마 대리석, 지름 84cm, 높이 63cm

여물통(석조 물통), 샨르우르파 출토 로마 대리석, 길이 114cm, 높이 52cm, 너비 56cm

샨르우르파 로마 기둥 장식
로마 시대(서기 1~3세기), 현무암 또는 석회암, 식물문양 부조, 샨르우르파(옛 에데사) 출토

샨르우르파는 신석기, 청동기 시대부터 아시리아의 영토였으며, 알렉산더 대왕 이후에는 시리아~메소포타미아 침공 길목에 위치해 다양한 문화가 교차한 중요한 지역이었다. 헬레니즘 시대와 로마 시대를 거치면서도 수많은 문화적 교류가 이루어졌으나, 샨르우르파 자체에서는 아직까지 뚜렷한 그리스-로마 왕궁 유적이 발견되지는 않았다.

콤마게네 왕국은 샨르우르파 인근에 위치한 헬레니즘 왕국으로, 넴루트 산 능묘 등 왕실 유적이 알려져 있다. 이 왕국은 로마 제국과 파르티아 사이에서 완충지 역할을 하였으며, 독특한 문화와 뛰어난 왕실 건축, 예술의 전통을 발전시켰다. 특히 왕실 건축과 조각, 장식 예술의 수준이 높았다.

샨르우르파 박물관에 전시된 기둥 등 유물에서는 복잡한 식물 문양이 조각된 로마 시대 양식이 두드러진다. 이러한 정교한 식물 문양은 로마 후기와 헬레니즘 후기 건축에서 자주 보이는 특징으로, 실제 박물관 내 설명에도 'Roman Period Culture'로 명시되어 있어, 전시 유물이 주로 로마 시대에 제작되었음을 알 수 있다.

콤마게네 왕국이 로마에 복속된 이후에는 상당수 로마 문화와 건축 양식이 지역에 유입되어, 이 일대에서 출토되는 유물 중에는 로마 양식과 헬레니즘 양식이 혼합된 사례가 빈번하다. 샨르우르파와 콤마게네 지역은 지리적으로 매우 인접해 문화적·정치적 교류가 활발했으므로, 샨르우르파 박물관에 전시된 일부 로마 기둥 유물이 콤마게네 왕국 유적에서 나온 것일 가능성도 충분하다.

다만 샨르우르파는 아시리아, 로마, 이슬람 문화가 접하는 복합 문화권이기 때문에, 기둥 등 유물이 순수하게 콤마게네 왕국 유물인지는 고고학적 발굴 기록과 연구 결과에 따라 다르게 해석될 수 있다. 샨르우르파 박물관의 로마 기둥은 로마 시대 문화권에 속하며, 콤마게네 왕국과도 지리적, 문화적으로 밀접한 연관을 지녔다. 콤마게네 왕국 유물일 가능성이 높지만, 샨르우르파 지역이 지닌 복합적 역사 배경을 고려할 때 단순히 콤마게네 왕국 문화로만 한정하기보다는, 이 지역 전체의 다양한 유구와 문화적 산물로 보는 것이 학술적으로 더 타당하다.

04. 샨르우르파 모자이크 박물관
Şanlıurfa Mosaic Museum

샨르우르파는 튀르키예 동남부에 위치한 지역으로, 인류 문명 발상지 중 하나로 꼽힌다. 특히 이곳에는 세계에서 가장 오래된 신전 유적 중 하나인 괴베클리테페가 존재하며, 기원전 9600년경부터 시작된 초기 신석기 시대 문명의 흔적을 보여준다. 이 지역은 오랜 세월 동안 다양한 문화와 문명이 교차하며 발전해 왔고, 메소포타미아 문명과도 긴밀하게 연결되어 있다.

샨르우르파 모자이크 박물관에 전시된 모자이크 작품들은 주로 고대 그리스와 로마 시대의 예술품으로, 동서양 문화가 만나는 교차로였던 이 지역의 성격을 상징한다. 특히 그리스 신화 속 인물들이 묘사된 모자이크는 이 지역이 단순한 고대 문명 유적지를 넘어, 고대 세계의 신화와 예술, 문화가 융합된 장소였음을 보여준다. 즉, 샨르우르파의 고대 역사는 인류 최초 문명 발상지로서의 중요성과 함께, 이후 그리스-로마 문명이 동방까지 영향을 미치며 활발한 문화적 교류가 이루어진 역동적인 공간이라는 점에서 이 모자이크 유물들과 깊게 연결된다. 이 모자이크들은 그리스 신화와 예술이 이 지역에서 어떻게 수용되고 재해석되었는지 시각적으로 입증하는 중요한 예술적 증거라고 할 수 있다.

샨르우르파 모자이크 박물관에 전시된 고대 그리스, 로마 시대의 모자이크는 콤마게네 왕국과도 충분한 연관을 지닌다. 콤마게네 왕국은 기원전 1세기경부터 튀르키예 동남부 샨르우르파 인근과 넴루트 산 일대에 존재했으며, 헬레니즘과 페르시아, 아나톨리아의 문화가 융합된 독특한 문화를 구축했다. 이 왕국은 그리스-로마 문화뿐 아니라 이란계와 현지 요소도 적극 수용하며 다양한 신화와 예술 양식을 발전시켰다.

샨르우르파 지역은 콤마게네 왕국의 영향권에 있었고, 여기서 발견된 모자이크들은 헬레니즘과 로마 시대 예술의 특징을 한눈에 보여준다. 콤마게네 왕국은 특히 넴루트 산의 거대한 왕묘와 신전에서 그리스 신화와 페르시아 신화가 혼합된 조각과 모자이크를 남겼는데, 이는 샨르우르파 모자이크 박물관의 여러 작품들과 문화적·역사적으로 긴밀히 연결된다.

따라서 샨르우르파 모자이크 박물관의 고대 그리스와 로마 시대 모자이크는 콤마게네 왕국의 문화와 예술적 전통과도 밀접한 관련이 있다고 볼 수 있다. 이 모자이크 작품들은 콤마게네 왕국이 동서양 문화를 융합하며 남긴 예술적 유산의 일부로 이해할 수 있다.

▎콤마게네 왕국 모자이크 예술의 특징

콤마게네 왕국의 모자이크 예술은 문화적 융합이 두드러지는 점이 가장 큰 특징이다. 이 왕국은 페르시아와 그리스 문화가 결합된 독특한 헬레니즘 문화를 형성하였으며, 모자이크 작품에는 두 문화의 요소가 혼합되어 나타난다. 페르시아의 장식적이고 상징적인 표현과, 그리스의 사실적이면서 인체 중심적인 묘사가 공존하는 것이 대표적이다.

모자이크의 주제는 신화와 종교적 내용을 담고 있다. 신화적 인물, 신들, 영웅들의 모습이 주요 모티프로 등장하며, 이는 왕의 신성한 권위와 종교적 정체성을 강조하는 역할을 하였다. 특히 넴루트 산의 왕릉과 신전에서 발견된 모자이크들은 이러한 신화와 종교적 주제를 잘 보여준다.

세부 묘사에서는 매우 정교한 기법이 돋보인다. 작은 돌 조각과 다양한 색채의 재료를 활용하여 인물의 표정, 의복의 주름, 장신구 등의 디테일이 섬세하게 표현되었는데, 이는 당시 로마와 그리스 모자이크의 기법적 전통과도 연결된다.

또한, 콤마게네 모자이크에는 왕권과 신성성을 강조하는 특징이 두드러진다. 왕과 신을 동일시하거나 연결짓는 상징이 많으며, 모자이크는 종종 정치적 선전 수단으로도 활용되었다. 왕의 신격화, 왕국의 초월적 기원, 통치의 정당성을 시각적으로 드러내는 데 이 예술이 크게 기여했다.

마지막으로, 튀르키예 동남부의 자연환경과 지역적 상징들은 모자이크 작품 속에 반영되어 있다. 이로써 단순히 헬레니즘 예술의 범주를 넘어서 콤마게네만의 독특한 예술 양식이 탄생했음을 확인할 수 있다.

샨리 우르파 모자이크 박물관 내부 전시 풍경

▌콤마게네 왕국 모자이크에 자주 등장하는 신화적 인물 및 상징

　콤마게네 왕국의 모자이크 예술은 그리스와 페르시아 신화가 융합된 독특한 신화적 상징 체계를 잘 보여준다. 왕권의 신성화와 종교적 정체성을 시각적으로 표현하는 데 중점을 두었으며, 특히 넴루트 산의 거대한 조각상들과 모자이크 작품이 이를 대표한다. 이런 주제들은 유적 사진과 결합해 역사적 맥락과 예술적 깊이를 탐구하는 작업에 좋은 자료가 된다.

　모자이크와 조각상에 자주 등장하는 신화적 인물로는, 먼저 '제우스-오로마스데스(Zeus Oromasdes)'가 있다. 이는 그리스 신 제우스와 페르시아 신 아후라 마즈다를 결합한 신격으로, 콤마게네 왕국에서 가장 중요한 존재였다. 왕권과 신성함을 상징하며, 넴루트 산 유적의 거대한 조각상에서도 이 결합적 신의 위상이 부각된다.

또 다른 인물은 그리스 신화의 영웅 헤라클레스(Heracles)로, 콤마게네 왕국에서는 수호자이자 힘의 상징으로 자주 등장한다. 이러한 해석은 페르시아 신화와의 융합적 특징을 함께 내포하고 있다.

아폴로-미트라(Apollo-Mithras)는 태양과 빛을 관장하는 신으로, 그리스의 아폴로 신과 페르시아의 미트라 신이 결합된 형태다. 빛과 정의, 계양의 신으로 숭배되며, 미트라교와의 연관성을 통해 왕국의 종교적 정체성을 반영한다.

여신 티케(Tyche)는 행운과 번영을 관장하여, 모자이크와 조각에서 콤마게네 왕국의 번영과 보호를 상징하는 존재로 표현된다.

동물 상징으로는 사자와 독수리가 자주 묘사된다. 이들은 왕권과 신성함을 대변하는 동물로, 넴루트 산 조각상과 모자이크에서 힘과 용맹, 하늘의 권위와 보호를 의미한다.

마지막으로 '왕과 신의 융합 이미지'가 반복적으로 나타난다. 콤마게네 왕들은 자신을 신과 동일시하거나 신의 후손임을 강조하는데, 모자이크는 왕과 신적 존재가 함께 손을 맞잡거나 나란히 있는 장면을 보여주며, 이를 통해 왕권의 신성성과 정치적 권위를 정당화했다.

샨르우르파는 고대부터 중요한 문화와 교역의 중심지로 자리잡았으며, 이 지역의 모자이크 박물관에는 로마 시대부터 비잔틴 시대에 이르는 다양한 모자이크 작품들이 전시되어 있다. 이 모자이크들은 당시 사람들의 생활상과 자연, 신화적 요소들을 잘 반영하고 있다.

사진 속 모자이크에는 사슴이나 영양류처럼 긴 다리와 뿔이 특징적인 동물들이 자주 등장한다. 이들은 자연과 사냥을 상징하는 동물로서, 고대 모자이크에서 중요한 소재였다. 소나 황소와 같이 튼튼한 체구와 뿔이 뚜렷한 동물들도 등장하는데, 이들은 농경과 풍요, 힘의 상징으로 자주 해석된다. 또한, 그 외에 등장하는 여러 동물들은 자연과 인간의 조화를 나타내는 중요한 요소로서 묘사된다.

이처럼 동물 모자이크는 당시 사람들의 자연관, 신앙 그리고 일상생활 전반을 반영한다. 사냥과 농경이 중요한 경제 활동이었던 만큼, 농불의 이미지는 풍요와 생명의 상징으로서 모자이크에 수시로 그려졌다.

예술적으로도 샨르우르파의 모자이크는 세밀한 돌 조각 배치와 다양한 색채의 사용을 통해 동물의 생동감과 움직임을 효과적으로 표현한다. 이는 로마와 비잔틴 미술의 전통과 연계된 샨르우르파 모자이크 예술의 독창성과 예술적 완성도를 잘 보여준다.

샨르우르파 로마 모자이크 분묘
로마 시대(서기 2~3세기), 모자이크, 석재 분묘 구조, 샨르우르파(옛 에데사) 출토

트로이 전쟁의 영웅 테티스와 아킬레우스 탄생 이야기

  테티스와 아킬레우스의 이야기는 그리스 신화와 트로이 전쟁의 서사에서 중요한 위치를 차지한다. 테티스는 바다의 님프로, 신 포세이돈과 여신 테티스 사이에서 태어난 신성한 존재이며, 올림포스 신들 중 한 명과 결혼할 운명이었으나 예언에 따라 인간 펠레우스와 결혼하게 된다. 테티스와 펠레우스 사이에서 태어난 아킬레우스는 신성과 인간성을 모두 지닌 인물로, 그리스 신화에서 가장 뛰어난 전사로 알려져 있다.

전승에 따르면, 테티스는 자신의 아들이 신들보다 더 위대한 힘을 갖게 될 것을 두려워한 신들의 의도로 인해 인간과 결혼하게 되었고, 아들이 죽음을 피할 수 있도록 스틱스 강에 몸을 담가 불사신으로 만들려고 했다. 하지만 발뒤꿈치를 잡고 물에 담갔기 때문에 그 부분만은 약점으로 남게 되었고, 이것이 '아킬레우스건'의 유래가 되었다.

아킬레우스는 트로이 전쟁에서 뛰어난 전사로 활약하며, 그 분노와 복수심, 그리고 죽음은 전쟁의 많은 전환점을 만들어낸다. 특히, 그는 트로이의 영웅 헥토르를 죽이고 이후 자신도 파리스의 화살에 맞아 전장에서 생을 마감한다. 테티스는 아들이 죽을 운명임을 알고 있었기에, 아들을 보호하려 신들에게 끊임없이 도움을 청했으며, 전쟁 중에도 무기와 갑옷을 마련해주는 등 중요한 지원자 역할을 했다.

이처럼 테티스와 아킬레우스의 이야기는 단순한 신화적 모자 관계를 넘어, 인간과 신, 운명과 영웅주의가 교차하는 상징적인 존재로 그려진다. 특히 아킬레우스의 발뒤꿈치라는 약점과 그의 비극적인 죽음은, 신화에서 인간의 한계와 운명을 상징적으로 드러내는 대표적 주제로 자리매김하였다.

모자이크의 주변 인물들은 테티스의 시중을 드는 여인들이거나, 오른쪽에 묘사된 사자 가죽 옷을 입은 인물은 헤라클레스일 가능성도 있다. 그러나 정확한 신분은 추가적인 자료나 설명이 필요하다. 이처럼 테티스와 아킬레우스의 이야기는 단순한 가족의 서사를 넘어, 그리스 신화에서 트로이 전쟁과도 깊은 관련이 있는 핵심적인 신화로 해석된다.

신화 속 테티스는 신들과 결혼할 운명이었으나, 예언으로 인해 인간 펠레우스와 결혼하고 아킬레우스를 낳았다. 그녀는 아들을 불사신으로 만들기 위해 스틱스 강에 담갔으나, 발뒤꿈치만은 약점으로 남게 된다. 아킬레우스는 트로이 전쟁에서 최고의 전사로 활약하며, 그의 비극적 죽음과 영웅성은 인간의 한계와 운명을 상징적으로 보여준다. 테티스는 전쟁 중에도 아들에게 신들의 무기와 갑옷을 마련해주는 등 다양한 지원을 아끼지 않는다.

요컨대, 테티스와 아킬레우스의 이야기는 신화, 인간, 영웅주의, 운명, 한계의 경계를 넘나들며, 단순한 모자이크 장면 이상으로 그리스 신화 세계와 트로이 전쟁 서사의 본질을 나타내는 중요한 상징성을 지닌다.

테티스는 아킬레우스를 낳았다. 그녀는 아들을 불사신으로 만들기 위해 스틱스 강에 담갔으나, 발뒤꿈치만은 약점으로 남게 된다.

이 모자이크는 고대 그리스 신화에서 아킬레우스의 어머니인 테티스가 아기 아킬레우스를 스틱스 강물에 담그는 장면을 묘사하고 있다. 테티스는 바다의 여신이자 님프로, 아킬레우스의 불멸성을 염원하며 아기를 강물에 담그는 모습을 통해 어머니의 보호 본능과 신화적 세계관을 함께 드러낸다. 전설에 따르면, 테티스는 아킬레우스를 불사의 존재로 만들고자 스틱스 강에 담갔지만, 아기의 발목을 잡고 있었기 때문에 그 부분만 불사가 되지 못했다. 이로 인해 아킬레우스는 전설적인 약점인 '아킬레스건'을 가지게 되었으며, 그의 영웅적 삶에 비극적 운명이 더해졌다.

모자이크에서 테티스가 아기를 거꾸로 들고 있는 모습은 이 강물에 담그는 순간을 시각적으로 구현한 것이다. 이는 아킬레우스의 초월적인 탄생과 불멸의 몸을 얻으려 했던 어머니의 헌신과 노력을 상징적으로 보여준다. 이러한 장면은 아킬레우스가 훗날 그리스의 영웅으로 성장하는 데 중요한 신화적 배경을 제공한다. 동시에 이 장면은 영웅의 운명이 이미 신들에 의해 결정되었음을 암시하며, 인간의 한계와 신의 경계, 불멸과 약점이 공존한다는 그리스 신화의 근본적 메시지를 시각적으로 드러낸다.

　이 모자이크는 고대 그리스 신화 속 켄타우로스 중 가장 지혜롭고 현명한 케이론(Kheiron)을 묘사한 작품이다. 케이론은 인간의 상체와 말의 하반신이 결합된 반인반마의 신화적 존재로, 다른 켄타우로스들과는 달리 온화하고 교육자적인 성격으로 널리 알려져 있다. 그리스 신화에서 그는 아킬레우스, 헤라클레스 같은 영웅들을 직접 가르친 스승이자 의술과 전쟁 기술을 전수한 인물로 깊은 존경을 받았다.

　이 모자이크에는 케이론이 활기차게 움직이며 창을 들고 있는 모습이 묘사되어 있다. 그의 상체는 근육질로 힘이 느껴지고, 말의 하반신은 섬세하면서도 생생하게 표현되어 있다. 케이론의 얼굴과 자세에는 지혜와 힘이 동시에 드러나, 단순한 전사로서가 아니라 영웅들에게 지식과 덕목, 생존 기술을 가르쳐준 스승의 위엄이 담겨 있다. 이 작품은 케이론 신화의 교육적·상징적 의미를 시각적으로 구현해낸 예술품으로, 고대 사회에서 지식과 지혜가 얼마나 중요한 가치였는지를 잘 보여준다.

켄타우로스 케이론(Kheiron)과 아킬레우스 모자이크화

 이 모자이크는 고대 그리스 신화 속 켄타우로스 케이론(Kheiron)과 영웅 아킬레우스(Achilleus)가 함께 등장하는 장면을 묘사하고 있다. 왼쪽에는 방패를 들고 있는 인물이 보이는데, 이는 트로이 전쟁에서 가장 뛰어났던 불사의 영웅 아킬레우스다. 그는 그리스 신화에서 용맹과 비극적 운명을 동시에 상징하는 인물로 유명하다. 오른쪽에는 창을 들고 있는 켄타우로스, 즉 반은 사람이고 반은 말인 신화적 존재 케이론이 묘사되어 있다. 케이론은 아킬레우스의 스승이자 멘토로서, 단순히 전쟁 기술뿐만 아니라 의술, 음악, 철학 등 다양한 분야의 지식과 덕목을 아킬레우스에게 전수한 것으로 전해진다.
 이 모자이크는 아킬레우스가 케이론과 함께 훈련을 받는 모습을 시각적으로 표현하고 있다. 인물의 이름이 그리스어로 명확히 표기되어 있어 두 인물의 신화적 관계를 분명히 확인할 수 있다. 이 장면은 단순한 영웅과 스승의 모습에 머물지 않고, 고대 사회에서 영웅의 성장, 교육, 전쟁 준비가 어떻게 신화와 결합되어 이해되었는지를 잘 보여준다. 스승과 제자의 유대, 무예 전수, 그리고 이상적 인간상에 대한 고대인의 세계관이 농축된 중요한 예술 작품이자, 이를 통해 신화적 스토리텔링의 의미와 힘이 더욱 깊이 전달된다.

반인반수 켄타우로스 케이론(Kheiron) 모자이크화

켄타우로스 케이론 (Kheiron) 모자이크는 고대 문명 연구에 여러 측면에서 중요한 의미를 갖는다. 우선, 이 모자이크를 통해 켄타우로스 신화가 고대 사회에서 어떠한 문화적 상징성을 지니고 있었는지를 분석할 수 있다. 케이론은 그리스 신화 내에서 가장 지혜롭고 온화한 켄타우로스이자 여러 영웅의 스승으로, 단순한 신화적 존재를 넘어 의술, 예술, 지혜 등의 영역에서 교육과 지식 전승의 상징이었다. 본 유물은 켄타우로스 전승이 단순한 영웅 신화에 머무르지 않고, 고대 사회의 가치관 및 세계관 형성과도 긴밀하게 연관되었음을 실증하는 자료로 평가된다. 이를 통해 신화와 사회 구조가 어떻게 맞물려 동작했는지, 고대인의 집단 의식 및 이데올로기를 연구할 수 있는 단초가 제공된다.

둘째, 이 모자이크는 동서 문화 교류의 실체를 보여준다. 샨르우르파 지역은 메소포타미아, 아나톨리아, 그리스·로마 문화가 만나는 고대 교차점에 위치한다. 따라서 이곳에서 그리스 신화 인물을 묘사한 모자이크가 출토된 것은 동서양 문화가 실제로 융합되고 상호 영향을 주고받았다는 명확한 시각적 증거이다. 이에 따라 고대 문명 간의 문화 전파 과정과 지역 별 신화 수용의 구체적 양상, 그리고 고대 지중해 문화권의 동방 수용력을 비교 연구하는 데 중요한 기초 자료로 활용할 수 있다.

셋째, 이 모자이크는 고대 예술기법과 표현의 구체적 발전 양상을 탐구할 수 있는 미술사적 근거를 제공한다. 케이론의 근육 표현과 동작, 표정 등의 정교한 묘사 방식은 고대 예술가들이 해부학과 동작의 재현에 대해 깊이 있는 이해를 갖고 있었음을 반영한다. 이를 바탕으로 고대 예술의 시대별 발전 단계 및 지역에 따른 작풍적 차이를 비교 분석할 수 있어, 고대 미술의 기법적·양식적 연구에 필수적인 실제 자료의 가치를 지닌다.

끝으로, 케이론에 대한 묘사는 고대 사회의 사회적·종교적 권위 메커니즘을 파악하는 열쇠가 된다. 케이론은 신화적 인물이면서도 치유자이자 교육자로서 큰 존경을 받았으며, 그의 모자이크는 신화가 실질적으로 교육, 권위, 종교적 신념과 결합해 고대인의 사회적 구조와 생활 속에서 영향력을 가졌음을 드러낸다. 따라서 이 유물은 고대 사회의 권력, 종교, 교육 체계 및 신화적 영웅의 사회적 역할 연구에 있어 중요한 시각적·매체적 자료로서 그 학술적 위상을 갖는다.

산르우르파(할레플리바흐체) 모자이크 박물관에 소장된 아킬레우스(ΑΧΙΛΛΕΥΣ, Achilles) 모자이크

케이론은 그리스 신화에서 매우 특별하고 독보적인 존재로, 일반적으로 난폭하고 야성적인 이미지로 등장하는 켄타우로스들과 달리 지혜롭고 온화하며 의술, 음악, 사냥, 철학 등 여러 학문과 기술에 능한 스승으로 알려져 있다. 그는 티탄 크로노스와 오케아니스 필뤼라 사이에서 태어난 반신(半神)으로 신성과 인간성을 동시에 지녔으며, 수많은 영웅들의 교육자이자 멘토로서 깊은 존경을 받았다.

아킬레우스와 케이론의 관계는 스승과 제자의 이상적인 모델을 제시한다. 불멸의 영웅 아킬레우스는 펠레우스와 바다의 여신 테티스 사이에서 태어났고, 아버지 펠레우스는 아들의 성장과 훈련을 위해 케이론에게 아킬레우스를 맡겼다. 케이론은 아킬레우스를 단순히 무예와 전술에서만 뛰어난 전사로 키운 것이 아니라, 음악·의술·철학 등 다양한 지식과 교양까지 두루 가르치며 완전한 영웅상으로 성장시켰다. 케이론의 심층적 훈련과 교육은 결국 아킬레우스가 트로이 전쟁에서 최고의 전사로 활약할 수 있게 한 토대였다.

케이론 자신의 신화적 행적 또한 깊은 의미를 가진다. 그는 원래 불멸의 몸을 가지고 있었지만, 헤라클레스가 다른 켄타우로스들과 싸우던 중 우연히 독화살에 맞게 된다. 치명적인 고통을 견디지 못했던 케이론은 결국 자신의 불멸성을 포기함으로써 죽음을 선택한다. 그 과정에서 스승으로서의 희생과 고통, 치유자의 운명을 상징적으로 드러내며, 인간과 신의 경계에서 고통받는 영웅적 존재로 자리매김한다.

이 신화는 단순한 스승과 제자의 관계를 넘어선 상징적 의미를 지닌다. 케이론과 아킬레우스의 이야기는 지혜와 용기, 인간성과 신성의 조화, 그리고 진정한 영웅이 되기 위한 교육과 성장의 중요성을 이야기한다. 또한 케이론이 치유자이자 스승으로서 맞이한 상처와 죽음은, 헌신과 희생이라는 주제를 깊이 있게 부각시킨다. 이런 신화적 서사는 호메로스의 『일리아드』를 비롯한 여러 고대 문헌들에서 반복적으로 다루어질 만큼, 고대 그리스 사회에서 교육, 성장, 인격의 완성, 스승과 제자의 관계가 얼마나 중시되었는지를 단적으로 보여준다.

도시와 문명의 여신 이크티시스 모자이크화

  이 모자이크에 등장하는 여인은 '이크티시스(Iktisis)'로, 도시나 건축의 창조와 건설을 상징하는 의인화된 존재다. 'Iktisis'라는 이름은 그리스어로 '창조' 또는 '건설'이라는 의미를 지니며, 도시와 건축물의 기초를 세우는 행위를 신격화한 상징적 인물로 해석된다. 이 모자이크는 4세기경에 제작된 것으로 추정되며, 고대 도시의 건설과 발전 과정이 사회적으로 얼마나 중요한 의미를 가졌는지를 시각적으로 보여준다.

  작품 속 이크티시스는 화려한 의상과 장신구를 착용하고 차분한 표정으로 그려져 있는데, 이는 건설이라는 개념 자체에 신성함과 권위를 부여하는 장치로 활용되었다. 이러한 표현 방식은 도시 건설과 문명의 발전을 신성시한 고대인의 가치관을 반영하며, 실제로 당시 사회에서 건축과 도시 기반 형성이 어떠한 상징성을 지녔는지 잘 드러내준다. 이크티시스 모자이크는 도시와 문명이 탄생하고 발전하는 과정을 하나의 신성한 행사로 여겼던 고대 세계관의 일단을 보여주는 예술적 자료로 평가된다.

이 모자이크는 고대 그리스 신화의 인물인 크티시스(Ktisis)를 묘사한 작품이다. 모자이크 상단에는 그리스어로 "KTICIS"라는 글자가 선명하게 보이는데, 이는 '창조자' 또는 '건설자'를 뜻하는 단어로 해석된다. 크티시스는 신화 속에서 구체적인 영웅이나 신의 이름이기보다는, 건축이나 도시 건설과 관련된 상징적 인물, 곧 도시를 세우는 이상적 존재를 의인화한 개념이라 할 수 있다.

이 모자이크의 배경에 묘사된 다양한 건축물과 어우러져 있는 크

크티시스(Ktisis) 모자이크화

티시스의 모습은, 당시 도시와 문명의 건설이 얼마나 중요한 가치로 여겨졌는지를 시각적으로 보여준다. 샨르우르파 지역 자체가 고대부터 도시 문명과 건축의 중심지였기에, 이런 주제의 모자이크는 이곳 사람들의 신화적 상상력과 도시의 위상, 그리고 문명에 대한 자부심을 반영하는 중요한 예술작품으로 이해된다.

결국 이 모자이크는 특정 신화 속 인물보다는 '도시 건설자' 혹은 '창조자'라는 개념 자체를 시각화한 것으로, 고대 사회가 도시의 창조와 번영을 어떻게 신성시하고 기념했는지를 보여주는 상징적 유물이다.

아마존 여전사 모자이크화

 모자이크 속의 그리스 문자 'ΜΕΛΑΝΙΠΠΗ'는 '멜라니페(Melanippe)'로 번역되며, 그리스 신화에 등장하는 아마존 여전사의 이름이다.
 이 모자이크는 샨르우르파(할레플리바흐체) 모자이크 박물관에 소장된 로마 시대 모자이크로, 말에 올라 창을 든 아마존 여전사 멜라니페가 사냥 장면을 묘사한 것이다. 이 모자이크 시리즈에는 멜라니페를 비롯해 펜테실레이아, 히폴리테, 테르모도사 등 여러 아마존 여왕들이 등장하며, 고대 세계의 강인한 여성상과 그리스 신화의 전설이 결합되어 표현되었다.

아마존 여전사 모자이크는 고대 그리스 신화와 역사에서 매우 중요한 의미를 지닌다. 아마존 여전사는 그리스 신화 속에서 등장하는 용맹한 여성 전사 집단으로, 주로 흑해 주변과 소아시아 지역을 중심으로 활동했다고 전해진다. 이들은 남성 중심의 고대 사회에서 독립적이고 전투에 능한 여성의 상징으로 묘사되며, 그리스인에게는 신비롭고 이국적인 존재로 인식되었다.

박물관에 전시된 이 모자이크는 고대 로마 시대에 제작된 작품으로 추정되며, 말을 탄 아마존 여전사가 창을 들고 전투에 임하는 장면이 생동감 있게 그려져 있다. 이 작품은 아마존 전사의 용기와 전투 기술, 그리고 당시 사람들이 신화와 전설을 어떻게 받아들이고 상상했는지를 시각적으로 보여준다.

역사적으로 아마존 여전사의 실제 존재 여부는 논란이 계속되어 왔으며, 일부 학자들은 흑해 주변의 유목민 여성 전사 집단과 아마존 신화를 연관 짓기도 한다. 이 모자이크는 고대 신화와 더불어 역사적 사실로 추정되는 여성 전사 집단을 함께 떠올리게 하며, 신화와 역사, 문화적 상상력이 교차하는 지점에서 중요한 문화유산의 가치를 지닌다고 할 수 있다.

이 모자이크에 묘사된 아마존 여전사의 활쏘기 장면은 고대 그리스 신화와 역사에서 아마존 여전사의 용맹함과 뛰어난 전투 기술을 상징적으로 보여준다. 아마존 여전사는 전통적으로 여성만으로 구성된 전사 집단으로, 탁월한 무예, 기마술, 활쏘기 능력을 갖춘 용사로 묘사된다. 이들은 주로 흑해 주변과 소아시아 일대에서 활
동한 것으로 전해지고, 그리스인들에게는 이국적이고 신비로운 존재로 여겨졌다.

모자이크 속 아마존 여전사는 말을 타고 활을 능숙하게 당기는 모습으로 등장한다. 이런

이미지는 전투에서의 민첩성과 정확성을 강조하며, 활과 화살은 아마존 여전사의 전투 기술과 강인한 독립성을 상징한다. 한편, 아마존 전사가 활쏘기에 방해가 되지 않도록 한쪽 가슴을 잘라냈다는 전설도 전해지는데, 이는 아마존의 강인함과 자기희생의 이미지를 더욱 선명하게 만든다.

이 활쏘기 장면은 단순히 전투력을 보여주는 것에 그치지 않고, 고대 사회에서 여성 전사의 존재와 그에 대한 사회적 인식을 반영하고 있다. 아마존 여전사는 남성 중심 사회에서 여성의 힘과 독립성을 상징하는 신화적 아이콘으로 자리매김했으며, 그리스 미술과 모자이크에서 반복적으로 등장하는 주제였다. 실제로 고고학 연구에서도 흑해 주변 유목민 여성 전사 집단과 아마존 신화 사이의 연관성이 주목받고 있어, 이 모자이크는 신화와 역사, 그리고 문명 전환기에 대한 풍부한 상상력을 담아내는 중요한 문화유산으로 평가된다.

산르우르파(할레플리바흐체) 모자이크 박물관에 소장된 활 쏘는 아마존 여전사 모자이크

아마존 여전사는 고대 그리스 신화에서 등장하는 매혹적인 존재로, 오늘날까지도 사람들의 호기심을 자극한다. 그리스인들은 이들이 흑해 북쪽이나 소아시아 근처에 살면서 남성에 의존하지 않고 독립적인 공동체를 이루었다고 전했다. 가족과 결혼보다는 전투와 무예를 삶의 중심에 두었고, 뛰어난 전사로 묘사되었다. 아마존이라는 이름이 '가슴이 없다'라는 뜻의 그리스어에서 비롯되었다는 전설도 있는데, 이는 활을 쏘는 데 방해가 되지 않도록 한쪽 가

샨르우르파(할레플리바흐체) 모자이크 박물관에 소장된 활 쏘고 사냥하는 아마존 여전사

샨르우르파(할레플리바흐체) 모자이크 박물관에 소장된 피 흘리는 동물 모자이크

습을 절제했다는 이야기와 이어진다. 사실 여부는 알 수 없지만, 이 일화는 그만큼 아마존이 전투에 철저히 맞춰진 집단으로 인식되었음을 보여준다.

아마존을 대표하는 인물로는 히폴리테가 있다. 그녀의 '마법의 허리띠'를 얻는 것은 헤라

클레스의 12과업 중 하나였고, 이를 통해 아마존은 그리스의 가장 위대한 영웅들과 깊이 연결된다. 또 다른 유명한 인물은 트로이 전쟁에 참전한 여왕 펜테실레이아다. 그녀는 그 전쟁에서 그리스의 최고 용사 아킬레우스와 맞서 싸웠고, 이 장면은 아마존의 용맹함을 상징적으로 보여준다. 신화 속 아마존은 단순히 강한 전사라기보다는, 남성과 맞서 싸우면서도 자신들만의 세계를 구축한 독립적 여성의 상징이었다.

하지만 아마존이 단순한 상상 속 이야기였는지는 여전히 흥미로운 논쟁거리다. 고고학과 인류학 연구에 따르면, 실제 중앙아시아와 흑해 지역의 유목민 사회에서는 무기를 든 여성 전사들이 존재했을 가능성이 매우 크다. 특히 여성 유골에서 활과 화살, 칼이 함께 발견된 사례는 적지 않으며, 이는 그리스인들이 보았던 전사 여성들이 신화 속 아마존으로 재탄생했을 수 있음을 시사한다. 미국의 인류학자 지닌 데이비스-킴벌 박사가 주도한 DNA 연구도 이를 뒷받침하며, 고대 문헌에 기록된 아마존이 완전한 허구가 아닌 '역사적 경험을 바탕으로 한 전설'일 가능성을 열어두고 있다.

흥미로운 것은 아마존 이야기가 그리스 문화에만 머무르지 않았다는 점이다. 로마나 페르시아 문화에서도 여성 전사의 전승이 등장하고, 북유럽의 발키리 신화 역시 유사한 맥락을 갖는다. 서로 다른 시대와 지역에서 반복적으로 나타난 여성 전사의 이미지는, 고대 사회가 여성의 힘을 전적으로 배제하기보다 동시에 두려워하고 인정했다는 사실을 보여준다.

오늘날 아마존 여전사가 남긴 의미는 분명하다. 그들은 단순히 신화 속 전사 집단이 아니라, 남성 중심 사회의 규범을 거슬러 여성의 독립성과 권리를 상징하는 존재로 읽힌다. 공동체 안에서는 협동과 조직력을 발휘했고, 전쟁에서는 강인한 투지를 보였다. 따라서 아마존은 전쟁과 평화, 파괴와 창조를 동시에 품은 상징이 되었으며, 지금까지도 여성의 강인함과 독립을 떠올리게 하는 문화적 아이콘으로 남아 있다.

고대 오스로에네 왕국 시대의 귀족 가족을 묘사한 모자이크화

　고대 오스로에네 왕국 시대의 귀족 가족을 묘사한 작품이다. 다섯 명의 인물이 서 있는 모습으로, 각 인물은 당시의 복장과 자세, 표정, 머리 장식 등을 통해 사회적 지위 및 역할이 표현되어 있다. 특히 어린 소녀들이 머리에 쓴 장식은 에데사 네크로폴리스 무덤 모자이크에서 자주 나타나는 특징이며, 당시 장례 문화와 사회상의 반영이라 할 수 있다.

　이 모자이크에는 'Masa Abdnu 아들 Barhadad Wael Barsama 아들 Ruma 기억하라 Ruma의 딸 Hata.'라는 Estrangelo 시리아어 명문이 새겨져 있어, 이 가족이 오스로에네 왕국의 귀족 가문임을 알 수 있다. 인물들은 평화로운 자세로 서 있으며, 옷과 배경에 쓴 색채와 선들은 뛰어난 입체감과 조화를 나타낸다.

　이 모자이크는 아나톨리아 지역에서 당시 귀족 가족의 평온과 단합, 그리고 사회 문화를 시각적으로 전하는 중요한 유물로 평가받는다.

얼룩말을 끌고가는 마부

 이 모자이크는 작업실 북쪽 벽에 접한 공간에 5.33×5.24m 크기로 계획된 바닥 모자이크다. 'Opus tessellatum'과 'opus vermiculatum' 기법이 사용되었으며, 인물 판넬의 크기는 0.98×1.59m이다.

 바닥 전체에는 흰색, 회색, 갈색, 청록색, 분홍색, 파랑, 초록, 노랑, 주황, 적갈색, 청동색 등의 다양한 색상이 사용되었다. 현재 이 모자이크는 아마조네 빌라 9호실에 현장 보존되어 있으며, 할레플리바흐체 모자이크 박물관에 속한다.

 모자이크의 바탕은 회색과 갈색이 어우러진 바탕 위에 백합문과 흰 장미무늬 칼릭스가 반복 배열되어 있다. 테두리에는 울타리처럼 배치된 격자무늬 사이로 꽃봉오리와 백합이 들어가 있다. 중앙에는 0.98×1.59m 크기의 검은색 줄무늬 테두리로 둘러싸인 사각형 판넬이 들어가 있는데, 이 안에는 두 개의 주요 장면이 묘사된다.

 주요 장면에는 줄무늬 얼룩말을 이끄는 검은 옷 차림의 인물이 그려져 있다. 인물은 왼쪽을 바라보고 있으며, 얼굴은 정면을 향한 채 머리는 오른쪽을 향하고 있다. 왼손으로는 쇠사슬처럼 연결된 얼룩말의 고삐를 잡고, 오른손은 허리춤까지 올리고 있다. 인물의 상체와 다리는 모두 맨살이 드러나 있고, 먼저 평행한 주황색, 흰색, 갈색 줄무늬 천이 하체를 감싸고 있다. 얼룩말은 오른쪽 앞발을 들어 걷는 모습을 하고 있고, 몸통에는 흰색과 주황색 줄무늬가 들어가 있다. 모자이크 왼쪽 아래 구석에는 꽃이 그려져 있다.

운명의 여신 모이라 모자이크화

　운명의 여신 모이라들은 신화 속 세 자매로 알려져 있으며, 인간의 삶의 몫을 나누어 주는 역할을 한다. 이들은 매일 인간의 생명을 결정하는 실을 감고, 적절한 순간에 그 실을 끊어 인간의 생명을 마감하게 한다고 전해진다. 할레플리바흐체 모자이크에는 세 명의 모이라 중 두 명의 모습만이 남아 있고, 세 번째 모이라 아트로포스는 훼손된 상태이다.

　오른쪽에는 실을 자르는 모이라 라케시스가 보인다. 그녀는 노란색 히마티온을 입고 있으며, 몸통 아래쪽과 얼굴이 많이 손상되어 있다. 머리는 약간 왼쪽으로 돌려져 있고 몸을 약간 구부린 자세이다. 그녀는 어깨까지 떨어지는 붉은 실을 오른손에 들고 있는데, 오른손은 부러지고 결손된 상태이다. 머리에는 금색 디아뎀을 쓰고 있고, 귀에는 보석이 박힌 금 귀걸이를 달고 있다. 배경에는 잎사귀 무늬가 새겨진 기둥과 궁전의 기둥 머리 장식이 묘사되어 있다.

　다른 모이라인 클로토는 모자이크의 왼쪽에 자리하며, 천장을 지탱하는 기둥 옆에서 오른쪽을 바라보고 있는 옆모습이 나타난다. 그녀는 어깨에 갈색 옷을 걸치고 있으며, 머리 위에는 붉은 띠를 두르고 있다. 귀에는 역시 보석이 박힌 금 귀걸이를 착용하고 있다. 긴 얼굴과 부풀어 오른 이마, 두꺼운 눈썹, 긴 코, 작은 입술, 도톰한 턱이 특징이다.

모이라들이 묘사된 또 다른 모자이크는 키프로스 파포스의 아이온 신전 바닥에서 찾아볼 수 있는데, 이곳에서는 모이라들이 실을 감고 있는 모습과 서 있는 아트로포스가 노트를 들고 있는 모습이 표현되어 있다.

이 여인 모자이크는 고대 로마 시대의 여성상을 그린 작품으로, 우아하고 세련된 인물 표현이 특징적이다. 얼굴의 섬세한 표정과 손동작, 그

리고 옷 주름 하나하나까지 정교하게 묘사되어 있어 당시 모자이크 장인들의 뛰어난 기술과 미적 감각을 확인할 수 있다.

여성은 로마의 전통적인 의복을 걸치고 있으며, 손을 들어 인사하거나 누군가와 대화를 나누는 듯한 자연스러운 자세를 취하고 있다. 이러한 표현은 단순한 장식적 인물이 아니라, 고대 사회에서 여성의 역할과 위치를 담아내려는 시도로 볼 수 있으며, 동시에 인물의 개성과 감정을 드러내는 예술적 장치로도 해석된다.

이 모자이크는 단순한 초상화에 머무르지 않고, 당시 사회의 미적 이상과 인간관계, 그리고 사회적 역할을 상징적으로 보여준다. 특히 샨르우르파 지역이 동서양 문화가 교차하는 중요한 지점이었던 만큼, 작품 속에는 로마적 요소와 함께 다양한 문화적 영향이 녹아들어 있다. 따라서 이 모자이크는 고대 여성의 아름다움뿐 아니라, 문화적 교류 속에서 형성된 예술적 다양성을 보여주는 귀중한 유산이라 할 수 있다.

음악의 천재이자 시인으로 알려진 오르페우스 모자이크화

이 모자이크는 고대 그리스 신화 속 음악의 천재이자 시인으로 알려진 오르페우스를 묘사한 작품이다. 오르페우스는 리라를 연주하는 탁월한 음악가로, 그의 음악은 사람들뿐 아니라 동물과 자연마저도 매혹시켰다고 전해진다. 모자이크 속 장면에는 리라를 연주하는 오르페우스의 주변에 사자, 표범, 사슴, 개, 새 등 다양한 동물들이 모여 그의 음악을 듣고 있는 모습이 생생히 표현되어 있다.

이 장면은 단순한 신화의 재현을 넘어 음악과 예술의 힘이 어떻게 자연과 조화를 이루며 심지어 야생의 세계를 평화롭게 만들 수 있는지를 상징한다. 고대 그리스인  들에게 오르페우스의 음악은 예술적 영감과 조화, 그리고 치유의 힘을 상징하는 중요한 의미를 지녔다.

작품 속 오르페우스는 프리기아 모자를 쓰고 있으며, 그의 의복과 당당한 연주 자세는 로마 후기 모자이크 예술의 특징을 잘 보여준다. 주변의 동물들 또한 생동감 넘치게 묘사되어 당시 예술가들의 뛰어난 관찰력과 섬세한 표현 기법을 확인할 수 있다.

이 모자이크는 고대 신화와 예술이 결합하여 전해주는 문화적 메시지를 품고 있으며, 동시에 로마 후기 모자이크 기법의 높은 예술성을 보여주는 귀중한 유산으로 평가된다.

에스트란겔로 (Estrangelo)

이 그림은 샨르우르파 모자이크 박물관에 소장된 고대 모자이크의 일부로, 초상 옆에 시리아어(에스트란겔로 Estrangelo)로 새겨진 명문이 보인다. 에스트란겔로는 고대 에데사(오스로에네 왕국)의 공용 문자로, 3~5세기 무렵 이 지역의 귀족 무덤이나 가족 모자이크에 널리 사용되었다.

이 명문들은 보통 인물의 이름이나, "누구의 아들 누구", "기념하라", 가족관계 또는 제작자(예: '이 집을 만든 사람'), 바라는 메시지 등이 새겨진다. 실제로 샨르우르파 박물관에는 가족 구성원 이름, 제작자 등의 명문이 시리아어로 기록된 모자이크들이 다수 전시돼 있다.

따라서 사진 속 문자는 시리아어 에스트란겔로 서체로 쓰인 인물명이나 가족 정보, 기념 문구일 가능성이 높다. 에데사 지역 모자이크의 고유한 특징이며, 오스로에네 왕국의 사회와 문화를 반영하는 중요한 기록이다.

샨르우르파에서 발견된 이 예수 모자이크는 초기 기독교 미술의 중요한 유산으로, 로마 제국 말기에서 비잔틴 초기, 대략 4세기에서 6세기 사이에 제작된 것으로 보인다. 이 시기는 기독교가 공인되면서 교회 미술이 본격적으로 발전하던 시기로, 예수의 초상 또한 다양한 양식으로 표현되기 시작한 시점이었다.

모자이크 속 예수는 긴 머리와 수염을 지닌 전형적인 비잔틴풍의 모습으로 묘사되어 있으며, 단순하지만 강렬한 표정을 통해 신성과 권위를 동시에 드러낸다. 이는 단순한 인물 묘사를 넘어 기독교 신자들에게 예수의 영적 위엄을 각인시키려는 당시 미술적 의도를 반영한다.

작품은 수많은 작은 돌 조각을 정교하게 배열하여 완성되었는데, 색채의 조화와 명암의 대비를 통해 입체적이고 생동감 있는 이미지를 구현했다. 이러한 기법은 모자이크 예술의 높은 수준을 보여줄 뿐 아니라, 초기 기독교 미술이 지닌 특유의 표현방식을 잘 보여준다.

샨르우르파라는 지역적 배경 또한 의미가 크다. 동서양 문화가 교차하는 이곳에서 발견된 예수 모자이크는 기독교가 고대 세계 속에서 어떻게 자리잡고 확산되었는지를 보여주는 귀중한 증거이자, 초기 기독교 미술의 전개 과정을 이해하는 데 중요한 자료로 평가된다.

모자이크 속 예수

CENAZE ŞÖLENİ MOZAİĞİ (ZAYDALLAT AİLESİ)

Müzemizde sergilenen bu mozaik, Zaydallat ve Ailesinin sahnelendiği Cenaze Şöleni adlı Mozaiğin bir parçasıdır. Şanlıurfa İli, Eyyubiye İlçesi, Edessa Antik Kenti Nekropolünden yasal olmayan yollarla ülkemiz dışına çıkarılmış olup Kültür ve Turizm Bakanlığının girişimleriyle 2018 yılında Paris Büyükelçiliğimiz tarafından Anadolu Medeniyetler Müzesine teslim edilmiştir. 2019 yılında Şanlıurfa Arkeoloji ve Mozaik Müzesine getirilen bu mozaik parçası, 2022 yılında Haleplibahçe Mozaik Müzesinde sergilenmeye başlanmıştır.

Renkli taşlardan Opus tesallatum ve Opus vermiculatum tekniğinde yapılan bu mozaik panosu, kübik formlu olup 44,5X44 cm ölçülerindedir. Soldan aydınlatılan bu sahnede belden yukarısı cepheden tasvir edilen bir erkek figürü, tüm mozaiğin ana sahnesinde yer alan Zaydallat'a peşkir uzatırken görülmektedir. Erkek tasvirinin yanındaki iki sıra Süryanice yazıda "Ma'mi" ifadesi okunmakta olup tüm mozaikte yer alan diğer yazılardan mozaiğin M.S. 238 yılında Zaydallat'ın kendisi tarafından yaptırıldığı anlaşılmıştır. Mozaik yurt dışına ülkemizden kaçak yollar ile çıkarılan ve yasal mücadeleler sonucu ülkemize tekrar kazandırılan eserlerden biri olması sebebiyle önem arz etmektedir.

FUNERAL FEAST MOSAIC (ZAYDALLAT FAMILY)

This piece is a part of the Funeral Feast Mosaic, which portrays Zaydallat and his family. It was illegally taken out of Turkey from the Necropolis of the Ancient of Edessa in Eyyubiye District Şanlıurfa Province. Thanks to initiatives of Ministry of Culture and Tourism, the mosaic was delivered to the Anatolian Civilizations Museum by the Turkish Embassy in Paris in 2018. The piece was brought to Şanlıurfa Archeology and Mosaic Museum in 2019 and started to be exhibited in the Haleplibahçe Mosaic Museum in 2022. The mosaic panel which is made of colored stones in the technique of Opus tesallatum and Opus vermiculatum has a cubic form and is 44,5 x 44 cm in size. In the scene lightened from the left side, a male figure, whose torso is depicted from the front, is handing a towel to Zaydallat, who is in the center of the mosaic. While the two rows of Syriac letterings next to the male depiction mean "Ma'mi", the other letterings on the whole mosaic reveal that it was built by Zaydallat himself in 238 AD. The mosaic is of great significance since it is one of the artefacts that were illegally exported from Turkey and brought back as a result of legal efforts.

자이다랏(Zaydallat) 가족을 묘사한 작품

이 모자이크는 '장례 연회 모자이크(Funeral Feast Mosaic)'의 일부로, 자이다랏(Zaydallat) 가족을 묘사한 작품이다. 원래 샨르우르파의 고대 도시 에데사(Edessa) 묘지에서 발견된 유물이지만, 한때 불법적으로 튀르키예 밖으로 반출되었다. 이후 튀르키예 문화체육관광부와 주프랑스 튀르키예 대사관의 지속적인 노력으로 2018년 파리에서 반환되었으며, 2019년부터 샨르우르파 고고학 및 모자이크 박물관에 전시되었다. 현재는 2022년부터 할렙리바흐체 모자이크 박물관에서 일반에 공개되고 있다.

작품은 오푸스 테살라툼(Opus tessellatum)과 오푸스 베르미쿨라툼(Opus vermiculatum)이라는 고대 모자이크 기법으로 제작되었으며, 크기는 약 44.5㎝ × 44㎝ 정도이다. 모자이크의 중앙에는 자이다랏 가족의 장례 연회 장면이 담겨 있다. 왼쪽에는 수건을 든 남성 인물이 정면으로 묘사되어 있고, 오른쪽에는 화려한 복장을 한 여인이 앉아 있으며, 아래쪽에는 아이들이 표현되어 가족이 장례 의식을 함께하는 모습을 보여준다. 이러한 구도는 장례라는 슬픔의 순간 속에서도 가족 공동체의 단란함과 존엄을 드러내고 있다.

또한 모자이크에는 시리아어 글자가 남아 있는데, 남성 인물 옆에 새겨진 '마미(Mami)'라는 단어가 특히 주목된다. 이를 통해 이 작품이 238년경 자이다랏 본인이 직접 의뢰하여 제작된 것으로 추정할 수 있다. 따라서 단순한 장식품이 아니라 제작자와 주인공의 정체성을 함께 담아낸 역사적 기록물이라는 점에서 큰 의미가 있다.

이 모자이크는 고대 샨르우르파 지역의 사회적 풍습과 종교 의식을 이해하는 데 중요한 단서를 제공한다. 동시에 불법 반출된 문화재가 제자리로 돌아와 보존되고 연구될 수 있게 된 사례라는 점에서, 오늘날 문화유산 보호와 복원의 중요성을 일깨우는 상징적인 유물로 평가된다.

05. 고대 동굴 도시 "페레"
Ancient Cave City "Perrhe"

페레(Perrhe)는 오늘날 튀르키에 남동부 아디야만(Ad yaman) 주에 위치한 고대 도시로, 콤마게네 왕국 시대의 중요한 거점 가운데 하나였다. 흔히 '동굴 도시'라는 표현이 쓰이는데, 이는 페트라와 같은 거대한 암벽 도시를 의미하는 것은 아니며, 이곳의 독특한 바위 지형을 활용해 만들어진 암벽 묘실과 지하 구조물들에서 비롯된 것이다.

페레의 역사는 콤마게네 왕국과 밀접하게 연결되어 있다. 기원전 163년, 셀레우코스 왕조의 쇠퇴 속에서 프톨레마이오스가 콤마게네 왕국을 세우면서 페레는 왕국의 다섯 주요 도시 중 하나로 성장하였다. 특히 안티오쿠스 1세(기원전 69~34년) 시대에 콤마게네 왕국은 전성기를 누렸는데, 그는 넴루트 산에 거대한 유적을 남기고 페르시아와 그리스 문화가 융합된 독창적인 헬레니즘 문화를 장려하였다. 이 시기에 페레 역시 번영하였고, 특히 암벽을 깎아 만든 수많은 묘실과 석관들로 이루어진 네크로폴리스가 도시의 대표적 특징으로 자리 잡았다. 이는 장례 풍습과 예술 양식을 동시에 보여주는 중요한 자료로 평가된다.

로마 제국은 기원후 17년에 콤마게네 왕국을 속주로 편입하였고, 잠시 독립 왕국의 형태로 존재하기도 했지만 서기 72년 베스파시아누스 황제 때 완전히 로마 제국에 병합되었다. 그 뒤에도 페레는 로마의 지배 아래에서 중요한 도시 역할을 이어갔다. 로마 시대에는 도시가 확장되고 도로와 공공건축물, 수도 시설들이 들어섰으며, 특히 5세기경에 제작된 대형 모자이크가 발견되어 로마 시대 페레의 번영을 잘 보여준다. 기하학적 문양과 다양한 형상으로 꾸며진 이 모자이크는 당시 뛰어난 예술적 수준을 증명하며, 현재는 아디야만 박물관에 소장되어 있다.

비잔틴 시기에 접어들면서 페레는 제국의 영토 안에 속했으나 점차 쇠퇴의 길을 걸은 것으로 보인다. 이후 아랍 세력과 셀주크 튀르크의 지배를 거치며 도시는 점차 기능을 잃고 유적지만 남게 되었다.

  페레는 무엇보다 주변의 바위 지형을 활용한 묘실과 지하 구조물, 그리고 다양한 유적으로 잘 알려져 있다. 이는 고대인들이 자연 환경을 건축적으로 어떻게 활용했는지 보여주는 흥미로운 사례이다. 더불어 콤마게네 왕국이 로마와 파르티아 제국 사이의 완충 지대였던 만큼, 페레의 유물에서도 서로 다른 문화가 교차하고 융합된 흔적을 발견할 수 있다. 특히 페레는 넴루트 산 유적과 더불어 콤마게네 왕국의 성격과 역사, 문화적 성취를 이해하는 데 있어 중요한 위치를 차지한다.

  오늘날 페레 유적은 튀르키에의 귀중한 고고학적 보고로, 과거 콤마게네 왕국의 번영과 예술적 전통을 고스란히 전해주는 역사 유산으로 평가된다.

콤마게네 왕국의 고대 동굴도시 페레 입구 안내판

콤마게네 왕국의 고대 동굴도시 페레 석재 문양 유물

콤마게네 왕국은 기원전 163년경부터 서기 72년까지 동부 튀르키예 지역, 특히 현재의 가지안테프와 아디야만 일대에 존재했던 소왕국이다. 이 왕국은 유프라테스 강과 토러스 산맥 사이에 위치해 전략적으로 매우 중요한 요충지였으며, 그리스, 페르시아, 아르메니아, 로마 문화가 융합된 독특한 문화를 발전시켰다.

콤마게네의 문화적 특징으로는 그리스 신화와 페르시아 신앙이 결합된 종교 체계와 왕실 숭배가 있으며, 왕실은 자신들을 신에 연결된 존재로 표현하여 신성한 권위를 강조했다. 역사적으로 이 왕국은 로마와 파르티아 제국 사이의 완충지대 역할을 하며 중립을 지켰으나, 결국 서기 72년에 로마 제국에 합병되었다.

아디야만 지역은 콤마게네 왕국의 중요한 중심지 중 하나로, 넴루트 산과 카라쿠쉬 고분 등 주요 고대 유적들이 밀집해 있다. 넴루트 산 유적은 안티오쿠스 1세가 기원전 1세기경 조성한 거대한 왕릉과 신전으로, 7m가 넘는 크기의 신상과 왕상의 조각들이 줄지어 서 있는 독특한 신앙 공간이다. 이곳 신상들은 헬레니즘과 페르시아 신들이 융합된 신들을 표현하며, 넴루트 산은 유네스코 세계문화유산으로 등재되어 있다.

콤마게네 왕국의 석상들은 웅장하며, 왕과 신을 동시에 나타내어 왕의 신격화와 정치 권위 강화를 보여준다. 아디야만 박물관에 전시된 석상들도 이러한 양식을 반영해 헬레니즘과 페르시아 예술이 혼합된 독특한 스타일을 보여준다. 또한, 석상과 유적에 새겨진 비문은 그리스어와 아람어로 작성되었으며, 왕실의 업적과 신성함, 통치 정당성을 담고 있다.

카라쿠쉬 고분은 아디야만 인근에 위치한 콤마게네 왕국 여왕의 무덤으로, 기원전 30~20년경 미트리다테스 2세가 자신의 어머니와 누이, 조카를 위해 세운 것이다. 높이 30m의 인공 봉분과 돌기둥, 조각상이 특징이며, 왕실 여성들의 권위를 상징한다. 내부는 약탈로 유골과 매장품이 남아 있지 않지만, 고분 자체가 왕국 권력과 종교 신념의 상징으로 평가받는다.

콤마게네 왕국은 동서양 문명의 교차로에서 독특한 문화 융합을 이루었고, 왕실 신격화와 종교적 권위를 통해 정치적 안정과 정체성을 유지했다. 아디야만과 넴루트 산 유적은 이러한 왕국의 역사와 문화를 이해하는 데 핵심적인 자료로, 고대 동방과 헬레니즘 세계의 만남을 보여준다. 오늘날 이 지역 유적들은 튀르키예 뿐 아니라 국제적으로도 중요한 고고학 연구 대상이며, 관광과 문화유산 보존 측면에서도 큰 가치를 지니고 있다.

콤마게네의 공동체는 페르시아와 마케도니아계 사람들, 그리고 이 지역의 원주민들로 구성되어 있었다. 서로 다른 혈통과 배경을 가졌지만, 신앙과 혈연, 그리고 결혼 관계를 통해 오랜 세월 평화롭게 공존할 수 있었다. 그러나 지금까지 이루어진 고고학적 발굴에서는 콤마게네 사람들의 사회적 모습이나 생활상을 충분히 보여줄 수 있는 자료가 많지 않은 것이 사실이다. 서면 기록 속에서 주로 언급되는 것은 왕과 왕족, 그리고 신들에 관한 내용이 대부분이다.

콤마게네는 비옥한 대지를 바탕으로 농업이 발달했으며, 특히 유프라테스 강의 건널목을 통제함으로써 교역의 중심지로 성장할 수 있었다. 풍요로운 자연환경과 전략적인 위치 덕분에 이 땅은 지역 상업과 교류의 중요한 거점이 되었으며, 로마인들마저도 이 지역을 물류와 휴식의 장으로 활용하였다. 동쪽과 서쪽, 남쪽에서 몰려온 대상(隊商)들이 콤마게네에 머무는 시간이 길어지면서, 이곳의 상업은 더욱 크게 발전하였다.

안티오쿠스 1세를 묘사한 부조가 새겨진 현무암 스텔레 / 높이: 1.22m

콤마게네 사람들이 수출한 주요 품목은 금과 은을 비롯한 다양한 광물 자원, 삼나무와 같은 건축 자재였으며, 이러한 재화는 고대 건설 산업과 교역망에서 중요한 역할을 했다. 또한 농업과 축산도 이 지역 경제의 근간을 이루었고, 이는 콤마게네 사람들의 생활과 국가의 수

콤마게네 왕국의 안티오쿠스 1세와 아폴론 신 (태양신) 석상과 비문

입원으로 이어졌다. 결국 콤마게네는 지정학적 위치와 풍부한 자원을 바탕으로 문화적·경제적 교류의 중심지 역할을 담당하게 되었던 것이다.

안티오쿠스 1세의 초기 숭배 전통은 셀레우코스 왕조의 관습을 잇는 것이었다. 셀레우코스 왕들이 제우스 곁에 아폴로와 아르테미스를 배치하여 영예를 드렸듯, 안티오쿠스 역시 자신의 왕권 신격화 과정에서 이 두 신의 존재를 함께 두었다. 이를 뒷받침하는 증거로, 디렉 성 위의 데기르멘테페에 위치한 황실 성소에서는 아폴로와 아르테미스가 제단에 함께 등장했음을 확인할 수 있다. 이곳은 넴루트 다그(Nemrut Da)를 조망할 수 있는 요지이며, 건축 자재는 님파이오스 아르사메이아(Nymphaeos Arsameia) 성소에서 사용된 것과 동일하게 키리식(Kilisik)의 돌로 건축되었다.

고고학자 볼프람 회프프너(Wolfram Hoepfner)는 이곳에서 발견된 부조와 비문의 형성 시기를 두고 논쟁을 벌였지만, 아폴로 에케코오스(Apollo Ekekoos)에게 헌정된 2세기경의 비문 발견은 성역의 지속성을 보여준다. 여기에 더해 아폴로와 아르테미스 흉상이 새겨진 원형 제단 두 개는 이 성소의 종교적 성격을 더욱 분명히 한다.

디렉 성은 로마 제국 시대에도 중요한 의미를 지녔는데, 예컨대 셉티미우스 세베루스 치세 동안 지휘관 티모시 브루스 미트포드와 티베리우스 클라우디우스 칸디두스가 파르티아 원정에서의 승리를 기념하며 서기 195년에 제단을 재건한 기록이 남아 있다. 이는 헬레니즘 전통의 숭배 의식이 로마 시대에도 이어졌음을 보여주는 사례다. 그러나 서기 72년, 콤마게네 왕국이 로마에 완전히 병합되면서 상황은 달라졌다. 로마 정복자들은 종종 성소와 숭배 중심지를 파괴하거나 그 기능을 중단시켰으며, 이를 다른 신에게 바쳤다. 키라쿠스(Karakus)에서는 로마인들이 매장실을 약탈했으며, 천드레(Cendere) 다리 건설에는 로마 군사들의 흔적이 남아 있다. 또한 님파이오스 아르사메이아의 왕실 부조가 체계적으로 훼손된 사실도 이 시기에 일어난 정치적 억압과 깊이 연관된다. 따라서 콤마게네의 주도적 두 도시, 님파이오스 아르사메이아와 프라트 아르사메이아(F rat Arsameia)의 이름이 고대 문헌에 거의 나타나지 않는 것은 단순한 우연이 아니라 로마 정복 이후 철저히 억압된 역사적 현실을 반영한다.

페레(PERRE) 고대도시는 튀르키예 남동부 아디야만시 근처에 위치한 콤마게네 왕국의 유적지

그럼에도 불구하고, 주요 숭배 비문 A와 G의 발견은 이 지역이 지녔던 정치적·종교적 의지를 다시금 보여준다. 흥미롭게도, 4세기의 교부 나지안조스의 그레고리우스가 남긴 풍자문 「무덤 도둑에 대항하여」가 이 성역과 연결된다면, 이는 넴루트 다그의 성소가 로마 제국의 압력 속에서도 완전히 파괴되지 않고 그 위계를 유지하며 살아남았다는 것을 시사한다.

즉, 안티오쿠스 1세가 시작한 아폴로와 아르테미스 숭배 전통은 헬레니즘 기원에서 출발하여 로마 통합과 억압을 거쳐 비잔틴 시기까지 긴 여정 속에 이어졌다고 할 수 있다.

콤마게네 왕국은 로마와 파르티아 사이의 국경 지대에 자리한 지정학적으로 중요한 지역이었다. 왕국은 시리아, 킬리키아, 가파도키아, 아르메니아 등 여러 강국과 접하며 양대 제국 사이에서 중립적인 완충지 역할을 했다. 통치자 안티오쿠스 1세(기원전 69~36 재위)는 이러한 상황을 잘 이용하여 스스로를 "로마인의 친구"라 칭하며 서방과 우호를 맺는 동시에, 딸 라오디케를 파르티아 왕 오로데스 2세와 결혼시켜 동방과도 관계를 유지했다. 이처럼 그는 정치적 균형을 통해 왕국의 독립을 지키고자 했다.

안티오쿠스 1세의 통치 흔적은 비문과 건축물, 조각 등으로 남아 있으며, 이 가운데 대표적인 것은 소프라즈 마을에서 발견된 스텔레 비문이다. 이 비문에서 안티오쿠스 1세는 자신을 "정의로운 신, 로마와 헬라스의 친구"라 소개하며, 페르시아와 그리스 혈통을 자신의 왕권 정당성의 근원으로 제시한다. 넴루트 산 비문에서도 그는 두 민족을 자신의 혈통의 가장 고귀한 뿌리라 칭하며 콤마게네의 정체성을 '페르시아-그리스 융합 왕국'으로 규정하였다.

또한 비문에는 자신을 "설립자이자 자선가"로 묘사하며 도시 건설과 백성의 복지를 위해 힘썼음을 강조한다. 안티오쿠스 1세는 아폴로와 아르테미스 딕티나 등 신들에게 성소를 헌정했으며, 특히 아폴로의 도움으로 자신의 기도가 이루어졌다고 믿었다. 이처럼 신앙은 그의 정치적 정당성과 통치를 신성화하는 중요한 요소였다. 결국 안티오쿠스 1세는 로마와 파르티아 양쪽과의 교류 속에서 신앙과 혈통을 결합한 독자적인 왕권 이념을 구축했으며, 그의 비문과 기념물들은 오늘날까지 콤마게네 왕국의 정체성과 정치적 전략을 이해하게 해주는 중요한 자료로 남아 있다.

고대 도시 페레(Perrhe)에 대한 기록은 매우 제한적이지만, 몇 가지 주요한 자료와 고고학적 증거를 통해 그 윤곽을 알 수 있다. 오늘날 피룬(F r n) 마을로 알려진 이곳은 이미 1925년부터 신석기 시대 유적이 발견된 장소로 알려졌다.

페레는 콤마게네 왕국의 중요한 도시 중 하나였으며, 사모사타와 함께 "콰투오르 치비타테스 콤마게노룸(quattuor civitates Commagenorum)", 즉 콤마게네의 네 주요 도시 가운데 하나로 언급된다. 서기 198년에서 200년 사이, 사모사타, 도리케(Doliche), 게르마니케이아(Germanikeia)와 함께 페레 역시 막대한 재정을 제공했으며, 이는 오늘날 첸드레(Cendere) 강 위에 세워진 웅장한 로마 다리 건설의 재원으로 사용되었다.

고대 도로망 기록에서도 페레는 중요한 위치를 차지한다. 이티네라리움 안토니니(Itinerarium Antonini)와 타불라 페우티게리아나(Tabula Peutingeriana)는 페레를 콤마게네의 사모사타에서 출발해 타우루스 산맥을 넘어 코마나와 멜리테네로 향하는 길의 두 번째 정차지로 명시하고 있다. 후기 고대에는 페레가 작은 주교좌로 알려졌는데, 서기 325년 니카이아 공의회에서 최종 조치에 서명한 주교 가운데 한 명이 바로 이곳의 인물이었으며, 그는 시리아 북부 히에라폴리스 대주교의 관할 아래 있었다. 이후 비잔틴 통치가 막을 내리면서 행정 중심지는 새롭게 세워진 히스른 만수르, 즉 오늘날의 아디야만으로 옮겨졌다.

페레와 관련된 최초의 고고학 보고서는 카를 후만(Karl Humann), 오토 푸흐슈타인(Otto Puchstein), 프리드리히 카를 되르너(Friedrich Karl Dörner), 루돌프 나우만(Rudolf Naumann)에 의해 작성되었다. 그들은 페레의 중요한 수원(水源) 구조를 기록했는데, 이곳은 고대부터 여행자들이 더위를 식히기 위해 이용하던 시설이었으며, 오늘날에도 마을 사람들의 식수원으로 남아 있다.

페레에서는 5세기경의 것으로 추정되는 모자이크 파편들이 발견되었다. 이들은 세 구역으로 구분된 대형 바실리카에 속한 것으로, 이후 피룬 마을의 주택 건축에 전용되었다. 그러나 무엇보다 가장 인상적인 유적은 도시 남쪽, 블랙 마운틴의 바위 능선을 따라 광범위하게 펼쳐진 네크로폴리스(공동 묘지)다. 되르너의 보고에 따르면 이곳은 다양한 형태의 매장 구조로 유명하며, 대부분은 암반을 활용한 지하식 묘실이었다. 묘지의 규모는 놀라울 정도로 커서, 오늘날 아디야만에서 말라티아로 이어지는 도로 구간을 따라 길게 이어져 있다.

따라서 페레는 단순한 고대 도시 이상의 의미를 지니며, 콤마게네 왕국의 정치·종교적 중심지이자 로마 제국의 도로망과 행정 구조 속에서 중요한 역할을 담당했던 곳으로 이해된다.

에르헤(무덤군)는 블랙 마운틴의 언덕을 향한 고대 네크로폴리스의 개방된 부분이다.

페레 고대도시(Perrhe), 혹은 피린 바위 무덤군은 아디야만 도심에서 약 5㎞ 떨어진 피린 마을, 쿠유차크 마을 도로 인근에 위치한다. 고대부터 중요한 정착지이자 무역 중심지로 기능했던 이곳은, 특히 콤마게네 왕국 시기에 번성했으며 토러스 산맥을 넘어오는 대상(隊商)들이 머물던 길목으로도 활용되었다.

로마 제국 시대에 들어 페레는 더욱 발전하여 도시 전체에 수로가 건설되었고, 공동묘지인 네크로폴리스가 크게 확장되었다. 특히 208기에 달하는 바위 무덤이 제작되었는데, 바위를 직접 깎아 만든 이 장대한 묘지 군락은 당시 장례 문화와 사회적 위계를 보여주는 대표적 유적으로 평가된다.

무덤 방의 입구는 암벽을 다듬어 벽이 셀(cell)처럼 구획된 구조로 되어 있으며, 일부 구간에서는 다른 매장실로 연결되는 통로도 발견된다. 방 입구에는 다양한 모티브가 새겨져 장식성을 더하고 있으며, 내부에는 석관이 배치되어 있었다. 무덤실로 들어가는 공간에는 계단이 놓여 있어 장례 의식과 매장이 보다 체계적으로 진행되었음을 보여준다.

이처럼 페레 고대도시의 바위 무덤군은 콤마게네와 로마 시대의 문화적, 종교적 전통이 결합된 독특한 유산으로, 당시 도시의 번영과 그 사회 속에서 죽음과 장례가 지닌 의미를 생생히 전해준다.

콤마게네 네크로폴리스 유적

페레의 네크로폴리스는 콤마게네 왕국의 대표적 매장지 가운데 하나로, 그 입지는 넴루트 다그(Nemrut Dağı)의 웅장한 왕실 숭배지를 마주할 수 있는 위치라는 점에서 특별한 의미를 지닌다. 이는 안티오쿠스 1세가 조성한 왕실 성소와의 관계 속에서, 이곳이 선호되는 장례 장소로 선택된 이유를 설명해준다.

페레 네크로폴리스는 도리케(Doliche)와 제우그마(Zeugma) 등의 다른 콤마게네 공동묘지와 비교했을 때, 규모의 확산뿐만 아니라 구조적 양식에서도 차이를 보인다. 바위 능선을 따라 조성된 이 묘지들은 원래 채석장으로 사용되었던 장소 위에 형성되었으며, 수직으로 깎아낸 암벽과 경사진 통로 위에 무덤이 지어진 독특한 형태를 하고 있다.

흥미로운 점은, 시간이 흐르면서 일부 매장 구조가 파괴되었는데, 이는 이 지역이 이후 다시 채석장으로 활용되었음을 보여준다. 이러한 흔적은 고대 장례 공간과 생활적 활용의 이중성을 동시에 드러내며, 유적에 복합적인 층위를 부여한다.

2001년부터 2009년 사이에는 아디야만 박물관의 주도로 본격적인 고고학 발굴이 이루어졌다. 이를 통해 네크로폴리스의 구조와 사용 양상이 구체적으로 밝혀졌으며, 페레가 단순한 도시 유적을 넘어 콤마게네 문화와 장례 의례를 이해하는 데 중요한 단서를 제공하는 장소임이 드러났다.

콤마게네 네크로폴리스와 주거 동굴이 함께 있다.

페레 동굴 도시는 자연 암석을 깎아 만든 대규모 지하 공간으로, 주거지와 교회, 수도원, 저장고, 묘지 등이 복합적으로 연결된 독특한 구조를 지니고 있다. 동굴들은 층층이 이어지며 좁은 통로와 계단으로 연결되어 있는데, 이는 방어적 기능과 생활 공간의 필요를 동시에 충족시키기 위한 구조로 해석된다. 내부에는 가족 단위로 생활할 수 있는 주거 공간이 마련되어 있으며, 벽면에 파낸 선반이나 작은 구멍들은 생활용품을 보관한 흔적을 남기고 있다. 또 다른 공간에서는 초기 기독교 공동체가 사용한 예배당과 제단, 십자가 문양이 발견되어 동굴이 단순한 거주지가 아니라 종교 공동체의 중심지로도 기능했음을 보여준다. 미로처럼 얽힌 구조 자체가 외부 침입에 대한 대비책이자 위급할 때 피난처로 활용된 점 또한 중요한 특징이다.

페레 동굴의 본격적인 발굴은 20세기 중반부터 시작되었으며, 2020년대에도 지속적으로 조사와 보존 작업이 진행되고 있다. 발굴 과정에서 다양한 생활 도구와 종교 유물, 벽화와 비문이 발견되어 초기 기독교 공동체의 신앙과 생활상을 이해하는 데 큰 도움이 되고 있다. 특히 내부의 습기와 풍화로 인한 훼손을 막기 위해 보존과 복원이 계속 이루어지고 있으며,

일부 구역은 관광객 출입을 제한하거나 안내 시설을 설치해 보호되고 있다.

  동굴 내부에는 기독교 신앙을 상징하는 벽화가 다수 남아 있는데, 십자가 문양과 성경 이야기 장면, 성인들의 모습 등이 주로 그려져 있다. 채색은 적색, 흑색, 백색 계열이 주를 이루며 단순하지만 선명한 상징성을 지니고 있다. 벽화의 양식은 초기 비잔틴 미술의 특징과 함께 지역적 토착 양식이 혼합된 형태를 보여주며, 이로써 당시 지역 문화와 신앙이 어떻게 융합되었는지를 잘 드러낸다. 또한 비문 역시 중요한 가치를 지닌데, 그리스어와 시리아어로 기록된 기도문과 신앙고백문, 헌정문은 물론, 동굴을 조성하거나 보수한 이들이 이름과 연대를 담은 기록도 확인된다. 비문의 해독은 아직 진행 중이며, 앞으로도 이 유적의 역사적 이해를 확장하는 중요한 연구 결과들이 나올 것으로 전망된다.

  페레 동굴 도시는 콤마게네 왕국의 쇠퇴 이후에도 로마와 비잔틴 시대를 거치며 지역 주민들의 삶의 터전이자 신앙 공동체의 중심지 역할을 했다. 초기 기독교 공동체의 생활과 종교적 신념을 직접 보여주는 유적이라는 점에서 그 가치는 크며, 벽화와 비문은 신앙의 확산

과 지역 문화의 융합을 입증한다. 또한 복잡하게 얽힌 동굴 구조는 침입에 대비한 방어 기능과 피란처의 역할까지 수행했으며, 이러한 점에서 페레는 중세 이전 동굴 도시 문화의 대표적 사례로 평가받고 있다.

페레 동굴 도시는 튀르키예 남동부 아디야만 주에 위치하며, 넴루트 산과 콤마게네 왕국 유적지 인근에 자리 잡고 있다. 이 동굴 도시는 주로 로마 제국 시대부터 비잔틴 시대에 걸쳐 형성되었으며, 기원전 1세기부터 서기 7세기경까지 사용된 것으로 추정된다.

페레 동굴 도시는 자연 암석을 깎아 만든 주거지, 교회, 수도원, 저장고, 묘지 등이 복합적으로 연결된 대규모 지하 공간이다. 동굴 내부에는 벽화와 비문, 십자가 문양 등 초기 기독교 공동체의 생활과 신앙을 보여주는 흔적들이 남아 있다. 그 구조는 복잡하게 얽힌 지하 공간으로 외부 침입에 대비한 방어 기능도 갖추고 있었다.

역사적으로 페레 동굴 도시는 콤마게네 왕국 이후 로마와 비잔틴 시대를 거치며 지역 주민들의 생활터전이자 중요한 종교적 중심지 역할을 해왔다. 특히 기독교가 확산되던 시기에 중요한 수도원과 교회가 들어서며 종교적, 문화적 교류의 중심지 역할을 했다. 이러한 동굴도시는 중동과 아나톨리아 지역에서 흔히 볼 수 있는 독특한 지하 거주 문화의 대표적인 사례로 평가받는다.

페레 Perrhe, 석관, 바위 무덤.

현재 일부 동굴은 발굴과 보존 작업이 활발히 진행 중이며, 역사 탐방과 문화 체험을 위해 관광객에게 개방되어 있다. 주변의 콤마게네 유적과 함께 방문할 경우, 고대부터 중세에 이르는 지역 문화의 연속성을 이해하는 데 큰 도움이 된다.

페레 고대 도시 야외 극장

페레 동굴 도시에서 발견된 유골들이 대부분 동굴 내부에 매장된 점을 통해, 이 지역 주민들이 자연 동굴이나 인공 동굴을 주요 매장 장소로 활용했음을 알 수 있다. 따라서 돌로 만든 석관묘보다는 동굴 내 매장이 일반적인 관행이었을 가능성이 크다.

사진에 나타난 사각형 구조물은 돌을 파내어 만든 큰 함 형태로, 내부가 비어 있거나 물이 고여 있는 상태다. 이 구조물의 표면에는 물때와 이끼가 관찰되는데, 이는 이곳이 물을 저장하거나 모으는 용도로 사용되었을 가능성을 시사한다. 여러 개의 유사한 구조물이 동굴 입구나 주거지 근처에 모여 있는 점으로 미루어 보아, 이 구조물들은 생활용수나 농업용수를 저장하기 위한 시설로 추정된다.

석관묘는 인체 매장을 위한 밀폐된 공간으로, 내부에 유골이나 부장품이 남아 있으며 보통 뚜껑이나 덮개가 있었던 반면, 저수통은 개방형 구조로 물이 고일 수 있도록 설계되며 물때나 식물 잔해가 남아 있을 수 있다.

이상 여러 요소를 종합해 보면, 페레 동굴 도시에서 발견된 사각형 구조물은 석관묘보다는 물을 저장하거나 모으는 저수통일 가능성이 훨씬 크다고 결론지을 수 있다.

다라와 페레 동굴도시 입구에 설치된 우편함 형태의 구조물은 고대 로마 시대 우편 제도의 일부일 가능성이 크다. 고대 로마에서는 군사적·행정적 목적으로 신속한 정보 전달을 위해 우편 제도가 발전하였고, 도시 내 주요 지점이나 관공서, 군사 시설 등에는 돌이나 청동으로 만든 우편함이 설치되어 공문서나 메시지를 수집하고 배포하는 역할을 했다.

동굴도시의 입구에 우편함을 둔 것은 주민들이 외부와 소식을 주고받는 중요한 접점이었기 때문이다. 동굴 내부가 폐쇄적인 공간인 만큼, 입구에 우편함을 두어 편지나 공문을 쉽게 전달하고 수령할 수 있도록 한 것으로 보인다. 이는 단순한 현대적 편의 시설이 아니라, 당시 로마 시대 소통 체계 및 행정 시스템의 일부로 기능했을 것으로 해석된다.

또한 다라와 페레 지역 고고학 발굴 보고서에서도 이와 유사한 우편함 구조물이 확인된 바 있어, 이러한 기능과 역할에 대한 가능성을 뒷받침한다. 이를 통해 고대 동굴도시에서도 체계적인 행정과 정보 교류가 이루어졌음을 알 수 있다.

동굴 집 앞 우편함

동굴 벽에 원형으로 뚫린 창문은 자연 채광과 환기를 위해 만들어진 구조물이다. 고대에는 유리창이 없었기 때문에 이 창문들은 가죽이나 천, 나무 판자 등으로 덮여 있었을 가능성이 높다. 이런 창문은 바람과 빛을 내부로 들이면서도 외부의 먼지나 벌레가 들어오는 것을 막아주었고, 동시에 동굴 내부의 온도 조절에도 도움이 되었다.

동굴 주거는 자연 암석을 활용해 만든 형태로, 두꺼운 벽 덕분에 단열과 방음에 뛰어났다. 현대에는 이러한 유적들을 보존하고 방문객의 편의를 위해 우편함이나 안내판 같은 현대적 시설을 일부 설치하는 경우도 많다. 원형 창문 같은 구조는 당시 사람들이 어떻게 자연환경을 효율적으로 활용하며 생활했는지 보여주는 중요한 건축적 요소로, 고대인의 지혜를 엿볼 수 있는 부분이다.

폐레 동굴도시에서는 대부분의 유골이 동굴 내부에 매장된 것으로 보아, 자연 동굴이나 인공적으로 확장한 동굴 공간을 공동 묘지로 활용했음을 알 수 있다. 이러한 동굴 매장 방식은

동굴 집의 원형 창문

고대 사회에서 흔히 볼 수 있는 전통적인 매장 형태로, 가족이나 집단 단위로 매장하는 경우가 많았다. 동굴 매장은 돌로 만든 석관묘와는 달리, 동굴 자체가 매장 공간으로 기능하며, 조상 숭배와 관련된 의례적 의미를 지니고 공동체의 정체성과 연속성을 상징하는 공간으로 여겨졌다.

특히 페레 네크로폴리스에서는 아르코솔리움(Arcosolium)이라 불리는 아치형 벽감 무덤이 다수 발견되었다. 이 무덤들은 바위 절벽의 경사진 면에 위치해 바위 속에 깊게 파여 있으며, 아치형 틀 안에 매장 분지가 조성되어 있다. 대부분 하나의 돌판으로 덮개가 덮여 있으나, 일부는 여러 개의 직사각형 돌 블록이 덮개 역할을 하기도 한다. 미완성된 무덤에서는 먼저 아치형 벽감이 조각되고 그 안에 매장 분지가 파여 만들어진 것으로 추정된다.

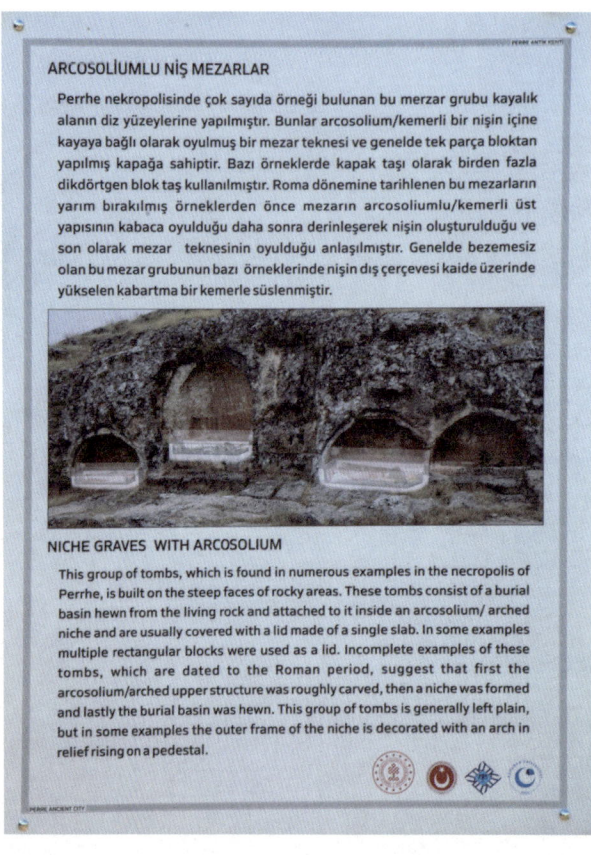

무덤 입구에 있는 아치형 틀은 종종 받침대 위에 부조로 장식되어 있어, 로마 시대 매장 관습뿐 아니라 뛰어난 건축 기술과 예술적 세련미를 함께 보여준다. 이처럼 페레의 아르코솔리움 무덤은 로마 시대 페레 고대 도시 묘지의 대표적 형태로, 당시 고대 로마인의 매장 관습과 건축 양식을 잘 보여주는 중요한 유적이다.

아르코솔리움(Arcosolium)은 '아치형 벽감 무덤'을 뜻하는 고대 무덤 양식으로, 바위나 돌벽에 아치 모양으로 파낸 공간인 벽감(niche) 안에 매장 분지를 조성한 형태다. 주로 바위 절벽이나 암반의 경사진 면에 만들어지며, 아치형 벽감 내부에는 시신을 안치할 수 있도록 매장 분지(burial basin)를 파내고 그 위를 돌판이나 여러 개의 직사각형 돌 블록으로 덮는다.

무덤의 입구인 아치형 벽감은 때때로 받침대 위에 부조로 장식되어 장엄함과 신성함을 강조하며, 고인의 신분과 사회적 지위를 반영하는 역할도 한다. 이 무덤 양식은 주로 로마 시대에 유행했으며, 페레 네크로폴리스 등 여러 고대 도시의 묘지에서 흔히 발견된다. 초기에는 아치형 벽감만 조각한 뒤 그 안에 매장 공간을 파내었으며, 돌덮개로 큐비쿨럼(cubiculum, 매장실)을 밀봉했다.

아르코솔리움은 견고하고 효율적인 구조로, 바위 절벽을 활용해 시신과 부장품을 안전하게 보호할 수 있었으며, 동시에 뛰어난 장식성을 지닌 고대 무덤 양식이다. 이러한 특징들로 인해 페레를 비롯한 여러 고대 도시에서 중요한 매장 방식으로 사용되었다.

이 비석 위에 새겨진 Iuppiter Dolichenus의 부조는 페레 유적에서 가장 중요한 발견 중 하나다. 이 부조는 고대 후기 시대에 두 번째로 사용되어 비석을 덮는 역할을 했으며, 신이 황소자리(태양이 머무는 장소)에 심어져 있다는 점 등으로 로마 제국의 Iuppiter Dolichenus 도상학과 일치한다. 신은 프리기아 모자를 쓰고 로마 군복 스타일의 옷을 입고 있으며, 오른손에는 한 쌍의 도끼를 들었고 잃어버린 왼손에는 심의 묶음을 들고 있었던 것으로 추정된다. 신 뒤에는 독수리가 묘사되어 있으며, 동양식 바지가 눈에 띄는 특징이다. 이와 유사한 부조와 청동 반지, 사자 형상의 장식 등도 근처 지역에서 발견되어, 당시 동부 지역 도상학의 다양한 면모를 보여준다.

페레 네크로폴리스에서 발견된 다양한 유물들은 헬레니즘 후기부터 초기 비잔틴 시대까지 장례와 신앙의 연속성을 증명하며, 이슬람 시대에는 예외적인 경우를 제외하고 매장이 중단되었다. 이후에는 묘지 지역이 채석장으로 일부 사용되었다. 이처럼 페레 동굴 무덤과 네크로폴리스 유적은 고대부터 중세까지 지역의 종교적, 문화적 변화를 보여주는 중요한 증거로 평가된다.

페레 동굴 안의 석관

페레 동굴 도시 포도주 제조 공장

페레 고대 도시에서는 포도를 수확하고 방아로 으깨는 과정을 재현한 복원 프로젝트가 진행되었다. 복원된 유적 현장 사진과 함께, 고대 사람들이 포도를 으깨기 위해 사용한 방아와 작업 장면이 시각적으로 표현되어 있다. 작업 과정은 포도를 수확한 후 방아로 포도를 잘게 찢어 즙을 내는 단계를 거친다. 이렇게 얻은 포도즙은 와인 제조에 사용되며, 완성된 와인은 지하 저장고에 보관된 것으로 알려져 있다.

이 복원 작업은 고대 와인 제조의 전통적인 생산 방식을 이해하고, 당대 농업과 식문화를 연구하는 데 중요한 자료를 제공한다. 고대 와인 제조 과정에서 포도 수확과 으깨기, 와인 저장까지의 흐름을 정확히 반영하고 있다.

또한 페레 고대 도시에만 존재하는 독특한 생산 시설이 발견되었는데, 이는 서기 4세기부터 7세기 사이에 사용된 것으로 추정된다. 이 시설은 벤치형 플랫폼과 직사각형 수조 형태로 구성되어 있으며, 여러 생산 단위가 한곳에 모여 있어 작업 공간 간 이동이 가능하도록 직사각형 창문으로 연결되어 있다. 이 창문들은 때로 벽돌로 막혀 일부 공간을 구분하기도 했다. 일부 시설에는 포도 압착을 위한 레버 장치의 소켓이 있어 와인 생산에 사용되었을 가능성이 크다.

이 밖에도 직물 염색에 사용된 물감이나 가죽 가공에 쓰였을 가능성도 제기되고 있다. 페레의 생산 시설은 고대 산업 생산의 복합적 기능을 보여주는 중요한 역사 유적으로 평가된다.

페레 네크로폴리스 내에 위치한 히포게움은 지하에 조성된 무덤으로, 주로 로마 시대에 바위 능선의 윗부분을 깎아 만들어졌다. 이 무덤은 위가 개방된 계단을 따라 지하 71계단을 내려가 출입하는 구조를 갖추고 있다.

히포게움 내부는 단일 방으로 구성되어 있으며, 그 안에는 세 개의 무덤 벽감이 설치되어 있다. 이들 벽감은 시신을 안치하는 공간으로, 하나는 입구 맞은편에, 나머지 두 개는 방의 양쪽 벽에 위치해 있다.

또한 입구 맞은편 벽과 북쪽 벽에는 각각 다섯 개씩 모두 여섯 개의 작은 제단용 벽감(aediculae)이 배치되어 있어, 장례 의례를 위한 부가적인 공간이 마련되어 있음을 알 수 있다.

이처럼 페레의 히포게움은 복합적인 구조를 가진 지하 무덤으로, 당시 매장 문화를 이해하는 데 중요한 유적이며, 견고한 바위층을 활용해 신체와 부장품을 안전하게 보존할 수 있도록 설계되었다.

 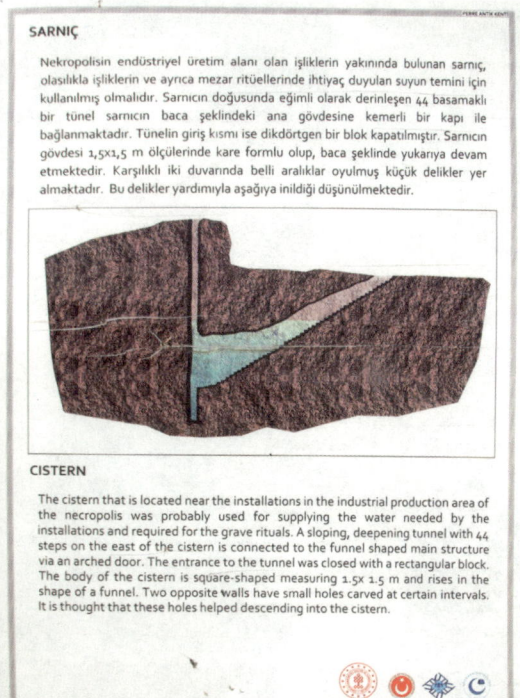

    사르니치(Sarn ç)는 페레 네크로폴리스 인근의 산업 생산 구역 근처에 위치한 물 저장소이다. 이 저장소는 작업장과 무덤 의식에 필요한 물을 공급하기 위해 마련된 것으로 추정된다. 구조적으로는 동쪽 방향으로 경사진 터널이 있으며, 44개의 계단이 설치되어 있다. 터널 입구는 사다리꼴 모양의 직사각형 블록으로 막혀 있고, 아치형 구조를 통해 저장소 본체와 연결된다. 저장소 본체는 깔때기 형태로 높이는 약 5m, 크기는 약 1.5m × 1.5m 정도다. 내부에는 일정 간격으로 작은 구멍들이 있어, 이 구멍들은 저장소로의 접근 통로 역할을 한 것으로 보인다.

    사르니치는 네크로폴리스 내 산업 활동과 무덤 의식에 필요한 물을 안정적으로 공급하는 중요한 공공시설이었다. 이 안내판 설명은 고대 물 관리 기술과 의례 공간의 연관성을 이해하는 데 유용한 자료로 평가된다.

페레 동굴도시의
물 정화 수로와 저장소

사진 속 페레 동굴 도시의 수로는 배수 구조일 가능성이 높다. 수로 안에 고인 물이 정체되어 있고 녹조와 침전물이 보이는 점을 미루어, 원활한 흐름이 이루어지지 않음을 알 수 있다. 상수 공급용 수로는 깨끗한 물이 지속적으로 공급되어야 하므로 흐름이 정체된 구조는 적합하지 않다.

또한 수로의 구조는 깊고 견고하게 다듬어진 개방형 형태로, 물이 고여 있는 점에서 저수조나 배수로의 특성을 갖춰서 외부로 물을 배출하거나 모으는 역할을 한 것으로 보인다. 이러한 구조는 상수 공급을 위해 흔히 사용되는 덮개형이나 오염 방지 시설과도 차이가 있다.

페레 동굴 도시 주변 환경을 고려할 때, 생활용수 확보가 반드시 중요했지만, 매장 공간이 동굴 내부에 주로 조성된 점과 주변에 저수 및 배수 시설이 혼재한 점으로 미루어 보면, 이 수로는 상수보다는 배수 또는 저수 기능을 수행하는 시설일 가능성이 크다.

즉, 페레 동굴 도시의 사진 속 수로는 배수를 원활히 하거나 빗물을 저류하는 구조물로 추정된다. 페레 동굴 도시 내 사진 속 수로는 고여 있는 물과 녹조, 침전물 등이 관찰되는 점으로 보아 흐름이 원활하지 않은 정체수 상태임을 알 수 있다. 깨끗한 물이 지속 공급되어야 하는 상수 공급용 수로로는 부적합해 보인다. 또한 수로의 구조가 깊고 견고하지만 개방형이며, 물이 고여 있는 점은 저수조나 배수로의 특징에 가깝다. 상수용 수로는 보통 덮개 등의 오염 방지 시설과 함께 설치된다. 주변 환경과 매장 공간의 분포를 고려하면, 생활용수 확보가 중요했으나 저수 시설과 배수 시설이 혼재해 있을 가능성이 크다. 사진 속 수로는 물을 모으거나 배출하는 배수 기능을 하는 구조물일 가능성이 높으며, 빗물 저류 시설이나 배수로로 추정된다. 따라서 이 수로는 상수 공급보다는 배수 및 저수 기능을 담당한 것으로 분석된다.

페레 고대 도시 채석장

    페레 고대 도시의 석재 건축 과정은 체계적이고 정교하게 이루어졌다. 먼저 채석장에서 돌 블록을 떼어내기 위해 끌, 망치, 쐐기, 지렛대 등 다양한 도구를 사용하였다. 이렇게 분리한 돌은 수레나 썰매, 그리고 소나 말이 끄는 운반 도구를 통해 건축 현장으로 이동되었다.
    건축 현장 근처에는 가공 작업장이 마련되어 돌 블록을 다듬고 최종 형태로 세밀하게 가공하는 작업이 이루어졌다. 이후 가공된 돌들은 로프와 각종 금속 도구를 활용하여 정확한

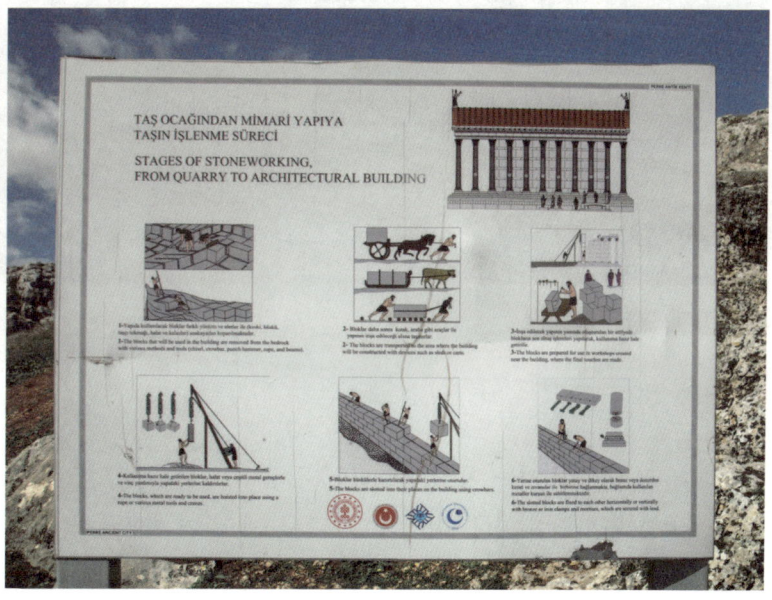

위치에 옮겨졌다. 돌을 쌓을 때는 크로우바(crowbar)와 같은 도구를 사용해 적절한 위치에 놓고, 청동이나 철제 클램프와 모르타르로 견고하게 고정하여 수평과 수직을 유지했다.

   이와 같은 석재 가공과 건축의 세밀한 단계들은 당대의 뛰어난 건축 기술을 보여주며, 페레 고대 도시의 건축 기술 연구에 중요한 자료로 평가된다.

페레 고대도시 주거 주택

　페레 유적 내 주거지는 기초 석축이 낮은 돌담 형태로 쌓여 있으며, 여러 개의 작은 방이나 공간으로 구획되어 있다. 이러한 구조는 고대 주거지에서 방, 부엌, 저장 공간 등 다양한 생활 공간을 구분하기 위한 벽체의 기초로 해석된다. 주거지 내부 중앙에 위치한 기둥받침석은 지붕을 받치는 기둥이 있음을 의미하며, 이는 건축물이 실제 주거 공간임을 뒷받침하는 요소다. 기둥은 내부 공간을 구획하거나 지붕 무게를 분산하는 역할을 맡았다.

　건축 재료로는 주로 현지에서 채취한 돌이 사용되었으며, 돌과 돌 사이에는 모르타르나 점토가 들어가 벽체를 견고하게 결속시켰다. 벽체가 두꺼워 단열과 방음에 효과적이었다는 점도 주거지의 특징이다. 생활 공간은 보통 가족 단위로 구성되어 방, 마당, 저장 공간 등이 조화롭게 배치되었고, 물과 음식 준비, 휴식, 작업 공간 등이 구분되어 생활의 편의를 도모하였다.

페레 고대도시 피라미드형 소도

　일부 주거지에서는 난방 시설, 배수 시설, 작은 창문 등도 발견되어 당시 생활 환경의 쾌적함을 엿볼 수 있다. 페레의 주거지는 헬레니즘과 로마 시대를 거치면서 그 시대별 건축 양식과 생활 문화를 반영하고 있으며, 당시 주민들의 사회 구조와 생활 방식을 이해하는 데 중요한 자료를 제공한다.

　더불어 페레 유적 내에 발견된 삼각형 피라미드 형태의 돌탑은 단순한 건축물이 아닌 의례적 의미를 담고 있을 가능성이 크다. 이러한 돌탑은 콤마게네 왕국의 문화적 배경과 유라시아 스텝 지역의 쿠르간 묘제 전통, 동아시아의 적석총, 홍산문화와 일본 신사 돌탑 등과 비교되는 중요한 문화유산으로, 자연물에 대한 신성시와 공동체의 안녕을 기원하는 보편적인 신앙의 일환으로 해석된다. 페레 돌탑의 규칙적이고 정성스러운 구조는 이러한 의례적 의도를 잘 보여주는 예라 할 수 있다.

06. 콤마게네 왕국 아디야만 박물관

Adiyaman Museum of the Kingdom of Commagene

아디야만 박물관은 콤마게네 왕국의 풍부한 역사를 보여주는 중요한 유물들을 소장하고 있다. 특히 넴루트 산과 페레 유적지에서 출토된 유물들이 주를 이루며, 이를 통해 콤마게네 왕국의 문화와 종교, 정치적 신념을 잘 알 수 있다.

박물관에서는 넴루트 산 신전에서 발굴된 높이 8~10미터에 이르는 거대한 신과 왕의 조각상 파편들을 볼 수 있으며, 특히 안티오쿠스 1세의 두상 조각상은 헬레니즘과 페르시아 양식이 융합된 독특한 예술성을 띤다. 또한 넴루트 산 동·서쪽 테라스에서 발견된 신들과 왕들의 악수 장면을 묘사한 부조는 당시 왕국의 종교와 정치가 밀접하게 연관되어 있음을 보여준다.

카라쿠시 고분군의 유물도 중요한데, 이곳은 왕국 여성들의 묘역으로 독수리 조각상과 비문 등 왕실을 상징하는 유물이 발견되었다. 페레 유적지에서는 로마 시대 무덤과 함께 5세기경 제작된 약 125제곱미터 크기의 정교한 바닥 모자이크가 전시 중이며, 이는 당대의 기하학 문양과 신념 체계를 반영한다.

네크로폴리스에서 출토된 암벽 묘실과 석관도 중대한 유물이며, 가족 단위로 사용된 매장 공간의 구성을 통해 당시 사회 구조를 엿볼 수 있다. 이 외에도 도자기, 장신구, 생활 도구 등 다양한 일상용품들이 전시되어 콤마게네 시대 사람들의 삶을 생생히 보여준다.

콤마게네 왕국은 헬레니즘과 페르시아 문화가 융합된 독특한 문명을 형성하였으며, 박물관 유물은 이러한 문화적 융합, 종교적 신념, 뛰어난 건축 및 조각 기술을 구체적으로 증명한다. 아디야만 박물관의 전시품들은 콤마게네 왕국의 역사와 예술을 깊이 이해하는 데 매우 귀중한 자료로 평가되어 방문객들에게 필수적인 탐방지로 추천된다.

아디야만 박물관 입구

　아디야만 박물관은 1982년에 현대적인 건물을 갖추어 현재까지 운영되고 있다. 박물관은 단층 건물로, 넓은 정원과 도심의 아름다운 구역에 자리한다. 전시 공간은 두 개의 큰 홀과 이들을 연결하는 중간 홀이 있는 안뜰 형태로 구성되어 있다.

　박물관은 유프라테스 하류 지역의 국내외 발굴을 통해 수집된 다양한 유물들을 전시한다. 소장품에는 구석기 시대의 손도끼, 드릴러, 커터, 찰토석기 시대의 테라코타 냄비, 청동기 시대의 장식품, 로마 및 이슬람 시대의 도자기 냄비 등이 포함되어 있다. 또한, 샨루르파 괴베클리테페 유적에서 발견된 신석기 시대의 컬트 조각상과 함께 여신 탄생을 묘사한 작품도 전시 중이다.

　박물관에는 다양한 시대의 인장, 남성과 여성의 보석, 인간과 동물 형태의 인형, 모자이크, 금·은·청동 동전 등도 포함되어 있다. 더불어 지역 민족지학적 유물도 함께 소장하면서 고대부터 이 지역을 거쳐 간 다양한 문화와 생활상을 보여준다.

　이처럼 아디야만 박물관은 고대부터 이슬람 시대에 이르기까지 이 지역의 풍부한 역사를 증명하는 유물들이 집약된 곳으로, 연구와 교육, 그리고 문화 체험의 중심지 역할을 담당하고 있다.

헤라클레스(Heracles) 석상

페레 유적의 소 머리 형상 석조 조각상은 뿔과 얼굴 윤곽이 뚜렷하며, 머리 위에는 날개 달린 독수리 문양이 새겨져 있어 신성함과 권위를 상징한다. 소는 고대 근동과 지중해 지역에서 풍요와 힘의 상징으로 여겨졌고, 독수리는 콤마게네 왕국의 왕권과 신성을 나타내는 중요한 상징이다. 이 조각상은 신전이나 왕실 관련 건축물의 장식물로 사용되었을 것으로 추정된다.

콤마게네 왕국은 헬레니즘과 페르시아 문화가 융합된 지역으로, 그러한 동물 형상과 독수리 문양은 왕권과 신성함을 강조하는 데 자주 활용되었다. 특히 독수리는 신화와 종교에서 신의 전령으로 간주되며, 영원불멸과 권위, 태양과 하늘의 힘을 상징하는 신성한 존재로서 다양한 문헌과 유물에서 확인된다.

한편, 사모사타는 콤마게네 왕국의 수도로 유프라테스 강에 위치해 '태양의 도시'라 불렸으며, 로마 시대에도 중요한 행정 중심지 역할을 했다. 아타튀르크 댐 호수로 인해 침수된 사모사타 유적에서 발굴된 문서들도 현재 박물관에 전시되어 있어 당시의 정치, 문화적 상황을 연구하는 데 중요한 자료가 된다.

황소 머리 조각상

이 석조 부조는 두 인물이 마주보고 서 있는 장면을 표현하고 있으며, 그 복식과 자세에서는 헬레니즘 문화의 명확한 영향을 엿볼 수 있다. 이 부조는 신성한 의식이나 중요한 사회적 장면을 묘사한 것으로 보이며, 왕실이나 신전의 장식용으로 제작되었을 가능성이 크다.

콤마게네 왕국 시기에는 이러한 부조 조각이 예술적 표현 수단으로 활발히 사용되었고, 그 안에는 사회적·종교적 의미가 담겨 있어 당시의 문화와 신앙을 이해하는 데 중요한 자료로 평가받는다. 헬레니즘 양식의 섬세한 조각 기법과 동시대의 문화적 융합을 보여주는 대표적인 작품이라 할 수 있다.

남녀 악수하는 조각상

부부와 아이 조각상

콤마게네 왕국은 고대 그리스-이란 계통의 왕국으로, 튀르키예 중남부 아디야만과 가지안테프 북부 지역에 자리 잡고 있었다. 이 왕국은 아르메니아, 파르티아, 시리아, 로마 사이에 위치한 완충 국가(buffer state)로서 다양한 문화가 혼합된 독특한 정체성을 형성했다.

콤마게네의 왕들은 아케메네스 페르시아의 다리우스 1세의 후손이라 주장했고, 그 연유로 페르시아 왕조의 혈통과 그리스계 왕족과의 결혼을 통해 문화적 혼융을 이루었다. 프톨레마이오스는 셀레우코스 왕조의 사트라프로서 독립 왕국을 선포하였고, 왕국은 서기 17년 로마 황제 티베리우스 시기까지 독립을 유지했다가 로마 제국에 편입되었다.

이 왕국에서 가장 대표적인 유적은 안티오쿠스 1세 테오스 왕이 조성한 넴루트 산의 고고학 유적지로, 다양한 그리스와 이란 신들과 자신을 신격화한 조각상이 지금도 남아 있다. 넴루트 산 유적은 콤마게네 왕국의 정치·종교적 이상과 혼합 문화를 잘 보여주는 대표적인 사례이다.

이처럼 콤마게네는 동서양의 여러 문화가 교차하고 융합한 역사적·문화적 요충지로서, 그 유산은 오늘날 고고학과 역사 연구에 중요한 위치를 차지한다.

물고기 문양이 있는 서르고파스 (석관)

　사진 속 유물은 네모난 석관 앞에 정교한 부조가 새겨진 예로, 중앙에는 원형의 문양이 강조되어 있고, 양쪽에는 날개 달린 동물 혹은 신화적 생물의 형상이 대칭적으로 배치되어 있다. 이런 날개 달린 동물 표현은 고대 근동과 헬레니즘 문화에서 신성한 수호자, 혹은 신의 힘과 보호를 상징하는 장식으로 자주 등장한다. 중앙의 원형 문양은 태양, 달, 또는 신성한 상징으로 해석될 수 있다.

　이와 같은 상징적 부조는 콤마게네 왕국의 신전이나 무덤, 특히 사르고파스(석관묘)의 장식에서 흔히 볼 수 있으며, 당시 권위와 신성, 그리고 보호의 의미를 강화하는 역할을 했다. 사진만으로 구체적인 명칭이나 정확한 출토 위치, 세부 시대를 특정하기는 어렵지만, 유물의 조각 양식 및 상징적 요소로 볼 때 기원전 1세기에서 기원후 1세기경 콤마게네 왕국과 인근 헬레니즘 문화권의 특성을 잘 반영한 사례임이 분명하다.

　종합적으로, 이 유물을 비롯해 동물 머리 조각, 인물 부조, 날개 달린 동물 부조는 아디야만 박물관이 위치한 튀르키에 동남부 콤마게네 왕국 지역의 고유한 예술성과 신성한 상징 체계를 보여준다. 특히 사르고파스(석관묘) 장식인 경우, 고대 왕국의 종교적, 의례적 세계관과 예술적 수준을 엿볼 수 있는 소중한 유물로 평가된다.

사진 속 석재는 삼각형 지붕 모양의 상단에 깊이 새겨진 입체적 부조가 특징적이다. 상단의 정중앙에는 날개를 활짝 편 독수리 또는 신화적 존재가 자리 잡고 있는데, 이 강렬한 상징은 콤마게네 왕국에서 권위와 신성함, 보호를 의미하는 주요 표상으로 널리 쓰였다. 석재 하단에는 최소 두 명 이상의 인물이 표현되어 있으며, 이들은 신 또는 왕족, 혹은 중요한 제의(의식)를 수행하는 장면일 가능성이 높다.

이와 같은 부조 장식은 고대 콤마게네 왕국의 신전이나 귀족 묘역의 입구, 또는 사당의 입면에 자주 사용되어, 건축물 전체에

독수리와 기마 무사 조각상

신의 보호와 왕가의 위엄을 더하는 역할을 했다. 독수리 모티프는 당시 동서 문화 융합의 산물로, 페르시아와 그리스-로마적 요소가 혼합된 콤마게네의 독특한 미술적·종교적 전통을 보여준다.

종합적으로 볼 때, 이 유물은 신성한 권위와 신적 보호를 상징하는 콤마게네 왕국 예술의 전형적인 예로, 고대 사회에서 종교적·의례적 의미가 매우 컸음을 강하게 시사한다.

그리핀 독수리상 그림이 있는 석상

사진의 석상은 날개를 펼친 독수리와 사방을 감싸는 덩굴 장식, 그리고 일부 남아 있는 수레의 흔적이 확인되는 고대 부조 작품이다. 독수리의 머리와 부리, 퍼진 날개의 윤곽이 비교적 또렷하게 남아 있으며, 전체 구성은 클래식한 직사각형 프레임 안에 풍성한 포도 덩굴 무늬가 조밀하게 새겨져 있다.

독수리는 고대 그리스와 헬레니즘, 그리고 콤마게네 왕국에서 권위와 신성함, 왕권의 상징으로 널리 쓰였다. 특히 이 조각에서는 독수리가 수레를 이끌고 있는 듯한 도상적 배치가 돋보인다. 이런 장면은 신화적 맥락에서 제우스가 하늘을 이동하거나 신성한 힘이 왕권을 지지하는 상징으로 해석될 수 있다. 실제로 고대 그리스 신화에서는 제우스의 수레를 독수리나 그리핀 같은 신성한 동물이 끄는 장면이 자주 등장하며, 콤마게네 같은 문화 융합 지역에서는 그러한 신화적 상징이 현지 신앙과 결합해 독특한 상징 세계를 구축했다.

조각의 사실적이면서도 상징적인 기법은 헬레니즘과 페르시아 예술의 융합을 잘 보여주며, 세밀한 무늬와 역동적인 동물 표현은 당시 장인의 높은 예술성과 상상력을 드러낸다. 이와 같이 독수리가 수레를 끄는 장면은 왕권의 신성함, 하늘의 질서, 그리고 통치자의 신성한 정당성을 시각적으로 강조하는 데 중요한 역할을 한 것으로 보인다.

결국 이 조각품은 단순한 장식이 아니라, 콤마게네 왕국의 정치적·종교적 메시지—즉, 왕실의 정당성과 신성함, 그리고 우주 질서와의 긴밀한 연결성을 표현하는 중요한 문화적 상징물로 해석된다.

감시의 눈 조각상

사진 속 유물은 원형 석재의 상단에 두 개의 커다란 눈이 선명하게 부조로 새겨진 형태다. 단순하면서도 강렬한 시선의 눈동자는 양쪽으로 길게 뻗은 아치형 윤곽과 함께 중앙에 명확하게 강조되어 있다.

이와 같은 눈 모양은 고대 근동과 지중해 지역에서 흔히 볼 수 있는 상징으로, 악령을 쫓거나 신성한 힘이 항상 감시하고 있음을 드러내는 신성한 보호의 의미를 지닌다. 특히 '신의 눈(Eye of God)'이나 '감시의 눈'이라는 도상학적 해석이 가능하며, 신전·묘역·주거지 출입구 등에 두어 선한 기운을 지키고 악의 기운을 차단하는 부적적 역할을 했을 것으로 추정된다.

콤마게네 왕국에서도 이와 유사한 상징이 의례용 건축, 종교적 공간 및 일상적 환경 곳곳에서 신성한 보호와 위엄, 통치자의 정당성을 강조하는 데 활용된 사례가 많다. 원형 석재 위에 선명하게 조각된 눈 모양은 단순한 장식이 아니라, 당시 지역 문화에서 신성한 힘과 보호를 바라는 구체적 신앙과 세계관을 반영한다.

사진 속 콤마게네 옹기는 둥글고 큼직한 몸체와 좁은 입구, 그리고 양쪽에 달린 두 개의 손잡이가 특징적인 고대 항아리 형태다. 표면은 자연스러운 흙빛을 띠며 유약 처리가 없어 무광의 질감을 지닌다. 이러한 항아리는 지역 특유의 점토를 사용해 손 작업 또는 물레로 빚은 뒤 고온에서 소성하여 내구성을 높였다.

콤마게네 왕국 시대에 이런 옹기는 곡물, 기름, 와인, 물 등 다양한 식량과 액체를 저장하고 운반하는 데 널리 이용되었다. 특히 와인 저장 용기로 많이 사용되어 내용물의 신선도와 위생을 오래 유지하도록 설계된 구조가 특징적이다. 옹기는 별도의 장식이나 채색이 거의 없으나, 실용성과 내구성에 초점이 맞춰져 있다.

이처럼 콤마게네 옹기는 헬레니즘과 페르시아 문화가 융합된 생활용기의 대표 사례로, 일상생활뿐만 아니라 무덤의 부장품으로도 포함되어 당대 사람들의 신앙과 일상생활의 모습을 엿볼 수 있는 중요한 유물로 평가된다.

항아리

문양이 있는 조각상

　왼쪽 사진의 원형 석재에는 고대 문자와 함께 반원형의 장식이 정교하게 새겨져 있다. 문자들은 고대 아람어나 그리스어 계열일 가능성이 높으며, 이러한 장식은 보호나 신성함을 상징하는 역할을 했을 것으로 보인다. 이 석재는 무덤 비석이나 기념비의 일부로 추정되며, 새겨진 문자는 주인공의 이름이나 신성한 문구, 혹은 비문일 가능성이 크다. 콤마게네 왕국 시대는 다양한 언어와 문자가 혼재했던 시기였기 때문에, 이러한 비석은 사회 및 종교, 문화적 특성을 고스란히 반영한다.
　오른쪽 사진의 삼각형 석재에는 방사형으로 빛을 뿜는 태양, 별, 식물 문양이 정교하게 새겨져 있다. 태양은 생명력과 왕권, 신성을 의미하며, 별과 식물 문양은 자연과 우주의 조화로움을 상징한다. 이러한 부조는 신성한 상징물로서 신전이나 무덤 장식에 널리 사용되었을 가능성이 크다. 콤마게네 왕국은 태양 숭배가 강했던 지역 중 하나로, 태양 문양이 왕권과 신성함을 표현하는 핵심적 상징이었음을 보여준다.
　종합적으로 이 두 유물은 콤마게네 왕국의 예술성과 종교, 사회 구조를 드러내는 귀중한 자료로, 권력과 신성, 생명, 우주 질서에 대한 당시 사람들의 세계관과 신앙 체계를 이해하는 데 큰 도움을 준다.

왼쪽 사진의 유물은 고대 문자로 빽빽하게 새겨진 비문 석으로, 비문의 하단에는 장식적 요소가 일부 남아 있다. 전체적으로 글자들이 매우 촘촘히 배열되어 있어, 이 석비는 왕실이나 귀족의 업적, 법령, 혹은 신성한 내용을 기록한 공식적 비석일 가능성이 높다. 이런 비문은 콤마게네 왕국 시대의 사회 체계, 종교적 신념, 정치 구조 등을 파악하는 데 귀중한 자료가 된다. 아디아만 지역 고대 문화와 예술, 그리고 사회적 배경을 깊이 이해하는 데 큰 도움이 될 유물이다.

오른쪽 사진의 유물은 돌조각 표면에 추상적인 문양과 동물 형상이 혼합된 부조가 새겨져 있다. 풍화로 인해 부분적으로 윤곽이 흐려져 있지만, 도상과 표현 방식에서 고대 근동 및 헬레니즘 문화의

고대 비문이 새겨진 석관

영향이 두드러진다. 이러한 부조는 신화적 상징이나 보호와 번영을 바라는 의례적 의미를 담아 신전이나 무덤의 장식물로 사용되었을 가능성이 크다. 이 유물 또한 아디아만 지역 고대 예술과 신앙 체계를 해석할 수 있는 소중한 자료라 할 수 있다.

고대 비문이 새겨진 석관

　사진 속에 보이는 제우그마 비석은 길쭉한 형태의 석재로, 상단에는 인물 또는 신성한 존재로 추정되는 부조가, 하단에는 그리스어 알파벳 비문이 새겨져 있다. 이러한 혼합 양식은 헬레니즘과 페르시아 요소가 결합된 콤마게네 왕국 특유의 문화적 전통을 반영한다. 인물의 자세와 복식, 비문의 형태는 루위어 상형문자보다는 헬레니즘 영향의 그리스어 사용이 두드러져 쿰무후보다 후대 왕국 시기의 유물로 추정할 수 있다.

　반면, 아디야만 박물관에 전시된 쿰무후 시대의 루위어 상형문자 비석은 넓고 평평한 석재에 전형적인 신히타이트 문자와 상징들이 빼곡하게 새겨져 있다. 이런 비석은 히타이트 제국 이후 신히타이트 시대의 정치적 선언이나 신성 의례, 왕의 업적 등을 기록한 자료로, 쿰무후 왕국의 정치와 신앙, 문화적 위상을 이해하는 데 중요한 자료로 평가된다.

　이 두 비석 모두 콤마게네와 쿰무후 왕국의 문화적 연속성과 변화를 생생히 보여주는 귀중한 유물이다. 돌에 새겨진 기하학적이고 상징적인 문양과 고대 문자들은 신전이나 왕실 건축의 일부로 사용되며, 당시 사회의 권위와 신성함을 시각적으로 상징하는 역할을 했다. 이러한 유물들은 고대 아나톨리아 및 콤마게네 지역의 신앙과 문화적 정체성을 연구하는 데 중요한 자료적 가치를 지닌다.

별 모양이 새겨진 이 석상 조각은 콤마게네 왕국의 상징적 세계관과 깊이 연결되어 있다. 헬레니즘 시대 소아시아 동부를 다스렸던 콤마게네 왕국은 천문학과 점성술, 신성한 상징체계에 특별한 가치를 두던 왕조로, 별과 태양, 달 같은 천체 문양을 왕권의 신성함과 우주 질서, 그리고 신과의 연결을 상징하는 중요한 요소로 삼았다.

별 모양 문양은 왕실의 문장, 신전 장식, 각종 석조물에 자주 사용되어, 왕의 권위를 하늘의 질서와 신성한 힘으로부터 부여받는다는 사상을 시각적으로 드러냈다. 넴루트 산의 대형 석상과 신전에서도 별과 태양 문양이 함께 조각되어 있으며, 이는 통치자와 신의 권위, 그리고 왕권의 신성한 정당성을 표현하는 역할을 한다.

따라서 이 별 모양이 새겨진 석조 유물 역시 콤마게네 왕국의 정치적·종교적 상징체계에서 왕권과 신성함, 우주 질서의 표현으로 해석할 수 있다. 이는 고대 사회에서 하늘의 질서에 왕권을 연결하고, 신성함을 적극적으로 강조했던 콤마게네의 문화적 특징을 잘 보여준다.

별 모양 석관

사진 속 두 석재 유물은 아디야만 지역의 고대 건축과 조각 예술의 수준을 보여준다. 왼쪽의 원통형 돌은 표면에 마모가 깊으나 건축물의 기둥 받침대나 제단의 일부로 사용됐을 가능성이 크다. 이러한 기능성 석재는 고대 그리스와 헬레니즘 문화의 영향이 강했던 콤마게네 왕국 시대에 널리 쓰였으며, 구조적 안정성과 더불어 미적 아름다움을 동시에 추구했다.

오른쪽의 부조 조각은 일부 남은 인물 혹은 동물의 형상이 희미하게 식별되며, 신전이나 무덤 장식에 사용되었던 신화적 또는 의례적 장면을 묘사했을 것으로 보인다. 석재 표면에는 아랍 문자 계열의 비문도 일부 남아 있는데, 이는 장기간에 걸친 지역의 문화적 변천과 교류를 반영한다.

아랍어 비문은 보통 인물의 이름, 업적, 사망일 등을 기록한 묘비명이나, 신성한 문구 또는 건축 기념문 등으로 쓰였으며, 이슬람 이전과 이후 아디야만 지역의 역사 변화를 잘 보여준다. 현재 사진의 마모 상태로는 정확한 해독이 어렵지만, 한글 자료와 아랍권 연구자의 협업이 이뤄지면 더 구체적이고 정확한 해석이 가능할 것이다.

종합적으로, 이들 유물은 아디야만과 콤마게네 왕국의 건축 및 예술적 성취, 그리고 이미 이슬람 시대까지 이어진 풍부한 문화적 연결망을 이해하는 데 매우 중요한 자료로 평가된다.

콤마게네 왕국 원통형 석제 기둥받침 기원전 1세기, 제단 또는 건축의 기초부로 추정

신화적 문양과 기념비적 부조가 새겨진 건축 장식 조각

콤마게네 왕국 무장 인물 부조
기원전 1세기, 갑옷과 단검을 착용한 병사 또는
궁정 관리의 형태를 표현한 석재 부조

콤마게네 왕국 여인상
기원전 1세기, 의자에 앉은 인물로서 복식과
머리 장식이 두드러진 여성상 석조

    왼쪽의 석조 인물상은 짧은 튜닉을 입고 오른손에 무언가를 쥔 자세로 표현되어 있다. 이 조각상은 아디아만 지역의 고대 군인이나 신관, 혹은 특정한 사회적 지위를 가진 인물을 형상화한 것으로 추정된다. 조각의 스타일은 헬레니즘 특유의 사실적이고 역동적인 인체 묘사가 특징적이며, 인물의 복식과 자세, 소지물 등은 그의 역할과 상징적 의미를 함께 드러낸다. 이처럼 인물상을 통해 당대의 사회 구조와 신분, 종교적 위상이 반영되는 사례임을 알 수 있다.

    오른쪽의 여인상 석조는 콤마게네 왕국 시기의 중요한 여성 인물을 묘사한 예로, 이는 신격화된 여신이나 왕실 여성, 특히 왕비의 모습을 담고 있을 가능성이 높다. 콤마게네 왕국의 대표적인 여성 인물로는 이오타파(안티오쿠스 1세의 딸이자 왕비), 클레오파트라 테오(셀레우코스 및 콤마게네 출신의 여왕) 등이 있다. 또한, 헬레니즘 문화의 영향으로 아르테미스, 헤라 등 여신상 역시 많이 제작됐다. 이러한 조각들은 왕권과 신성함, 보호의 이미지를 동시에 상징하며, 머리 장식과 옷의 디테일, 조각 양식에서 신화적 요소와 왕실 권위를 결합하고자 했던 당시 예술의 특징이 잘 드러난다.

콤마게네 왕국 안티오쿠스 1세 석제 발 조각
기원전 1세기, 넴루트 산 유적의 왕좌상에서 떨어져 나온 것으로 추정되는 왕의 오른발 부분

콤마게네 왕국 대형 독수리 머리상
기원전 1세기, 넴루트 산 신전군 조각 중 하나로, 신성한 독수리를 형상화

왼쪽 유물은 석재 표면에 방사형의 태양광선 문양이 새겨진 조각으로, 일부가 파손된 상태다. 태양 문양은 콤마게네 왕국에서 왕권의 신성함과 신과의 직접적인 연결을 상징하는 핵심 장식 요소로 활용되어, 주로 신전이나 무덤과 같은 권위 있는 공간의 장식에 사용되었다. 사진 속 발 조각은 넴루트 산에 세워진 안티오쿠스 1세 거대 석상의 일부일 가능성이 높으며, 섬세한 조각 기법과 장식성이 왕의 위엄과 신성함을 강조한다. 이런 디테일은 특히 콤마게네 왕국에서 왕권을 신성한 질서와 결부시키려는 예술적·종교적 의도를 잘 보여준다.

오른쪽 조각은 그리핀 머리를 형상화한 석조로, 강렬한 독수리 부리와 예리한 눈, 깃털의 섬세한 질감이 잘 표현되어 있다. 그리핀은 고대 근동, 지중해, 헬레니즘과 페르시아 문화권에서 등장하는 신화적 존재로, 권력, 신성함, 보호의 상징이었다. 이러한 조각상은 신전, 궁전, 왕실 무덤 등에 놓여 왕권의 신비로움과 신성한 권위를 시각적으로 드러내는 역할을 했다. 콤마게네 왕국에서는 헬레니즘적 예술성과 페르시아적 신령성이 융합된 대표적인 상징물로, 고대 예술적 정수와 신화적 상상력을 잘 대변하는 귀중한 작품이다.

석제 단검·칼 문양 표석
이슬람 이전 또는 중세 초기, 검과 단검이 도안된 표석으로, 무장 계급이나 용사의 무덤을 상징

이슬람 시대 아랍어 비문 묘비
중세, 아랍어로 새겨진 석제 묘비로, 이름과 운명을 기원하는 문구가 남아 있음.

사진 왼쪽의 석재 부조에는 칼과 함께 끝이 갈고리처럼 휘어진 훅(후크) 무기의 형상이 선명하게 나타나 있다. 칼 훅(Hook Sword)은 칼날 끝에 갈고리 모양이 추가된 무기로, 적의 무기나 방패를 걸어 빼앗거나, 적을 끌어당기거나 넘어뜨릴 수 있도록 고안된 특별한 전투 도구다. 이런 형태의 무기는 중국 무술에서 널리 알려져 있지만, 고대 그리스·헬레니즘 시대와 로마 시기에도 유사한 곡형 날과 도끼 기능이 결합된 착용 칼, 즉 팔카타(Falcata)나 로마의 히스파니아 검과 비슷한 무기들이 있었다.

특히 훅 형태의 무기는 전술적으로 매우 실용적이었다. 예를 들어 적의 갑옷이나 무기를 걸어 방어를 무력화시키거나, 말을 방해해 기병을 넘어뜨리는 데도 유용하게 쓰였다. 헬레니즘 및 로마 시대의 전장에서는 보병과 기병 모두 이런 무기를 자유자재로 활용했고, 강한 타격력과 전술적 우위를 동시에 확보했다.

부조에 함께 새겨진 직선형 칼과 곡선 날이 혼재된 형태는, 콤마게네 왕국이나 주변 문화권에서 다양한 무기가 동시에 사용되었음을 보여준다. 이와 같은 무기들은 단순한 실전 도구를 넘어, 권력과 전쟁의 상징 아이콘으로도 쓰였을 가능성이 크다. 근본적으로 부조 속 칼 훅은 당시 군사 문화와 전투 기술, 그리고 힘과 정복의 상징성을 집약적으로 드러내는 유물이다.

별 문양이 있는 석판　　　　　　　　　태양 문양이 있는 석판

　사진 속 석판에는 '태양의 바퀴' 또는 '별 모양'으로 불리는 고대 상징이 선명하게 새겨져 있다. 이 문양은 고대 근동과 헬레니즘, 그리고 페르시아 문화가 융합된 콤마게네 왕국의 영향 아래에서 왕권의 신성함, 우주 질서, 신과의 연결을 상징하는 중요한 의미를 지녔다. 콤마게네 왕국과 넴루트 산 유적에서 이 문양은 왕실 권위와 법 질서를 시각적으로 강조하는 대표적 상징물로 반복 출현하며, 신성한 공간이나 기념비적 유물에서 주로 발견된다.

　특히 오른쪽 석조의 중앙에는 고대 루위안 문자로 추정되는 비문이 새겨져 있는데, 이는 당시 왕실의 명령이나 신성한 메시지, 법과 질서를 전하는 용도로 쓰였다. 이 비문의 내용은 왕의 이름, 신의 권위, 또는 사회 질서와 복종의 중요성 등을 담고 있었을 것으로 추정된다. 최근 아디아만 지역에서 출토된 유사 비문에서 "법을 준수하라", "왕의 명에 복종하라"는 내용이 등장하는 만큼, 이 유물 역시 그와 같은 사회적·정치적 메시지를 내포하는 것으로 해석할 수 있다.

　양쪽에 배치된 태양 바퀴 문양은 넴루트 산 왕실 석상이나 신전에서도 자주 확인되며, 왕권의 신성함과 우주적 권위를 함께 각인하는 상징적 조형이다. 이와 같은 석판은 왕실 건축물, 신성 공간, 혹은 기념비적 시설에 사용되어, 당시 사회의 종교적·정치적 가치관을 직관적으로 드러낸다. 이러한 유물들은 콤마게네 왕국의 세계관, 법과 질서, 신권과 왕권의 융합 구조를 이해하는 데 소중한 자료로, 최근 연구와 발굴을 통해 점차 그 역사적 의의와 가치가 새롭게 조명되고 있다.

안티오쿠스 왕명 비문 석재 파편
기원전 1세기, 'ANTIOXOS'(안티오쿠스)라는 이름이 새겨진 그리스어 비문 조각. 기념비의 일부로 왕을 기리거나 통치의 권위를 상징

안티오쿠스 1세 왕상 두상
기원전 1세기, 왕관을 쓴 안티오쿠스 1세의 대형 조각상 머리 부분. 왕권과 신성성을 강조한 사실적 표현

첫 번째 유물은 비문이 새겨진 석재 파편으로, 그리스어로 "ANTIOXOS"라는 이름이 남아 있다. 이는 콤마게네 왕국의 대표적인 왕 이름 중 하나로 추정되며, 이 비문은 당시 왕을 기리거나 헌정하는 기념비의 일부였을 가능성이 크다. 비문의 전체 내용은 일부만 남아 있지만, 이런 유물은 콤마게네 왕국의 통치자와 역사적 사건에 대한 귀중한 사료적 가치를 지닌다.

두 번째 유물은 왕관을 쓴 남성 두상 조각으로, 정교하게 조각된 수염과 위엄 있는 얼굴 표정이 돋보인다. 이 조각상은 콤마게네 왕국의 안티오쿠스 1세를 묘사한 것으로 여겨진다. 왕관, 수염, 그리고 헬레니즘 양식의 사실적 조각 기법은 왕권의 권위와 신성함을 강하게 드러낸다. 당시 콤마게네 조각 예술의 특징은 왕의 위엄과 신성, 정치적 권위를 동시에 표현하며, 조각상의 세밀한 얼굴 표현에서 헬레니즘 문화와 왕국의 예술적 수준을 엿볼 수 있다.

07. 동굴도시 다라 유적

Dara Cave City Ruins

마르딘 남쪽에 위치한 고대 도시 다라(Dara Ancient City)와 콤마게네 왕국(Commagene Kingdom)은 지리적으로 가깝고 역사적으로도 일정한 연관성을 가지고 있다.

지리적으로 다라는 현재 튀르키예 마르딘 주에 위치해 시리아 국경과 인접하며, 콤마게네 왕국은 현재 아디야만 주를 중심으로 형성되어 특히 넴루트 산이 유명한 지역이다. 마르딘과 아디야만은 현대 행정구역상에서도 비교적 가까워 두 지역 간의 공간적 연결성이 크다.

역사적으로 두 지역 모두 로마 제국의 지배를 받았거나 영향권에 있었다. 다라는 로마와 사산조 페르시아 제국 간의 중요한 국경 도시 및 군사 요충지였으며, 6세기 동로마 제국 유스티니아누스 1세에 의해 요새화되었다. 콤마게네 왕국은 헬레니즘 왕국으로 기원전 1세기부터 로마의 속국이었고, 서기 72년 로마 제국에 완전히 병합되었다. 이처럼 로마 제국이라는 정치·문화적 틀 안에서 두 지역은 상호 연관된 역사를 공유했다.

또한, 두 지역은 군사적, 외교적, 문화적 교류가 있었을 것으로 추정된다. 다라는 주로 군사적 중요성으로 발전했고, 콤마게네 왕국은 독자적인 헬레니즘-페르시아 혼합 문화를 발전시켰지만, 인구 이동, 무역, 군사 주둔 등 다양한 경로를 통해 양 지역 간 간접적인 상호 작용이 이루어졌을 가능성이 크다.

지정학적 측면에서도 두 지역은 동로마와 페르시아 제국 사이 완충 구역에 위치해 전략적으로 중요한 요충지였다. 이러한 요충지 특성은 두 지역의 역사 전개에 공통적인 영향을 미쳤다.

결론적으로 다라와 콤마게네 왕국은 하나의 정치체나 문화권으로 통합되지는 않았으나, 로마 제국이라는 거대한 제국 아래 지리적 근접성, 전략적 중요성, 문화적 교류라는 공통점을 통해 긴밀한 역사적 연관성을 형성한 것으로 평가된다. 특히 로마 제국 내부에서 두 지역의 역사적 흐름이 상호 밀접하게 연결되어 있었다고 볼 수 있다.

고대 도시 다라의 네크로폴리스 지역은 도시 서쪽에 위치한 넓은 언덕으로, 6세기 초에는 채석장으로 사용되었지만 이후 매끄럽게 절단된 돌면들이 묘지 구역으로 전환되었다. 다라의 암반 무덤은 자연 암석을 깊게 조각하여 협곡 형태의 묘지 공간을 형성하였으며, 주요 무덤 유형은 바위 무덤(6~8세기), 라미트 유형 석관 무덤, 그리고 단순한 산쿠카 무덤(8~14세기) 등 세 가지로 구분된다.

이 시기에 다라 사람들은 이교도와 미트라 신 숭배가 혼재된 신앙 속에서, 신화적 재생을 믿으며 바위에서 태어난 신 타르가를 기리기 위해 무덤을 마련하였다. 비록 기독교로 개종한 후에도 전통적인 이교도 관습과 다회 매장 풍습이 오랜 기간 이어졌다. 이교도 신앙은 인간, 동물, 토양, 식물, 암석 등 모든 생명과 자연에 신성함을 인정하는 매우 고대의 신념 체계였다.

로마 시대의 묘지는 죽은 자의 영혼이 거하는 장소로 인식되었으며, 석관은 내세의 집으로 여겨졌다. 이 믿음에 기초하여 제작된 로마 시대의 무덤들은 당시 사회의 사후 세계관을 반영한다. 다라의 이 네크로폴리스는 자연암 기반의 독특한 무덤 양식과 이교도와 기독교 문화가 혼합된 종교적 전통을 보여주며, 지역의 역사적·종교적 복합성을 이해하는 데 중요한 자료다

다라와 페레 동굴 도시는 모두 튀르키예 남동부에 위치한 고대 유적지로, 동굴을 활용했다는 공통점이 있으나 역사적 배경, 주요 기능, 시대적 특징에서는 명확한 차이가 있다.

다라는 튀르키예 마르딘 주, 시리아 국경 근처에 자리 잡고 있으며, 주로 로마-비잔틴 제국 시기인 5세기에서 7세기 사이에 번성한 군사 요새 도시였다. 이 도시는 로마 제국과 사산조 페르시아 제국 간의 국경 분쟁에서 전략적으로 중요한 군사 요충지로 세워졌으며, 거대한 성벽과 탑, 해자 등 강력한 방어 시설과 대규모 지하 저수지를 갖추었다. 도시 내에는 교회와 아고라 같은 공공 시설도 있어 군사적 목적을 벗어나 실제 거주 도시로서 기능하였다. 동굴은 지하 저수지, 무덤, 주거 공간 등으로 활용되었으나, 이는 도시 방어라는 큰 체계 안에서 이루어진 것이다.

반면, 페레는 튀르키예 아디야만 주에 위치하며, 콤마게네 왕국 시대부터 시작해 로마 시대에 걸쳐 발전한 동굴을 이용한 정착지이자 공동묘지 지역이다. 페레는 로마 시대의 대규모 네크로폴리스, 즉 바위를 파내 만든 동굴 무덤이 광범위하게 분포하고 있으며, 무덤 외에도 동굴을 활용한 주거지 흔적이 남아 있다. 군사 요새보다는 오랜 기간 사람들이 삶과 죽음을 동시에 영위한 정착지적 성격이 강하다. 페레는 콤마게네 왕국의 문화적 영향 아래 사모사타로 연결되는 중요한 경유지였던 것으로 추정된다.

요컨대, 다라는 요새화된 군사 도시로 전략적 방어 기능이 중심이었고, 페레는 동굴 무덤과 주거 시대의 연속성을 지닌 오랜 정착지로 구분된다. 다라는 비잔틴 시대인 5~7세기 중심이고, 페레는 콤마게네 왕국 시대부터 로마 시대까지 보다 폭넓은 시기에 걸친 역사적 가치를 지닌다. 지리적으로 두 곳은 동로마와 페르시아 사이 완충지대에 위치해 상호 다른 역할과 특징을 가진 도시로 병존하였다.

다라 고대도시 입구에는 견고한 돌로 쌓인 아치형 원형 돌탑이 자리 잡고 있다. 이 돌탑은 동로마(비잔티움) 시대의 전략적 방어 시설로서, 도시 출입구를 보호하고 적의 침입을 효과적으로 막기 위해 세워졌다. 원형 돌탑은 도시 성벽과 연결되어 있어 적의 움직임을 감시하며 방어하는 망루 기능도 수행하였다.

돌탑과 아치는 부드럽게 다듬어진 석재로 만들어졌으며, 주변 자연 암반과 조화를 이루도록 설계되어 당대 뛰어난 석조 기술을 보여준다. 이와 같은 구조는 다라가 로마와 사산조 페르시아 사이의 치열한 국경 분쟁 지역이었다는 점에서 도시 방어와 군사적 중요성을 상징한다.

요약하면, 다라 고대도시 입구의 아치형 원형 돌탑은 뛰어난 석조 기술과 자연 지형 활용이 돋보이는 동로마 시대의 전략적 방어 시설로, 도시를 보호하는 핵심적 군사 시설이었다.

다라 고대 도시는 튀르키예 마르딘 주 오우즈 마을에 위치한 메소포타미아의 중요한 정착지 중 하나로, 서기 505년 동로마 황제 아나스타시우스에 의해 사산 제국의 침입에 대응하기 위한 군사 수비 도시로 설립되었다. 고대에는 아나스타시아폴리스라는 이름으로 불렸다.

석회암 바위 위에 세워진 이 도시는 4㎞에 이르는 성벽으로 둘러싸여 있으며, 내부에는

다라 동굴 도시 입구 아치 탑

성, 교회, 궁전, 바자회, 물웅덩이, 바위 무덤 등 다양한 구조물이 포함되어 있다. 페르시아 왕 다리우스 3세와 알렉산더 대왕 사이의 전쟁을 목격한 것으로 알려지며, 로마-페르시아 분쟁의 전략적 중심지 역할을 했다.

다라는 573년부터 591년, 그리고 606년부터 620년 사이 사산조 페르시아의 통치를 받았으며, 639년 아랍군에 의해 점령되었다. 10세기에는 잠시 비잔티움 제국에 속하기도 했고, 1150년에는 아르투키드, 15세기에는 오스만 제국의 지배를 받았다. 이후 14세기부터 점차 버려져 작은 마을로 변하였다.

오늘날 다라는 고대 도시의 약 10%만 지표면에 남아 있으며, 성, 교회, 다리, 수로, 물 저장고, 무기고, 암묘를 포함한 다양한 유적이 발굴되어 있다. 이 도시는 군사 요새 도시로서의 역사뿐만 아니라, 당시 사회와 문화의 복합적 모습을 보여주는 중요한 유적이다.

콤마게네 왕국과 다라, 그리고 아르메니아 우라르트 왕국은 지리적으로 근접해 있으며, 이들이 위치한 지역은 유라시아 스텝 문화와 서아시아 문명이 만나는 중요한 접점이었다. 콤마게네 왕국은 셀레우코스 왕조의 봉신에서 독립한 왕국으로, 아르메니아 우라르트 왕국과 인접해 있었고, 이 지역은 고대부터 다양한 문화가 교차하며 복합적으로 발전하였다.

카스피해 북부를 중심으로 한 얌나야 문화는 초기 청동기 시대의 대표적인 유라시아 스텝 문화로, 기마술과 목축을 기반으로 한 유목민 문명이었다. 얌나야 문화는 후에 스키타이와 사르마트 같은 유목민 문화로 발전하며 유라시아 지역에 광범위한 영향을 끼쳤다.

이와 같은 유라시아 스텝 문화는 묘제(쿠르간, 적석총 등), 토기 제작 기술, 그리고 토속 신앙 등을 동쪽으로 전파하였고, 이러한 문화적 요소들은 한반도, 일본, 중국 동북부 등 동아시아 고대 문화 형성에 중요한 영향을 주었다. 고조선, 신라, 가야의 적석총, 일본 규슈의 돌널무덤, 홍산문화의 소도 돌탑 등은 유라시아 스텝과 동아시아 문화의 연속성과 교류를 보여주는 사례로 해석된다.

따라서 콤마게네 왕국과 다라, 아르메니아 우라르트 왕국을 중심으로 한 유라시아 스텝 문화는 동아시아 고대 문명과 유기적으로 연결되어 있다. 묘제, 토기, 토속 신앙 등이 스텝을 거쳐 동쪽으로 전파되면서 동아시아 고대 문화의 형성과 발전에 중요한 역할을 하였다고 볼 수 있다

다라 동굴 도시 입구 아치 탑 앞 돌덧널 묘

다라 동굴 도시 지하로 내려가는 입구

다라 고대 도시 입구에 위치한 아치는 로마 시대의 전형적인 반원형 아치(rounded arch) 구조로, 견고하고 안정적인 하중 분산 기능을 갖춘 뛰어난 건축물이다. 이 아치는 정교한 부조 장식과 기하학적 문양을 아치 상단과 주변 프레임에 새겨, 로마 시대 건축물의 미적 감각과 상징성을 잘 보여준다.

로마 시대 아치의 구조적 원리는 아치의 곡선이 하중을 아치 양쪽의 기둥으로 분산하여 전체 구조의 안정성을 확보하는 데 있다. 중앙의 키스톤(keystone)이 아치를 잠그면서 압축력을 발생시키고, 이 힘은 지지대인 기둥과 성벽으로 전달된다. 이러한 원리 덕분에 반원형 아치는 큰 하중을 견디며 장기간 안정적으로 유지될 수 있었다.

다라 입구의 아치는 도시 방어의 상징이자 동로마 제국 전략적 요새 도시의 위엄을 대표한다. 대적과 방문객 모두에게 강력한 인상을 주기 위하여 미적 완성도도 함께 추구되었다. 아치 위와 주변에 조각된 식물 문양, 인물상, 동물상 등의 장식은 로마 시대 예술의 풍부한 표현력을 보여준다.

다라의 동굴 도시 내부에는 복잡하게 뻗은 지하 피난 동굴이 존재한다. 이 동굴은 전쟁과 침입 시 주민들의 안전한 피난처 역할을 했으며, 여러 출입구와 미로 같은 통로로 도시 내부 및 인근 지역까지 연결된 것으로 추정된다. 자연 암반을 활용해 인공적으로 확장한 동굴에는 환기 구멍과 조명 통로가 설치되어 있어 생활 편의와 방어를 고려하였다. 이 지하 피난 동굴은 동로마와 사산조 페르시아 간 빈번한 전쟁 상황에서 주민 보호와 도시 방어에 결정적인 역할을 하였다.

요약하면, 다라 동굴 도시 입구의 반원형 아치는 로마 시대 건축 기술과 미학이 구현된 전략적 방어 시설이며, 지하 복잡한 피난 동굴은 전쟁 시 거주민 보호를 위한 안전 공간으로 기능하였다. 이러한 시설은 동로마 제국의 국경 도시로서의 다라의 중요성을 상징하는 건축물이다. 다라 고대 도시 입구에 위치한 아치는 로마 시대의 전형적인 반원형 아치 구조로, 뛰어난 하중 분산 능력과 견고함을 갖추고 있다. 아치와 그 주변 프레임에는 식물 문양, 인물상, 동물상 등 다양한 부조가 정교하게 새겨져 있어 로마 시대 건축미와 예술적 상징성을 잘 보여준다. 이러한 아치는 도시 성벽과 연결되어 출입구를 보호하고, 적의 침입을 방어하는 망루 역할도 수행했다.

내부에는 복잡하게 뻗은 지하 피난 동굴이 존재하며, 이는 전쟁이나 침입 시 주민들이 안전하게 피난할 수 있는 공간으로 활용되었다. 이 동굴은 자연 암반을 인공적으로 확장 및 연결한 구조로, 여러 출입구와 환기구, 조명 통로가 마련되어 있어 은밀한 이동과 거주가 가능했다. 동로마와 사산조 페르시아 간의 빈번한 전쟁 상황에서 이 지하 동굴은 도시 방어와 주민 보호에 매우 중요한 역할을 맡았다.

  요약하면, 다라 동굴 도시 입구의 아치는 로마 시대의 기술과 미학이 반영된 방어 시설이고, 내부 지하 피난 동굴은 전쟁 시 주민들의 생명을 보호하는 전략적 공간으로 사용된 중요한 건축물이다.

다라 동굴 도시 지하

다라 동굴 도시 지하

튀르키예 마르딘 지역에 위치한 다라 고대 도시 유적지에는 다양한 지하 구조물이 남아 있다. 그중에는 교회, 궁전, 시장, 무기고뿐 아니라 지하 감옥의 폐허도 포함된다. 다만, 피난용으로 길게 뻗은 지하 통로에 대한 구체적인 고고학적 증거나 설명은 현재까지 확인되지 않았다.

다라의 지하 유적은 다방면에 걸쳐 있으며, 복잡한 도시 구조 속에 숨겨진 기능적 공간들이 존재한다. 특히 지하는 전쟁과 외부 침입에 대비한 안전 공간으로 활용되었을 가능성이 크지만, 긴 통로 형태의 피난 동굴이 어느 정도의 범위까지 펼쳐졌는지에 관한 상세 정보는 부족한 상태다.

또한, 다라 고대 도시 주변에서는 대규모 네크로폴리스(고대 **공동묘지**)가 발굴되어, 암석을 파서 만든 무덤과 석관형 무덤, 돌무덤 등이 시대별 장례 문화를 보여준다. 최근에는 고대 도시 다라에서 '암풀라(**Ampulla**)'라는 고고학적 유물이 처음 발견되어 학계의 관심을 받았다.

이처럼 다라 유적은 군사, 종교, 생활 등 다양한 분야에서 그 역사적 가치를 인정받으며, 고대 동로마 제국 시대의 국경 도시로서 복합적 의미를 지닌 중요한 고고학 유적이다

다라 동굴 앞 오색천 성황당

　다라 동굴 도시 앞에 오색천이 걸려 있는 이유에 대해서 살펴보면, 이 현상은 단순히 한국의 전통을 넘어서 유라시아 전역에 걸친 문화적 연속성과 교류의 산물임을 알 수 있다.

　우선, 오색천은 한국 전통 신앙에서 매우 중요한 의미를 지닌다. 다섯가지 색의 천은 각각 동서남북과 중앙을 상징하며, 우주와 자연의 조화를 나타낸다. 사람들은 오색천을 성황당이나 당산나무에 걸어 마을을 지키는 수호신과 자연의 신령에게 제사를 올리고, 마을의 평안을 기원해왔다. 이는 악귀를 쫓고 복을 비는 행위이기도 하다. 오색천은 한국 민속 신앙의 대표적인 상징물로, 자연과 인간, 신을 잇는 매개체로 작용해 왔다.

　하지만 이런 풍습은 한국만의 고유한 전통이 아니다. 튀르키예와 코카서스 지역, 바이칼 호수 인근 몽골 초원 등 유라시아 스텝 지역에도 다채로운 색의 천이나 리본을 신성한 장소에 걸어두는 유사한 전통이 오랫동안 이어져 왔다. 예를 들어, 코카서스 3국(아르메니아, 조지아, 아제르바이잔)에서는 고대 기독교 이전 토속신앙과 결합되어 성스러운 장소에 여러색 천을 거는 풍습이 존재했다. 몽골과 바이칼 지역 또한 샤머니즘과 자연 숭배의 일환으로, 신성한 나무와 바위, 혹은 지정된 신성 공간에 색색의 천을 묶는 관습이 남아 있다. 자연과 신령에 대한 경외, 보호, 축복을 기원하는 이러한 행동은 유라시아 대륙 전반에 퍼져 있는 문화적 공통분모라 할 수 있다.

따라서 다라 동굴 도시 앞에 걸린 오색천은 단순히 한국적 현상의 확장이 아니라, 다양한 지역의 토속 신앙과 자연 숭배가 오랜 시간 동안 교류와 접촉을 통해 이어져온 결과라는 점에서 의미가 크다. 이는 한국과 유라시아 스텝, 코카서스 지역이 고대부터 인간 이동로와 문화 교류의 장이었음을 보여주는 한 사례다. 이렇게 오색천이 상징하는 경외와 소망의 문화는 동서양을 잇는 중요한 연결고리로서, 고대 인류의 정신적·문화적 연속성을 입증하는 구체적 증거라고 할 수 있다.

다라 동굴 앞 돌덧널묘

다라 동굴 도시에서 볼 수 있는 돌덧널무덤(석관묘)은 자연 암반을 파내어 만든 장방형의 석조 매장시설로, 고대 주민들의 장례 문화와 신앙관을 잘 보여준다. 이와 같은 매장방식은 고인돌문화와 더불어 인류의 초기 도시문화와 그 확산 과정에서 나타난 대표적인 집단 매장 구조 중 하나로 꼽힌다.

한반도의 대곡리 외 등지에서 발견되는 돌덧널무덤 역시, 큰 자연석이나 잘 다듬은 돌을 직사각형으로 배치하고 내부에 시신과 부장품을 안치한 뒤, 다시 상부를 돌로 덮는 장례 구조를 띠고 있다. 이 구조는 돌덧널무덤이 단순한 개별 매장을 넘어 가족 또는 집단의 일부를 한 공간에 나란히 매장하는, 공동체적 성격의 장례풍습임을 암시한다.

다라 동굴 도시의 석관묘와 한반도의 돌덧널무덤은 둘 다 지역 특수성에 따라 재료와 형태, 부장품의 차이는 있으나, 암반을 직접 파거나 큰 돌을 이용해 묘역을 구축한 점, 직방형 암실 혹은 묘곽을 기본 단위로 삼은 점, 집단적·계통적 매장이라는 공통점을 공유한다. 이는 동서 유라시아 고대 문명권에서 자연 지형과 재료를 활용해 생겨난, 인류의 보편적인 신앙과 조상의례 전통이 여러 길을 통해 교류하고 확산했던 흔적으로 볼 수 있다.

결과적으로, 다라 동굴 도시의 석관묘와 한반도 대곡리 돌덧널무덤 모두 고대 공동체에서 조상 숭배, 집단 정체성, 사후 세계에 대한 신앙이 중요한 의미로 자리했던 증거이며, 유라시아를 횡단하는 문화 교류와 접촉의 실체를 보여주는 고고학적 연결고리라 할 수 있다.

다라 동굴 도시 아파트형 동굴 주거지

다라 동굴 도시의 주거 형태와 사회 구조를 살펴보면, 이곳은 자연 암반을 활용해 여러 개의 동굴 주거 공간이 모여 있는 집합체라는 점이 특징적이다. 이러한 구조는 공간의 효율적 활용과 더불어 방어와 생활의 편리성을 동시에 추구한 고대 도시의 지혜를 보여준다.

주거 방식과 관련해서는, 고대 도시는 지역과 시대에 따라 다양성을 보이지만 대체로 가족 단위 혹은 친족 단위가 각자의 독립된 공간에서 생활하는 모습이 일반적이었다. 다라 동굴 도시 역시 여러 개의 동굴이 모여 있지만, 각 동굴이 하나의 가족이나 친족 집단의 독립된 주거 공간으로 기능했을 가능성이 높다. 아울러, 사회적·종교적 활동이나 일상적 교류를 위한 공동의 공간 또는 공용 공간도 존재했을 것으로 추정된다. 이를 통해 공동체적 삶의 모습도 함께 상상할 수 있다.

남녀의 생활 공간에 대한 문제도 단순히 분리된 공간에서만 각자의 삶을 영위했다고 보기 어렵다. 가족과 친족 내에서는 남녀가 함께 생활했고, 공동체 행사나 의례, 작업 등에서는 남녀가 한데 어울리는 경우도 많았다. 동굴 구조가 마치 아파트처럼 여러 독립 공간으로 이루어져 있지만, 그 내부에서는 가족 단위의 프라이버시가 유지되는 형태였을 것이다.

동로마 시대에 다라가 군사적 요새 도시였다는 점을 감안하면, 주민들의 생활 방식은 방어와 공동체 유지를 위한 최적의 구조와 방식으로 발전했을 것이다. 결국, 다라 동굴 도시의 여러 주거 동굴은 가족 혹은 친족 단위의 독립적 생활 공간으로 기능했으며, 공동체 생활과 가족 생활이 복합적으로 이루어진 주거 문화를 보여준다. 공동체의 특성과 가족의 독립성이 조화롭게 공존한 사회 구조였음을 알 수 있다.

다라 동굴 집의 입구는 대체로 불규칙하거나 자연스러운 곡선 형태로 타치되어 있으며, 종종 입구 위나 근처에 반원형 혹은 사각형의 벽감이 조성되어 있다. 이러한 입구는 방어적 기능과 함께 내부를 외부로부터 구분하는 심리적 경계의 역할도 하며, 때로는 작은 동굴 방이나 저장실, 제단으로 이어지는 복합적 구조를 형성한다.

입구를 통해 내부를 들여다보면, 암반을 깊숙이 파내어 만들어진 넓은 방과 복도, 그리고 벽면에 파인 다양한 벽감들이 차례로 시야에 들어온다. 이러한 구조는 자연 채광이 다소 제한적임에도 불구하고, 출입구와 창을 통해 들어오는 빛이 공간의 깊이를 부각시키고, 내부의 구획과 입체감을 강조한다. 내부에서는 여러 방과 벽감, 아치형 또는 평면의 통로가 유기적으로 연결되어 동굴 가옥의 입체적이고 복합적인 생활 구조를 한눈에 확인할 수 있다.

특히, 창이나 입구를 통한 내부 관찰은 공간의 위계와 사용 목적을 각인시키며, 여러 층 또는 구획으로 나뉜 동굴 주거의 특성을 잘 보여준다. 즉, 다라 동굴 집의 입구와 창을 통해 바라본 내부 모습은 외부와 내부의 경계를 명확하게 하면서도, 공간의 입체적 활용과 다양한 용도를 반영하는 고대 주거 문화의 실체를 입증한다.

다라 동굴 도시 주거 동굴 내부

다라 동굴 집은 자연 암반을 직접 파내어 만든 복합적인 공간 구조를 특징으로 한다. 외부에서 진입하면 하나 또는 여러 개의 작은 출입구가 있으며, 내부로 들어서면 직사각형 혹은 부정형의 넓은 거실 공간과 벽면을 따라 배치된 여러 개의 방 또는 벽감이 이어진다.

이러한 구조는 각 방이나 공간이 일상생활, 취사, 저장, 주거 등 다양한 용도로 사용되었음을 짐작하게 한다. 벽면에는 반원형이나 사각형의 감실, 벽감이 파여 있는데, 이는 물건이나 제기, 등잔 등을 올려놓기 위한 선반의 역할을 하거나, 신앙적 용도로 쓰였을 가능성도 있다. 곳에 따라서는 작은 터널이나 통로가 공간과 공간을 연결하기도 해, 다라 동굴 가옥이 단일 방이 아니라 여러 공간이 유기적으로 연결된 복합 주거 구조임을 알 수 있다.

이처럼 다라 동굴 가옥은 방어와 열차단 등 생활 환경에 대한 실용성, 가족 중심의 독립성과 공동체적 연계를 모두 고려한 고대의 실용적이면서도 상징적인 주거 공간이다.

다라 동굴 도시 주거 동굴 앞 우편함

  다라 동굴 집 앞에 위치한 우편함은 바위를 직접 파내어 만든 독특한 형태로, 고대 도시에서 소통을 담당하는 중요한 수단으로 여겨진다. 고대 로마 시대에 이미 군사적이고 행정적인 목적으로 도시 내에서 편지나 공문을 주고받는 체계가 있었던 점을 고려할 때, 이 우편함은 주민들 간이나 관청과 주민 간의 소식을 신속하게 전달하기 위해 사용되었을 가능성이 크다. 특히 다라가 동로마 제국의 전략적 요새 도시였던 점에서 보면, 이 우편함은 도시 방어와 행정 운영에 필수적인 소통 수단이었음을 알 수 있다.

  우편함에 뚫린 구멍들은 편지나 문서를 넣고 꺼내기 편리하도록 설계되었으며, 바위에 직접 새긴 점은 내구성과 보안을 염두에 둔 결과라고 볼 수 있다. 단순히 현대적인 시설과 같은 기능을 넘어서, 이 우편함은 고대 다라 도시의 행정 체계와 주민 생활 양상을 이해하는 데 매우 중요한 문화적·역사적 증거이다. 이처럼 다라 동굴 도시의 독특한 지형과 건축 양식 속에서도 주민들이 어떻게 효과적으로 소통하고 정보를 교환했는지를 보여주는 귀중한 유적이라 할 수 있다.

다라 동굴집 앞 벽에 새겨진 황소 부조는 고대 로마와 지중해 문화에서 황소가 지닌 상징성을 잘 보여준다. 황소는 힘과 번영, 풍요를 나타내는 중요한 동물로시, 종종 신성한 제물로 바쳐졌으며 농업과 목축의 성공을 기원하는 의례와 깊이 연관되어 있었다. 또한 로마 신화와 종교에서는 황소가 신과 인간을 연결하는 매개체로 여겨져 그 의미가 매우 신성하고 무게 있는 존재였다.

다라가 위치한 동로마 시대의 이 지역은 로마와 그리스 문화가 교차하며 다양한 예술적 표현과 상징이 융합된 곳이다. 이 황소 그림은 당시 주민들의 생활과 신앙, 특히 농업과 목축 활동의 중요성을 반영하는 동시에, 보호와 번영을 기원하는 상징적 의미를 지녔을 가능성이 크다. 부조 형태로 바위에 새겨진 황소는 일종의 수호 부적 역할을 하여 집이나 동굴 입구를 지키는 신성한 상징으로 기능했을 것이다.

이러한 황소 부조는 동로마와 페르시아 문화가 교차하는 다라 지역에서 다양한 문화가 혼합되어 독특한 예술 양식으로 발전한 결과물이다. 고대 근동과 지중해의 상징이 지역 주민들의 신앙과 생활에 맞추어 변용된 이 문화적 산물은, 다라 지역의 문화적 융합과 특성을 보여주는 중요한 유산으로 평가받는다.

다라 동굴 도시 주거 동굴 앞 황소 부조

다라 동굴 도시

    사진에 보이는 다라 동굴 도시의 입구들은 바위 절벽을 깎아 여러 공간으로 구성된 복합적인 형태이다. 다라 고대 도시는 동로마 시대의 전략적 요새 도시로서, 주거지, 방어 시설, 저장 공간, 그리고 묘지 등 다양한 용도로 동굴들이 혼재해 있었다. 이 중 일부 동굴은 실제로 공동묘지로 사용되어 시신을 안치하는 벽감 무덤이나 지하 매장 공간으로 활용되었다.
    그러나 사진에 보이는 모든 동굴이 묘지 용도인 것은 아니며, 입구 주변에 있는 동굴들은 주거 공간이나 공공 시설, 저장 창고 등 다른 기능을 가진 공간일 가능성도 충분히 있다. 다라는 독특한 지형과 도시 구조를 갖추고 있기 때문에, 주거와 방어, 저장, 매장 기능이 혼재된 다양한 동굴이 함께 존재하는 복합적인 공간이다. 결국 다라 동굴 도시 입구에 위치한 동굴들은 단일 목적이 아닌 여러 용도로 사용된 다양한 공간들이 모여 있는 곳이라 할 수 있다.

다라 동굴 도시 원형 극장

　다라 동굴 도시의 야외 극장은 완전한 원형이 아닌 반원형에 가까운 독특한 형태로 조성되어 있다. 좌석 배열도 부채꼴 모양으로, 주변의 자연 지형을 최대한 활용해 만든 것으로 보인다. 돌을 깎아 만든 좌석과 벽면은 동굴 입구와 연결된 구조를 이루며, 전체적으로 주변 지형과 조화를 이루는 모습이다.

　이 극장은 로마 시대에 속하지만, 전형적인 로마의 원형 극장과는 다르다. 로마 시대 원형 극장은 대개 완전한 원형이나 타원형으로 설계되어 검투사 경기나 공개 행사가 열렸던 반면, 다라의 극장은 그리스 전통의 반원형 극장 양식을 따르고 있다. 이 점은 다라가 동로마 제국의 요새 도시로서 군사적·문화적 특성이 혼합된 지역임을 반영한다.

　또한 자연 지형과 암반을 이용해 건축된 점도 완전한 원형 극장 건설이 제한된 배경으로 볼 수 있다. 따라서 다라 동굴 도시의 야외 극장은 그리스식 반원형 극장 양식을 유지하면서도, 군사적 필요와 자연 환경에 맞춰 실용적으로 설계된 건축물이라 할 수 있다.

다라 동굴 도시 채석장

다라에는 동로마 제국 시기 전략적 요새 도시로서, 건축에 필요한 석재를 직접 채취하고 가공할 수 있는 넓은 채석장이 자리잡고 있다. 이 채석장은 돌을 떼어내고 다듬는 작업이 이루어지던 장소로, 대형 건축물 건설에 필수적인 돌 블록들이 생산되었다.

다라 채석장에서 가공된 석재는 주로 다라 도시 내의 로마 시대 건축물들, 예를 들어 성벽, 요새, 공공시설 등에 사용되었을 가능성이 크다. 뿐만 아니라 다라는 동로마와 사산조 페르시아 국경 지역의 전략적 요충지이기 때문에, 인근 다른 도시나 요새의 건설에도 이 석재가 공급되었을 것으로 추정된다. 더 나아가, 메소포타미아 및 시리아 지역의 로마 유적 건설에까지 다라에서 생산된 돌이 활용되었을 가능성도 있다.

이처럼 다라 채석장은 동로마 시대 다라 도시뿐만 아니라 주변 지역의 로마 건축 프로젝트에 중요한 석재 공급처로 기능했으며, 동로마 제국 내에서도 일정 지역에서 건축 자재로 사용되었을 가능성을 배제할 수 없는 주요한 장소이다.

다라 동굴 도시 채석장

다라 채석장에서 생산된 큰 석재는 주로 육상 운반 방식을 통해 다라 도시 내 주요 건축물로 이동되었을 가능성이 매우 크다. 다라 주변의 지형과 티그리스 강의 폭이 좁고 수심이 얕아 대형 석재를 배로 운반하기에는 적합하지 않았기 때문이다. 그래서 고대 로마 시대에 널리 사용된 방식인 말과 견고한 목재로 만든 마차를 동원하여 여러 마리의 말이나 소와 함께 석재를 운반하는 방법이 주된 수단이었을 것이다.

또한 인력을 활용해 돌을 밀거나 끌고, 지렛대, 통나무로 만든 롤러, 그리고 경사로 같은 간단한 도구와 기술을 함께 사용했을 것으로 보인다. 특히 경사진 지형에서는 경사로를 이용해 돌을 미끄러뜨리거나 끌어올리는 방식이 효과적으로 적용되었을 것이다. 이처럼 사람과 동물, 도구를 조합한 운반 기술은 근거리에 있는 다라 도시 내에서의 운반에 집중되어 큰 효율을 발휘했다.

한편, 티그리스 강은 작은 석재나 기타 자재를 운반하는 데 제한적으로 사용되었을 가능성도 있으나, 큰 석재를 배로 이동하는 데는 어려움이 있었다. 고대 로마 시대의 발달된 운반 기술은 다라 채석장에서도 적용되어, 전략적 요새 도시의 건축물 건설에 중요한 역할을 수행했을 것으로 판단된다. 결과적으로 다라에서의 석재 운반은 고대의 첨단 운반 기법과 지역적 여건이 맞물려 육로 위주로 이루어진 복합적 방식이었음을 알 수 있다.

다라 채석장이 매우 큰 규모임에도 불구하고 이 지역에 대규모 로마 도시 유적이 많이 남아 있지 않은 데에는 여러 가지 역사적, 지리적, 사회적 요인들이 복합적으로 작용했다. 먼저, 다라는 동로마 제국과 사산조 페르시아 사이의 국경 요새로서 군사적이고 전략적인 역할이 매우 컸다. 이에 따라 이 도시의 주요 기능은 상업이나 문화 중심지보다는 방어와 군사 거점에 집중되었으며, 대규모 시민 생활권을 형성하는 데는 한계가 있었다. 이러한 특성으로 인해 대규모 원형극장, 광장, 공공 건축물 등 대도시적 인프라가 상대적으로 적게 발달했다.

지리적인 측면에서도 다라가 위치한 아나톨리아 남부와 시리아, 이라크 국경 인근 지역은 산악과 고원 지대가 많아 대규모 도시 건설에 적합한 평지가 한정적이었다. 반면에 에게해 연안의 에페소스, 이즈미르, 안탈리아 등은 해안 평야와 강 유역으로 교통과 상업이 발달하기 좋은 환경을 갖추고 있어 대규모 도시가 성장할 수 있었다. 따라서 다라와 같은 내륙 지역은 경제적·문화적으로 해상 무역과 교류가 활발한 연안 도시들에 비해 상대적으로 후발적으로 성장할 수밖에 없었다.

　또한 다라는 주로 군사적 요충지로 기능하였기 때문에 주변 군사 요새와 도시들을 위한 건축자재 공급처로서의 역할을 하였다. 따라서 이 채석장에서 생산된 석재가 반드시 다라 자체 내에서만 사용된 것이 아니라 주변 여러 지역의 로마 유적 건설에도 널리 활용되었을 가능성이 크다. 게다가 다라는 여러 차례 전쟁과 침략을 겪으며 도시 규모가 축소되거나 파괴되었고, 이러한 역사적 변천 과정에서 대규모 로마 도시 유적의 원형이 소실되었을 수도 있다.

　결국, 다라 채석장이 큰 규모임에도 불구하고 아나톨리아 남부 내륙에는 대형 로마 도시 유적이 많이 남아 있지 않은 이유는 다라가 군사적 요충지로서 전략적 기능에 집중했고, 지리적·환경적 제약과 경제적·문화적 중심지의 차이, 그리고 후대의 역사적 파괴와 재건 과정 등이 복합적으로 작용했기 때문이다. 이는 해상 교역 중심지였던 에게해 연안 도시들과는 도시 성장의 배경과 양상이 달랐음을 보여준다.

Sürekli 유적지는 튀르키예 남동부 메소포타미아 지역, 특히 마르딘 인근에서 발견된 중요한 고고학적 유적지이다. 이곳에서 출토된 유물들은 메소포타미아 문명의 역사와 문화를 이해하는 데 매우 중요한 자료로 평가받고 있다. Sürekli Definesi라는 명칭은 이 지역에서 발굴된 보물 더미를 의미하며, 발굴 현장에서 그대로 발견되어 보존된 유물들을 가리킨다.

이 유적지에서 출토된 유물들의 정확한 연대는 발굴된 층위, 유물의 형태, 그리고 방사성 탄소 연대 측정 등 다양한 고고학적 방법을 통해 추정된다. 일반적으로 메소포타미아 남동부 지역의 유적들은 신석기 시대부터 청동기 시대, 그리고 초기 철기 시대에 걸쳐 형성되는 경우가 많으며, Sürekli 유적지도 대략 기원전 3,000년경에서 기원전 1,500년경 사이로, 즉 청동기 시대 중후반에서 초기 철기 시대로 추정되는 사례가 많다.

정확한 연대는 발굴 보고서나 연구 논문에 따라 다소 달라질 수 있으나, 대체로 이 지역의 유물들은 약 4,000년에서 3,000년 전 사이의 것으로 보는 것이 일반적이다. 이러한 연대 측정을 바탕으로, Sürekli 유적지는 마르딘을 중심으로 한 메소포타미아 문명의 오랜 역사와 지혜를 보여주는 중요한 고고학적 현장으로 인정받고 있다.

약 4~5천년전 마르딘 인근 Sürekli 유적지

마르딘 박물관에 전시된 유물 중에는 동로마(비잔틴) 시대인 4세기경에 제작된 전사 묘비석 부조가 있다. 이 부조는 마르딘 지역에서 출토되었으며, 석회암으로 만들어졌다. 부조에는 갑옷을 입고 창을 들고 있는 전사의 모습이 새겨져 있어 당시 전사의 위엄과 용맹함을 상징한다. 이 묘비석은 동로마 시대 마르딘 지역의 군사 문화와 묘제 관습을 보여주는 중요한 문화재이다.

또 다른 유물로는 로마 시대 1~2세기경에 제작된 석회암 전사 부조가 있으며, 이는 마르딘 성에서 출토되었다. 이 부조 역시 전사의 모습을 세밀하게 묘사하고 있으며, 전사의 자세와 주변 식물 문양이 조화를 이루어 고대 로마의 조각 기법과 미적 감각을 엿볼 수 있다. 마르딘 성이 전략적으로 중요한 요충지였던 만큼, 이러한 부조들은 성의 장식과 권위를 표현하는 데 중요한 역할을 했을 것으로 보인다.

4세기경 동로마 비잔틴 시대 유물

마르딘 박물관에는 동로마(비잔틴) 시대인 4세기경에 제작된 석회암 부부 묘비가 전시되어 있다. 이 묘비에는 남편과 아내의 흉상이 정교하게 새겨져 있으며, 아래에는 그리스어로 된 비문이 적혀 있다. 비문은 "파피니오스의 아들 아이게오스가 생전에 자신과 아내 키리아테를 위해 이 비석을 세웠으며, 그의 기억이 소중히 여겨지길 바란다"는 내용으로, 당시 마르딘 지역에서 부부의 사랑과 기억을 기리는 문화와 신앙을 보여주는 중요한 유물이다. 이 묘비는 4세기 비잔틴 시대 마르딘 지역의 가족 사랑과 사후 세계에 대한 믿음을 상징하는 역사적 자료로 평가된다.

또한, 마르딘 박물관에는 로마 시대 1~2세기경에 제작된 석회암 전사 부조도 소장되어 있다. 이 부조는 마르딘 지역 오메를리 인근 파페 마을에서 출토되었으며, 전사의 모습과 전투 장면을 사실적으로 묘사하고 있다. 당시 전사들은 군사적 위엄과 힘의 상징이었으며, 이 부조는 건축물이나 기념물의 장식용으로 사용되었을 가능성이 크다. 마르딘 지역은 고대 여러 문명이 교차한 곳으로서, 이러한 로마 시대 유물들은 당시 문화와 군사적 상황을 연구하는 데 귀중한 자료로 평가받고 있다.

　마르딘 박물관에 소장된 이 유물은 로마 시대 1~3세기경에 제작된 제우스(주피터) 상이다. 제우스는 고대인들이 하늘을 가르는 번개와 천둥을 두려워했으나, 실제로 두려워한 것은 제우스의 분노였으며, 동시에 그의 권능을 경외하는 신으로 숭배되었다. 그는 비와 농작물의 풍요를 상징하며 하늘과 천지를 다스리는 신으로, 여러 고대 문명에서 신격화되어 숭배되어 왔다.

　히타이트의 테슈푸, 수메르의 엔릴, 바빌론의 마르둑, 아시리아의 아슈르, 우라르투의 할디, 그리스의 제우스, 그리고 로마의 주피터에 이르기까지 다양한 지역과 시대에서 제우스 신앙이 변용되고 이어져 왔음을 이 조각상은 보여준다. 제우스는 종종 독수리, 황소, 참나무와 함께 강력함과 내구성을 상징하는 모습으로 묘사되었다.

　이 제우스 상은 고대 여러 문명의 신앙과 문화가 융합된 역사적 의미를 지니고 있으며, 마르딘 지역이 다양한 고대 문명 교류의 중심지였다는 점을 잘 보여주는 중요한 유물이라 할 수 있다.

메소포타미아 아시리아 인물상이 있는 토기

사진 속 유물은 마르딘 박물관에 전시된 고대 석조 조각품으로 보인다. 이 유물은 섬세한 문양과 인물, 동물 형상이 정교하게 새겨진 석회암이나 이와 유사한 재질로 제작되었으며, 고대 근동 지역에서 신성하거나 의례적인 목적으로 사용되었을 가능성이 크다. 특히 상단에는 사람 얼굴과 동물 머리가, 중앙에는 신화적 또는 종교적 의미를 지닌 인물상이 표현되어 있어, 신전이나 무덤, 중요한 건축물의 장식물로 추정된다. 마르딘 지역은 히타이트, 아시리아, 로마, 비잔틴 등 여러 고대 문명이 교차한 곳이어서, 이처럼 복합적인 상징과 문양이 혼합된 유물이 다수 출토되고 있다.

마르딘 박물관 야외에 전시된 이 항아리에 새겨진 문양은 고대 근동 지역에서 흔히 볼 수 있는 상징적 의미를 담고 있다. 항아리 표면에는 태양 모양의 문양이 뚜렷이 보이는데, 이는 생명력과 빛, 신성함을 상징한다. 고대 문명에서는 태양이 신성한 힘과 풍요를 의미하는 매우 중요한 상징으로 여겨졌다.

또한 X자 모양의 문양은 보호나 균형, 또는 특정 신성한 의미를 담은 기호일 가능성이 크다. 고대 도자기나 조각에 자주 등장하는 이러한 기하학적 문양들은 종종 마법적이거나 종교적인 의미를 지니기도 한다. 항아리 아래쪽에 새겨진 물결무늬나 줄무늬는 물과 강, 생명력, 그리고 자연의 순환을 상징하는 문양으로 해석된다.

태양이 새겨진 항아리

이 항아리는 단순한 저장 용기를 넘어, 고대인이 자연과 신성한 힘에 대한 경외와 보호를 기원하며 의례적이고 상징적인 의미를 담아 제작한 유물이라 할 수 있다. 마르딘 지역은 히타이트, 아시리아, 로마 등 다양한 문명이 교차한 곳이며, 이로 인해 항아리에 새겨진 문양들은 여러 문화적 영향을 반영한다. 따라서 이 문양들은 당시 사람들의 세계관과 신앙을 이해하는 데 중요한 단서가 된다.

08. 엘라이우사 세바스테 유적

Elaeussa Sebaste Ruins

라이우사 세바스테는 오늘날 튀르키예 메르신 주 에르뎀리 근처에 위치한 고대 도시로, 헬레니즘 시대부터 시작되어 로마 시대에 크게 번성한 해상 무역의 요충지였다. 도시의 이름은 이 지역에 올리브 나무가 많았음을 시사하며, 아우구스투스 황제는 이곳을 재건하여 '세바스테'라는 이름을 부여하였다. 초기에는 킬리키아 지역의 작은 왕국인 케티스 왕국에 속했으며, 콤마게네 왕국의 마지막 왕인 안티오쿠스 4세의 딸 율리아 이오타파와 결혼한 가이우스 율리우스 알렉산데르가 로마 황제 네로에 의해 케티스 왕국의 군주로 임명되어 이 도시를 다스리기도 했다. 로마 시대에 이르러 엘라이우사 세바스테에는 극장, 아고라, 목욕탕, 수도교, 신전 등 다채로운 공공건물이 건설되었으며, 아름다운 모자이크와 조각상들이 발굴되어 당시 도시의 번영을 보여준다. 비잔틴 시대에는 기독교가 확산되어 교회와 바실리카가 세워졌고, 7세기 이후 아랍 세력의 침공과 자연재해로 점차 쇠퇴하였다.

　반면, 콤마게네 왕국은 유프라테스 강 상류 지역의 내륙 국가로, 엘라이우사 세바스테와는 지리적으로 상당히 떨어져 있다. 두 지역은 직접적인 정치적 및 문화적 연관성은 크지 않으나, 로마 제국의 지배를 받았다는 공통점을 가진다. 콤마게네 왕국은 기원후 17년에 로마 속주로 편입되었고, 이후 72년에 완전히 병합되었다. 엘라이우사 세바스테 역시 킬리키아 속주의 일부로 로마 제국의 영향권 아래 있었다.

　특히 주목할 점은 콤마게네 왕국의 마지막 왕 안티오쿠스 4세의 딸 율리아 이오타파가 킬리키아 케티스 왕국의 군주 가이우스 율리우스 알렉산데르와 결혼한 사실이다. 이는 두 왕국이 직접적으로는 떨어져 있었지만 당시 소아시아 지역 내 여러 로마 종속 왕국들의 복잡한 정치적, 혈연적 관계를 보여준다. 또한 두 지역 모두 헬레니즘의 영향을 받은 뒤 로마 제국의 지배를 받으며 로마 문화의 확산을 경험했고, 건축 양식과 예술, 행정 체계 등에서 로마적 요소를 공유했다.

  결론적으로, 엘라이우사 세바스테와 콤마게네 왕국은 서로 다른 지역에 위치한 별개의 정치체였으나, 로마 제국의 광대한 지배 하에서 왕실 간 혼인과 문화적 교류라는 간접적인 연결 고리를 가지며 긴밀하게 얽혀 있었다고 할 수 있다. 엘라이우사 세바스테는 오늘날 튀르키예 메르신 주 에르뎀리 근처에 위치한 고대 도시로, 헬레니즘 시대부터 시작되어 로마 시대에 크게 번성한 해상 무역의 요충지였다. 도시 명칭은 이 지역에 올리브 나무가 많았음을 반영하며, 아우구스투스 황제가 이곳을 재건하고 '세바스테'라는 이름을 부여하였다. 초기에는 킬리키아 지방의 케티스 왕국 일부였고, 콤마게네 왕국 마지막 왕 안티오쿠스 4세의 딸 율리아 이오타파가 킬리키아 케티스 왕국 군주 가이우스 율리우스 알렉산데르와 결혼하여 로마 황제 네로에게 임명받아 엘라이우사 세바스테를 다스린 바 있다. 로마 시대에 극장, 아고라, 목욕탕, 수도교, 신전 등 다양한 공공건물이 건설되었으며, 도시의 번영을 보여주는 모자이크와 조각상들이 발굴되었다. 비잔틴 시대에는 기독교가 확산되어 교회와 바실리카가 세워졌으나, 7세기 이후 아랍 세력의 침공과 지진 등으로 쇠퇴하였다.

  콤마게네 왕국은 유프라테스 강 상류 내륙에 위치해 엘라이우사 세바스테와는 상당히 떨어져 있으나, 두 지역은 모두 로마 제국의 지배를 받았다는 점에서 공통점을 가진다. 콤마게네는 기원후 17년에 로마 속주가 되었다가 이후 완전 병합되었고, 엘라이우사 세바스테도 킬리키아 속주로 로마 영향 아래 있었다. 왕실 간 혼인 관계, 로마 문화와 정치 체계의 공통적 경험을 통해 두 지역은 간접적이면서도 중요한 연관성을 형성하였다.

  결과적으로 엘라이우사 세바스테와 콤마게네 왕국은 지리적으로 멀리 떨어진 별개의 정치체였으나, 로마 제국이라는 공통 지배 아래 정치적 혈연 관계와 문화적 교류를 통해 은밀하게 연결되어 있었다고 이해할 수 있다.

콤마게네 왕국과 킬리키아 케티스 왕국 간의 정치적 동맹은 동부 지중해와 소아시아 지역의 복잡한 정치 세력 사이에서 안정적인 권력 기반을 마련하는 데 중요한 역할을 했다. 콤마게네 왕국은 로마와 파르티아 사이의 완충지대에 위치해 매우 민감한 곳이었기에, 킬리키아 케티스 왕국과의 동맹은 상호 방어와 정치적 지지를 확보하는 데 큰 도움이 되었다.

이 동맹을 통해 두 왕국은 로마 제국 내 지방 통치 체계에서 보다 안정적인 지위를 유지할 수 있었다. 로마는 이 지역의 왕국들을 완전한 식민지로 삼기보다 일정한 자치권을 부여하며 간접 통치를 했는데, 왕실 간 결혼은 로마와의 유대를 강화하고 지방 통치의 효율성을 높이는 수단이었다.

또한, 정치적 동맹은 단순한 권력 관계에 머무르지 않고 문화적 교류와 융합을 촉진했다. 콤마게네는 페르시아, 헬레니즘, 아르메니아, 로마 문화가 혼합된 독특한 문화를 형성했으며, 킬리키아와의 연계는 이러한 문화적 다양성을 더욱 풍부하게 만드는 데 기여했다. 이 영향은 건축, 종교, 예술 등 다양한 영역에서 나타났다.

더불어 안정된 정치 환경과 왕실 동맹은 지역 내 무역과 경제 활동의 활성화에도 긍정적인 영향을 미쳤다. 킬리키아와 콤마게네는 지중해 무역로와 육상 교통로를 연결하는 요충지였기 때문에, 동맹을 통해 상호 무역과 자원 교환이 원활해졌고 지역 경제가 크게 발전할 수 있었다.

마지막으로 두 왕국은 외부 위협에 공동으로 대응할 수 있는 군사적 협력 관계를 구축했다. 특히 파르티아와 로마 간 긴장이 고조된 상황에서 이 동맹은 지역 방어를 강화하고 군사적 안정성을 확보하는 데 핵심적인 역할을 했다.

결과적으로 콤마게네 왕국과 킬리키아 케티스 왕국 간의 정치적 동맹은 동부 지중해 지역의 정치적 안정과 문화적 융합, 경제 발전, 군사 협력에 깊은 영향을 끼쳤으며, 로마 제국 내 여러 지방 왕국들의 복잡한 관계망 속에서 중요한 전략적 역할을 수행했다고 할 수 있다.

율리아 이오타파와 가이우스 율리우스 알렉산데르의 결혼은 콤마게네 왕국과 킬리키아 케티스 왕국 간의 정치적 동맹을 넘어 문화적 융합을 촉진하는 중요한 계기가 되었다. 두 왕국 사이의 왕실 결혼은 종교, 예술, 언어, 사회 풍습, 학문 등 다양한 분야에서 상호 교류와 영향을 가져왔다고 짐작할 수 있다.

먼저, 종교적 신앙의 공유와 융합이 두드러졌다. 콤마게네 왕국은 동서양의 신들이 결합된 독특한 종교 문화를 형성하고 있었는데, 이를 통해 콤마게네의 신앙 체계가 킬리키아 케티스 왕국에 영향을 미쳤을 가능성이 높다. 반대로, 킬리키아 지역의 로마식 혹은 지역 토착 신앙 요소가 콤마게네 왕실이나 귀족층으로 전해지며 서로의 신전 건축이나 봉헌 명문 등의 흔적으로 남아 있다.

예술과 건축 양식에서도 왕실 교류는 중요한 역할을 했다. 왕실 간의 교류는 예술가와 장인의 이동을 촉진해 건축, 조각, 공예 등의 양식이 상호 전달되었다. 콤마게네의 독특한 기념비적 건축물과 조각 기법이 킬리키아 지역에 영향을 미쳤고, 반대로 킬리키아의 로마식 건축 양식과 예술적 요소가 콤마게네로 유입된 사례로는 엘라이우사 세바스테 도시의 로마식 건축물을 들 수 있다.

언어와 명칭도 두 지역의 왕실과 귀족 계층 내에서 상호 차용되고 확산되었다. 율리아 이오타파와 가이우스 율리우스 알렉산데르의 자녀들이 양측의 이름을 이어받거나, 공문서와 비문에서 그리스어, 아르메니아어, 라틴어 같은 여러 언어가 함께 사용된 흔적들이 이를 뒷받침한다.

사회풍습과 생활양식 역시 왕실 결혼으로 인해 상호 영향을 주고받았다. 의복, 음식, 예절 등 다양한 사회적 관습이 혼합되어 나타났으며, 사치품 교환과 연회 문화에서도 두 왕국의 특징이 융합되었을 가능성이 크다.

문학과 학문 분야에서도 두 왕국의 왕실이나 귀족 후원으로 학자, 시인, 역사가들이 왕래하며 문화적 교류가 이루어졌을 것으로 추정된다. 이런 활동은 지식인 사회의 범위를 확장시키고 문화적 지평을 넓히는 데 기여하였다.

비록 직접적인 기록이 많지 않아 주로 유물, 유적, 문헌 분석을 통한 추정에 의존하지만, 율리아 이오타파와 가이우스 율리우스 알렉산데르의 결혼은 콤마게네 왕국과 킬리키아 케티스 왕국 간 문화적 경계를 허물고 긴밀한 상호 영향을 가능하게 한 중요한 역사적 사건이라 할 수 있다.

크즈 칼레시의 처녀의 성

　크즈 칼레시(Kız Kalesi)는 튀르키예 메르신 주 에르뎀리 지역에 위치한 역사적인 성으로, '바다 성(Deniz Kalesi)'이라고도 불린다. 이 성은 해안에서 약 600미터 떨어진 작은 섬 위에 세워져 있으며, 메르신 시내 중심에서 약 80㎞ 정도 떨어진 곳에 자리 잡고 있다. 이곳에 사람이 처음 거주하기 시작한 시기는 기원전 4세기까지 거슬러 올라가며, 오랜 기간 동안 중요한 무역 거점으로 기능하면서 여러 문명의 지배를 받아왔다.

　역사적으로 헤로도토스는 이 성이 키프로스 왕 코리코스(Korykos)에 의해 세워졌다고 전하고 있다. 현재 남아 있는 성곽은 주로 기원후 4세기 로마 제국 시대에 증축된 것으로 알려져 있다. 크즈 칼레시에는 전해 내려오는 슬픈 전설이 있다. 한 왕이 외동딸이 뱀에게 물려 죽을 운명이라는 예언을 듣고 딸을 보호하기 위해 바다 한가운데 이 성을 지어 살게 했으나, 결국 성 안으로 들어온 뱀에 의해 공주가 목숨을 잃었다는 이야기이다. 이 전설은 크즈 칼레시의 신비롭고 애잔한 역사적 배경을 잘 보여준다.

엘라이우사 세바스테는 튀르키예 메르신 주 에르뎀리 지역에 위치한 고대 도시 유적이다. 기원전 1세기에 그리스인들에 의해 설립된 이 도시는 올리브 오일, 암포라, 와인 등으로 유명한 무역 중심지로 발전하였다. 엘라이우사 세바스테는 해안 반도 위에 자리 잡아, 해상 무역의 요충지 역할을 하였으며, 극장, 사원, 항구 단지, 수로, 다양한 유형의 무덤이 있는 네크로폴리스 등 잘 보존된 구조물이 특징이다.

　이 도시는 해적의 공격과 침략으로 쇠락했으나, 로마 통치 하에서 부흥을 맞았으며 서기 2세기에는 대도시로 번영하였다. 고대 도시 내에는 2,300명을 수용할 수 있는 극장과 로마인들이 물을 운반하기 위해 사용한 급수탑, 비잔틴 시대에 세워진 본당들이 잘 남아 있다. 또한, 2세기에 축조된 난방 시스템을 갖춘 고대 목욕탕과 건강 소원이 담긴 비문, 왕의 길이라 불리는 4.5㎞ 길이의 도로, 궁전 문과 다양한 동물 모자이크가 있는 사원도 주목할 만한 유적이다.

　엘라이우사 세바스테는 올바 왕국의 중요한 항구 도시로 시작했지만 점차 독립을 얻었으며, 무역으로 이름을 알렸다. 해적의 공격으로 약해졌지만 로마 제국이 해적을 진압하며 부흥했으며, 서기 2세기에 '메트로폴리스'라는 명칭을 얻었다. 이후 사산족의 침략과 비잔틴 시대의 교회 건설, 정치적 불안정 및 아랍 해적의 반복된 침입, 그리고 지진 등의 자연재해로 쇠퇴하였다. 항구는 모래로 매립되어 도시의 중요성은 완전히 사라졌다.

　현재 엘라이우사 세바스테 유적은 메르신의 에르뎀리 지구 아야스 타운 경계 내에 자리해 있으며, 에르뎀리에서 18㎞, 메르신에서 55㎞ 떨어져 있다. 메르신과 안탈리아를 연결하는 시외버스와 실리프케 미니버스를 통해 쉽게 접근할 수 있다. 주요 유적지인 극장은 도시 북쪽 도로 근처에 위치해 있으며, 도로 남쪽 바다 쪽에도 여러 유적이 분포해 있다. 이 유적지는 과거의 풍부한 역사를 보여주며, 현재도 활발한 발굴을 통해 새로운 사실들이 계속해서 밝혀지고 있다.

　카즈칼레시 성은 튀르키예 메르신 해안가 앞바다에 있는 작은 섬 위에 위치한 성으로, '처녀의 성'이라는 뜻을 가진다. 이 명칭은 전설과 함께 지역의 상징적인 이름으로 자리 잡았다. 최초의 정착은 기원전 4세기경으로 거슬러 올라가며, 당시 이곳에는 '코리코스' 또는 '코리쿠스'라는 이름의 항구 도시가 있었다. 이 도시는 지중해 무역의 중요한 거점으로 번성하였다.

현재 남아 있는 성벽과 구조물은 대부분 비잔틴 시대인 4세기부터 7세기에 걸쳐 건설된 것으로, 해상 방어를 목적으로 세워졌다. 이 성은 해적과 외적의 침입을 막기 위한 전략적 요새 역할을 담당하였다. 12세기에서 14세기 사이에 셀주크 투르크가 이 지역을 지배하면서 성을 보수하고 확장하였으며, 이후 오스만 제국 시기에도 중요한 해상 방어 거점으로 활용되었다.

크즈 칼레시(Kız Kalesi)는 기원전 4세기경 처음 정착지가 형성된 매우 오래된 지역에 위치한 유적이다. 고대 그리스 지리학자 스트라본에 따르면, 이 섬은 한때 해적들의 은신처로도 사용되었다고 전해진다. 역사적으로 중요한 무역 거점이었기 때문에 다양한 문명과 지배자들의 손을 거쳤으며, 현재 남아 있는 성 구조는 주로 기원후 4세기 로마 제국 시대에 건설된 것으로 추정된다.

섬 위의 바다 성(데니즈 칼레시)은 제1차 십자군 전쟁 이후 비잔티움 제국 황제 알렉시오스 1세 콤니노스 시대에 건설된 가능성이 크다. 내륙에 위치한 육지 성(카라 칼레시)은 바다 성보다 더 이른 시기에 세워졌으며, 비잔티움 시대와 킬리키아

아르메니아 왕국 시대에 걸쳐 발전하였다. 두 성은 서로를 방어하고 해안을 통제하는 중요한 역할을 수행하였다.

이처럼 크즈 칼레시는 고대부터 중세에 이르기까지 여러 문명의 흥망성쇠를 함께하며 전략적, 군사적, 그리고 무역 중심지로서 중대한 역할을 해온 역사적인 유적이다.

크즈 칼레시의 처녀의 성벽

크즈 칼레시의 처녀의 성

크즈 칼레시는 크게 두 부분으로 나누어지며, 하나는 해안에서 약 600미터 떨어진 작은 섬 위에 위치한 '바다 성(Deniz Kalesi)'이고, 다른 하나는 내륙 해안가에 자리 잡은 '육지 성(Kara Kalesi)'이다. 이 두 성은 원래 방파제로 서로 연결되어 있었던 것으로 알려져 있다.

바다 성은 주로 킬리키아 아르메니아 왕국 시대에 건설되었으며, 비잔티움 시대의 건축 양식도 일부 남아 있다. 이 성곽의 외벽은 팔각형 모양으로 길이가 약 192미터에 이르며, 원형, 사각형, 직사각형 등 다양한 형태의 19개의 탑이 전략적으로 배치되어 있다. 성 내부에는 여러 건물의 흔적이 남아 있으며, 아르메니아 시대에 지어진 배럴 볼트 형태의 예배당도 발견된다. 성의 건축 재료로는 주변의 고대 도시 코리코스에서 가져온 재활용 석재가 다수 사용되었다.

육지 성은 섬 위의 바다 성보다 더 이른 시기에 세워졌으며 주로 비잔티움 시대에 건설되었다. 내부에는 여러 건물과 세 개의 예배당 흔적이 남아 있어, 당시 이곳에 작은 마을이 형성되어 있었음을 유추할 수 있다. 이 성 역시 고대 도시 코리코스의 석재를 재활용하여 지어진 점이 특징적이다. 이처럼 크즈 칼레시의 성곽 구조는 섬 위에 세워진 바다 성과 내륙의 육지 성 두 부분으로 나누어져 있으며, 각기 다른 시대에 증축 및 보강되어 오늘날의 모습을 이루고 있다. 특히 바다 성에 위치한 다양한 형태의 탑들은 방어 기능을 극대화하기 위한 건축학적 특징을 잘 보여준다.

크즈 칼레시 성곽은 전략적 요충지에 자리 잡아 강력한 군사적 기능과 방어 시설을 갖추고 있다. 섬 위에 세워진 성은 자연적인 방어선 역할을 하며, 공격자는 반드시 해상을 건너야 하기 때문에 접근 자체가 큰 제약이 된다. 성벽은 두꺼운 구조로 여러 겹의 방어선을 형성해 적의 공격을 단계적으로 저지할 수 있도록 설계되었다.

성벽에는 원형, 사각형 등 다양한 형태와 크기의 19개 탑이 분포해 성벽을 따라 방어 사각지대를 최소화하고, 활과 투석기 같은 무기를 활용해 효과적인 방어가 가능하도록 하였다. 특히 섬 성에는 두 개의 포스턴(작은 출입구)이 있어, 적군이 좁은 해안가에 몰리도록 유도한 뒤 방어 측이 집중 공격하는 전략적 설계가 돋보인다. 탑과 성벽은 주변 해안과 내륙을 감시하는 망루로서 역할도 수행해 적의 접근을 조기에 확인하고 방어 준비를 가능하게 하였다.

군사적 측면에서 크즈 칼레시는 단순한 성 방어를 넘어 광범위한 지역 통제를 위한 거점이었다. 코리코스에 주둔한 대규모 수비대의 지휘 아래, 십자군 지도자 보에몽 1세와 같은 외부 위협으로부터 해안 지역을 효과적으로 방어하였다. 내륙의 육지 성과 함께 해상 및 육상 접근을 모두 통제하며 지역의 군사적 안정에 크게 기여했다.

이처럼 크즈 칼레시는 지리적 이점을 극대화하고 정교한 건축 기술을 동원하여 강력한 방어 시설을 갖춘 전략적 요새였음을 알 수 있다.

크즈 칼레시의 처녀의 성

엘라이우사 세바스테에서 발견된 아치문 유적은 고대 로마 시대의 번성했던 도시를 대표하는 중요한 건축물로, 단순한 통로 이상의 상징적·기능적 역할을 수행했다. 로마 건축 기술의 정수를 보여주는 이 아치문은 견고한 석재를 정교하게 쌓아 올려 무게를 효과적으로 분산시키는 구조로, 오랜 세월에도 안정성을 유지하고 있다. 주요 출입구에 위치한 아치문은 도시로 들어오는 사람과 물자의 흐름을 통제하는 기능을 하여, 방어뿐 아니라 행정적 및 상업적 측면에서도 중요한 역할을 했다.

아치문은 또한 도시의 위엄과 권위를 표현하는 상징물이었으며, 때로는 황제나 중요한 인물을 기념하는 승리의 아치 형태로도 사용되었다. 종교적이고 문화적인 행사, 행렬이나 축제가 아치문 주변에서 열리며 도시 공동체의 결속과 정체성을 강화하는 공간으로 기능하기도 했다.

엘라이우사 세바스테 내 아치문은 단일 아치뿐 아니라 다중 아치 구조로 이루어진 복합적인 형태를 보이며, 이는 도시의 규모와 중요성을 반영한다. 아치문 주변에서 발견된 다양한

엘라이우사 세바스테 유적 입구 아치문 정면

건축 잔해와 유물들은 이 도시가 로마 시대 내내 지속해서 발전하고 확장되었음을 증명한다.

이처럼 엘라이우사 세바스테의 아치문 유적은 도시의 군사적, 행정적 기능과 사회적 상징성을 모두 담아낸 중요한 역사적 자산이다. 사진 촬영과 역사 연구를 병행하는 과정에서 이 아치문의 석재 배열과 세부 구조, 그리고 주변 유적과의 연계성에 대한 면밀한 관찰은 더욱 깊이 있는 연구 결과를 도출하는 데 큰 도움이 될 것이다.

엘라이우사 세바스테 유적 석재 비문

이 그리스어 대문자로 새겨진 문구는 "ΙΟΥΛΙΑΝΟΣ ΤΙΤΙΑΤΡΙ"로 판독된다. 이 문구는 'ΙΟΥΛΙΑΝΟΣ'와 'ΤΙΤΙΑΤΡΙ' 두 부분으로 나뉘는데, 'ΙΟΥΛΙΑΝΟΣ(Ioulianos)'는 고대 그리스와 로마 시대에 흔히 쓰인 이름으로, '율리아노스'로 번역된다. 이는 '율리우스(Julius)' 계열의 이름에서 유래한 개인 이름이나 가족명을 가리키는 것으로 보인다.

'ΤΙΤΙΑΤΡΙ(Titiatri)' 부분은 다소 불완전하거나 마모되어 명확한 단어는 아니지만, 'ΤΙΤΙΑ(티티아)'나 'ΤΙΤΙΑΤΡΟΣ(티티아트로스)'와 같은 이름이나 칭호의 일부일 가능성이 있다. 혹은 'ΤΙΤΙΑΤΡΙ'가 'ΤΙΤΙΑΤΡΙΟΣ(티티아트리오스)' 같은 이름의 축약형일 수도 있다.

이와 같은 명문은 보통 헌정문, 기부자의 이름, 또는 건축에 참여한 인물의 이름을 기록하는 경우가 많다. 따라서 이 석재는 특정 인물인 '율리아노스'와 관련된 건축물이나 기념물의 일부였을 가능성이 크다.

엘라이우사 세바스테 유적 전경, 상단에 원형 경기장이 있다.

엘라이우사 세바스테는 고대 킬리키아 지역의 중요한 항구 도시로, 다양한 상품들이 이곳을 통해 활발히 교역되었다. 그중 도자기와 토기류는 고대 지중해 무역에서 필수적인 교역품으로, 엘라이우사 세바스테에서도 여러 형태와 용도의 도자기가 생산되고 거래되었다. 이들 도자기는 일상생활용기뿐 아니라 상업용 저장 용기로도 널리 활용되었다.

또한 엘라이우사 세바스테는 주변의 화산암과 경량 화산석(scoria)을 활용한 건축 자재의 생산과 교역이 활발했다. 특히 로마 시대 콘크리트 구조물에 사용된 경량 화산석은 이 지역에서 조달되어 지중해 전역으로 수출되기도 하였다. 이 밖에도 지역 농업 생산품인 밀가루용 맷돌과 곡물, 올리브, 포도 등 다양한 농산물도 무역 대상에 포함되었다.

금속제품과 공예품 역시 중요한 교역 품목으로 철과 청동 제품, 장신구와 정교한 공예품이 거래되었으며, 이는 도시의 경제적 번영을 뒷받침하였다. 더불어 향료, 유리제품, 귀금속과 같은 지중해 전역에서 수입된 귀중품들이 엘라이우사 세바스테를 통해 유통되었는데, 이것은 도시의 상업적 중요성을 방증한다.

이처럼 엘라이우사 세바스테는 다양한 상품의 생산과 교역을 통해 지역 경제를 활성화하였으며, 지중해 무역망 내에서 주변 지역뿐 아니라 먼 지역과의 중요한 무역 연결고리 역할을 수행하였다.

콤마게네 왕국의 마지막 왕인 안티오쿠스 4세의 딸 율리아 이오타파는 콤마게네 왕실의 중요한 인물로, 로마 제국 시대에 활동하며 정치적·가문적 연계를 통해 지역 내 권력과 영향력을 유지하는 역할을 맡았다. 그녀는 킬리키아 케티스 왕국의 군주 가이우스 율리우스 알렉산데르와 결혼하였다.

가이우스 율리우스 알렉산데르는 로마 시

엘라이우사 세바스테 모자이크 유적
건물 앞 바닥에 돌고래 모자이크가 남아 있는 로마·헬레니즘 시대 주택 유적. 돌고래 문양은 해양 신앙과 부의 상징이며, 고대 거주자의 삶과 예술을 보여준다.

민권을 가진 귀족 출신의 정치인으로, 콤마게네 왕국과 킬리키아 지역 간 동맹과 정치적 결속을 강화하기 위한 전략적 목적으로 율리아 이오타파와 혼인하였다. 이 결혼은 단순한 개인적 결합을 넘어서, 두 왕국 간의 정치적·군사적 협력과 안정, 그리고 로마 제국 내에서 양 지역의 영향력 확대를 목표로 한 중요한 동맹이었다.

율리아 이오타파와 가이우스 율리우스 알렉산데르 사이에서 태어난 자녀들은 두 왕국의 혈통을 이어받아 지역 정세에 큰 영향을 미쳤다. 특히 이 결혼은 콤마게네 왕국의 왕실 혈통이 킬리키아 지역으로 이어지는 계기가 되었으며, 로마 제국의 지방 통치 체계 하에서 두 지역의 정치적 안정과 문화적 융합에 기여하였다.

더불어 가이우스 율리우스 알렉산데르는 로마 귀족 가문과도 연계되어 있었기 때문에, 이 결혼은 동서양의 정치적·문화적 교류를 상징하는 중요한 역사적 사건으로 평가받고 있다.

엘라이우사 세바스테 유적 원형 돌고래 모자이크화

이 모자이크는 고대 로마 시대에 제작된 것으로, 바닥에 조성된 원형 공간 안에 돌고래와 다양한 해양 생물들이 섬세하게 표현되어 있다. 돌고래는 고대 지중해 문화에서 중요한 상징물로, 바다의 신 포세이돈과 연관되거나 항해의 안전과 풍요를 기원하는 의미로 자주 등장하였다.

예술적으로 이 모자이크는 돌고래와 물고기들이 자연스럽고 역동적인 모습으로 묘사되어 있으며, 색상과 형태가 조화롭게 배치되어 있어 당시 모자이크 제작 기술이 매우 발달했음을 보여준다. 돌고래는 고대 그리스·로마 신화에서 바다의 수호자이자 길잡이로 여겨졌기에, 이 모자이크는 바다와 관련된 신성함과 보호, 번영을 상징하는 의미를 지닐 가능성이 크다.

원형 구조 안에 위치한 점으로 미루어보아, 이 공간은 목욕탕, 연회장, 혹은 신성한 장소의 일부였을 것으로 추정되며, 모자이크는 공간의 미적 가치를 높이고 방문객에게 신성함과 평화를 전달하는 역할을 했을 것이다. 일부 훼손된 부분도 있지만, 전체적으로 원형과 주요 무늬가 잘 보존되어 있어 고대 유적의 중요한 문화재로 평가받고 있다.

돌고래 모자이크는 고대 로마 시대, 대략 서기 2세기 중반에서 후반(150~200년경)에 제작된 것으로 추정된다. 당시 로마 제국은 지중해 전역에 걸친 광대한 영토를 다스리며 해양 무역과 항해가 활발히 이루어지고 있었다. 돌고래는 바다와 항해의 신성한 상징으로 여겨져, 특히 해양과 관련된 공간에서 모티프로 자주 사용되었다.

엘라이우사 세바스테 모자이크 유적

이 모자이크가 조성된 원형 공간은 고대 로마의 공공 목욕탕, 연회장, 또는 신성한 장소의 일부였을 가능성이 크다. 바닥 장식용 모자이크는 공간의 미적 가치를 높였으며, 방문객들에게 평화와 번영, 그리고 바다의 신성함을 상징적으로 전달하는 역할을 했다.

문화적 의미에서 돌고래는 고대 로마와 그리스 문화에서 항해의 수호자이자 바다의 신인 포세이돈(그리스) 혹은 넵튠(로마)과 연결된 신성한 동물이다. 따라서 이 모자이크는 해양 무역과 항해가 중요한 지역 주민들의 삶과 신앙을 반영하는 상징으로 볼 수 있다.

예술적으로는 섬세한 타일 배열과 자연스러운 동물 묘사가 당시 매우 발달된 모자이크 제작 기술을 잘 보여준다. 이 유적은 고대 도시의 번영과 문화적 풍요를 상징하는 중요한 유산으로 평가된다.

더불어 이 유적이 위치한 지역은 고대 지중해 무역과 해양 활동의 중심지로서 로마 제국 내에서 전략적이자 경제적으로 중요한 역할을 담당했다. 이에 따라 돌고래 모자이크는 단순한 장식을 넘어 지역 주민들의 정체성과 삶의 방식을 상징하는 문화적 표상임을 알 수 있다.

엘라이우사 세바스테 모자이크 유적

　돌고래 모자이크가 발견된 유적지는 고대 로마 시대의 중요한 도시이자 공공 공간으로 추정된다. 이곳에서는 돌고래 모자이크 외에도 다양한 주요 유물과 건축물이 함께 발견된다. 대표적으로 극장 또는 원형극장이 있는데, 이는 고대 도시에서 문화와 오락을 담당하는 공간으로, 관객석과 무대가 잘 보존된 경우가 많다. 또한 로마 시대 공중 목욕탕인 테르마에의 유적도 흔히 발굴되며, 모자이크 바닥과 온수·냉수 시설 등이 포함되어 있다.

　신전과 사원은 지역 신앙과 종교 활동의 중심지로, 신전 기둥과 제단, 조각상 등 다양한 유물이 출토된다. 도시의 중심 광장인 포룸은 상업과 정치 활동이 이루어진 장소로 중요한 역할을 하였다. 돌고래 모자이크뿐 아니라, 다양한 동물, 신화적 장면, 기하학적 무늬를 담은 모자이크와 벽화도 다수 발견되어 당시 예술과 문화 수준을 짐작게 한다.

　신화 속 인물이나 황제, 신들의 조각상과 기념비적 석조물도 출토되어 도시의 위엄과 종교적 신념을 반영한다. 특히 고대 그리스·로마의 독수리 석상이나 신전 기둥 조각 등이 중요 유물로 꼽힌다. 생활용품과 소규모 유물로는 도자기, 금속 공예품, 화폐, 장신구, 청동검 등이 발견되어 당시 주민들의 생활상과 경제 활동을 이해하는 데 귀중한 자료가 된다.

　아울러 정교하게 축조된 수도교 유적과 포장도로가 발굴되어 도시의 인프라와 기술 수준을 보여준다. 이처럼 돌고래 모자이크가 위치한 유적지는 단순한 예술 작품의 집합체를 넘어 고대 도시의 정치, 문화, 경제, 종교 활동이 복합적으로 이루어졌던 공간이다.

돌고래 모자이크가 위치한 유적지에서는 고대 해양 문화와 밀접한 관련을 가진 다양한 유물이 함께 발견되었다. 이 모자이크 자체가 바다와 긴밀한 관계를 가진 고대 도시임을 상징하며, 물고기, 조개, 해초 등 여러 해양 생물을 묘사한 모자이크와 벽화도 다수 출토되어 당시 주민들의 바다에 대한 경외와 생활 양식을 반영한다.

엘라이우사 세바스테 돌고래 그림이 있는 모자이크

또한, 고대 지중해 무역의 중심지였던 이곳에서는 항해에 사용된 다양한 도구와 선박 부품, 항해용 점토판, 항해 안전을 기원하는 부적 등이 발견되었다. 특히 무역용 용기인 암포라가 많이 출토되어 해상 무역이 활발하게 이루어졌음을 보여준다.

해양 신앙과 관련해서는 바다의 신 포세이돈(그리스) 또는 넵튠(로마)과 관련된 조각상, 제단, 봉헌물 등이 출토되어 해양 신앙이 당시 생활과 깊이 연결되어 있었음을 알 수 있다. 돌고래는 이러한 신앙의 대표적 상징으로 자주 나타난다.

해역에서는 고대 난파선 유물과 선박 잔해, 다양한 해양 무역품 등이 발견되어, 당시 해상 교통과 무역 활동의 실체를 보여주는 중요한 자료가 되었다. 이와 더불어 조개껍데기 장신구, 해양 생물을 모티프로 한 도자기와 금속 공예품도 출토되어 해양 문화가 당시 일상생활에 깊게 스며들었음을 확인할 수 있다.

이처럼 돌고래 모자이크가 위치한 유적지는 해양 문화와 관련된 다양한 유물과 유적이 함께 발견되어, 고대 해양 문명의 풍부하고 다채로운 모습을 보여주는 중요한 유산이다.

메르신에 위치한 티아트로(로마 극장) 유적은 2세기 중반, 로마 황제 마르쿠스 아우렐리우스와 루키우스 베루스의 통치 기간인 161년에서 169년경에 건설되었다. 이 극장은 약 2,300명을 수용할 수 있으며, 23개의 계단식 좌석과 무대로 구성되어 있다. 좌석은 자연 암석을 깎아 만들거나 인공 구조물 위에 세워졌고, 상부 좌석과 하부 좌석은 콜로네이드로 구분되어 관객들이 원활하게 이동할 수 있도록 설계되었다.

무대 앞의 원형 공간에는 오케스트라가 위치했으며, 이 공간은 대리석으로 장식되어 있었

다. 극장은 3세기 말까지 활발히 사용되었으나, 3세기 말부터 4세기 초에 걸쳐 일부가 파괴되고 사용이 중단되었다. 1995년부터 1999년 사이 이루어진 발굴 작업을 통해 좌석 일부가 복원되었다.

이 극장은 메르신 지역이 로마 제국 시절 문화와 예술의 중요한 중심지였음을 보여주는 대표적인 유적이다. 특히 로마 극장의 건축 양식, 관객의 동선 설계, 그리고 모자이크 장식은 당시 뛰어난 건축 기술과 예술적 감각을 잘 반영하고 있다

엘라이우사 세바스테 모자이크가 있는 목욕탕과 우물

 사진 속 모자이크는 고대 로마 시대 목욕탕 바닥에서 흔히 발견되는 기하학적 패턴과 구조를 잘 보여준다. 양쪽에 돌로 된 좌석이나 벤치 형태가 있어 목욕 후 휴식이나 대화 공간으로 활용되었을 가능성이 크며, 공간의 길쭉한 형태는 로마 목욕탕 내 특정 방과 유사하다. 또한, 고대 도시 내 목욕탕은 공공시설로 중심지에 위치하는 경우가 많아 주변 유적과의 연계성도 고려할 수 있다. 로마 목욕탕은 단순히 목욕 공간을 넘어 사회적 교류와 휴식, 오락, 건강 증진 장소였기에, 이 모자이크와 구조는 고대 로마 목욕탕의 일부일 가능성이 매우 높다.

　사진 속 구조물은 둥근 형태의 견고한 석조 구조로서, 중앙에 깊은 구멍이 있어 고대 우물로 보인다. 돌과 벽돌이 견고하게 쌓여 물이 새지 않도록 하였으며, 이는 생활용수 공급에 필수적인 시설이다. 우물은 마을 공동체의 중심 역할뿐 아니라 사회적·종교적 의미도 지니며, 우물 주변에서 제례나 공동체 행사가 이루어지기도 했다. 비록 일부 훼손되었지만, 이 우물은 당시 건축 기술과 생활상을 엿볼 수 있는 중요한 유적이다.

08. 엘라이우사 세바스테 유적

엘라이우사 세바스테 모자이크가 있는 원형극장 휴게소

 사진 속 유적은 원형극장을 연상시키는 돌 좌석이 둘러싸여 있고, 중앙에는 정교한 모자이크 바닥과 사각형 구멍이 있는 구조로 보인다. 원형극장의 좌석과 유사한 돌 좌석이 존재하나, 규모가 작고 좌석 배열이 극장보다는 휴식 공간이나 집단 활동 공간에 더 가까워 보인다. 중앙의 정교한 모자이크 바닥은 고대 로마 시대 공공 목욕탕, 연회장 또는 집단 모임 공간에서 흔히 발견되는 특징이다. 사각형 구멍은 물을 저장하거나 배수하는 기능을 했을 가능성이 있으며, 목욕탕 내 온수나 냉수 풀, 혹은 분수 시설의 일부일 수 있다.
 이 유적은 원형극장과 비슷한 좌석 구조를 갖추었지만, 규모와 중앙 시설의 특성으로 미

루어볼 때 고대 로마 시대의 소규모 목욕탕이나 휴게 공간일 가능성이 크다. 원형극장과 목욕탕이 때로 인접하거나 복합적으로 조성된 점을 고려하면, 이 공간이 극장과 연계된 목욕탕 시설일 수도 있다.

여러 차례 유적지를 방문하며 촬영하신 경험을 바탕으로, 이 공간의 구조와 모자이크 패턴, 주변 유적과의 관계를 사진집에 상세히 담아낸다면 고대 로마 문화의 다채로운 면모를 효과적으로 전달할 수 있을 것이다.

09. 가지안테프 제우그마 모자이크 박물관
Gaziantep Zeugma Mosaics Museum

튀르키예 가지안테프에 위치한 제우그마 박물관은 세계 최대 규모의 모자이크 박물관 중 하나이며, 특히 고대 로마 시대의 정교한 모자이크 작품들을 다수 소장하고 있다. 콤마게네 왕국과 관련된 유물도 일부 전시된다. 제우그마는 원래 콤마게네 왕국의 중요한 도시 중 하나였으며, 콤마게네 왕국은 그리스와 페르시아 문화가 혼합된 독특한 문화를 가졌는데, 이러한 특징은 넴루트 산의 유적에서도 잘 드러난다. 박물관은 주로 로마 시대 모자이크에 초점을 맞추고 있지만, 콤마게네 왕국과 관련된 조각상이나 묘비 등도 포함된다. 특히 넴루트 산의 안티오쿠스 1세 영묘와 같은 콤마게네 왕실 유적이 박물관 가치를 더한다. 가지안테프 고고학 박물관에도 콤마게네 시대의 유물이 전시된다.

제우그마 박물관의 모자이크는 그 규모와 정교함으로 유명하며, 주로 기원후 2세기에서 3세기에 제작되었다. 대부분 당시 도시의 귀족과 부유층이 거주했던 빌라에서 발견되었다. 주요 내용으로는 그리스-로마 신화, 디오니소스, 니케, 포세이돈, 오케아노스, 테티스, 아프로디테의 탄생, 아킬레우스 이야기 등 다양한 신화 인물과 장면이 있다. 또한 일상생활과 풍경, 로마 시대 건축 양식과 생활 방식, 동식물을 사실적으로 묘사해 당시 사람들의 삶을 보여준다. 원근법과 명암을 사용해 입체적이고 세밀한 표현을 구현했으며, 이는 제우그마 모자이크의 뛰어난 특징이다.

'집시 소녀' 모자이크는 제우그마 박물관의 상징으로, '튀르키예의 모나리자'라 불리며 신비로운 눈빛과 표정으로 많은 이들의 감탄을 자아낸다. 이 여인의 정체는 집시 소녀, 티탄 가이아, 알렉산더 대왕 설 등이 있다. 디오니소스와 니케 모자이크는 고대 그리스 신화의 매혹적인 이야기를 담고 있으며, 유프라테스 모자이크는 유프라테스 강신이 디반에 기대앉아 팔에서 물이 흘러나오는 장면을 묘사한다. 오케아노스와 테티스 모자이크는 바다 생물에 둘러싸인 두 신을 보여주며, 돌고래를 타고 사냥하는 에로스도 등장한다.

　일부 모자이크에는 제작자의 서명과 후원자의 이름이 남아 있어 당시 예술 후원 문화를 알 수 있다. 3세기경 이후에는 헬레니즘 시대의 사실적인 묘사 대신 추상적인 인물과 정물이 등장하기도 했다. 5~6세기경 제작된 예수 모자이크와 고대 시리아어(아람어) 문구가 있는 모자이크도 발견되어 도시의 주인이 바뀌었음이 암시된다. 제우그마 박물관의 모자이크는 2,000년 가까운 세월을 견뎌오면서도 디자인, 색채 사용, 장인 정신, 완벽함 면에서 매우 뛰어나다 평가받는다. 고대 제우그마의 예술적, 문화적 유산을 보여주는 중요한 증거이다.

　니집 지구에서 동쪽으로 10㎞ 떨어진 가지안테프 지방에 위치한 제우그마는 유프라테스 강 유역의 중요한 고대 도시이다. 이 도시는 현재 비레시크 댐 호수 기슭의 일곱 개 언덕 위에 자리 잡고 있으며, 약 2.1 헥타르의 면적을 차지한다. 인근 할레티는 남쪽으로 약 20㎞ 떨어져 있어 관광 루트에 포함되어 있으며, 니집 지역 방문객들은 주말마다 보트 투어를 통해 할레티를 방문한다.

　제우그마는 역사적으로 유프라테스 강이 삼사트(사모사타)와 함께 교차하는 주요 거점 중 하나였다. 도시 이름은 '교두보' 또는 '통로 장소'를 의미한다. 셀레우코스 제국을 창설한 알렉산더 대왕의 장군 셀레우코스 1세 니카토르는 기원전 312년부터 281년 사이 유프라테스 동쪽에 아파마의 이름을 딴 아파메이아 암 유프라트와 서쪽에 셀레우케아 암 유프라트를 세웠다.

　서쪽에 위치한 이 정착지는 이후 콤마게네 왕국의 4대 주요 도시 중 하나가 되었으며, 전략적 위치 덕분에 빠르게 발전하였다. 로마가 지배권을 장악한 기원전 31년, 옥타비아누스는 콤마게네 왕국에서 제우그마를 빼앗아 시리아 속주에 편입시켰다. 아나톨리아 출신 군인들로 구성된 제4스키티아 군단(Legio IIII Scythica)이 이 도시를 수비함에 따라 군사적 중요성도 크게 높아졌다.

　2세기 동안 제우그마는 로마 제국의 고위 통치자와 장교들의 고향으로, 이들과 그 가족, 참모, 노예들이 풍요롭고 다양한 문화를 도시로 가져왔다. 로마 세계의 상위 계급에 속하는 이들은 지방 정부로부터 존경을 받았다. 군사적 중요성 외에도, 후기 헬레니즘 시대부터 중제국 시대, 특히 1세기와 2세기에 제우그마는 동서양을 잇는 이동 무역의 중요 환승 지점으로 황금시대를 누렸다. 현재까지 발굴된 유물과 빌라들은 이를 잘 증명한다.

그러나 서기 250년 경, 사산 왕조 통치자 샤푸르 1세가 이 도시를 포위하고 점령한 후, 252년에 사산족들에 의해 제우그마가 불태워지고 파괴되었다는 기록이 있다. 최근 수년간 이루어진 고고학적 발굴에서 도시가 갑작스럽게 버려졌음을 보여주는 여러 증거가 발견되었다.

Zeugma는 세계에서 가장 큰 모자이크 도시로 이름이 알려져 있다. 유프라테스 강가 경사면을 따라 줄지어 있던 이 고대 도시는 여전히 약 10미터 깊이의 토양 아래에 묻혀 있으며, 유프라테스를 내려다보는 테라스 하우스들이 있었다. 이 집들의 기초에 있던 모자이크들은 세계 최대 규모의 모자이크 박물관인 가지안테프 박물관으로 옮겨졌다. 발굴된 지역에는 야외 박물관이 조성되어 움직이지 않는 역사적 작품들이 방문객들에게 개방되었고, 이곳은 많은 사람들이 집중해서 찾는 명소가 되었다. 이 지역을 방문하는 이들을 위해 대형 보트가 정기적으로 운행되어 Erenköy Batık Minaret, Halfeti, Rumkale, Savaşan 마을 등의 유적지를 탐험할 수 있다.

제우그마 모자이크 박물관은 고대 로마 시대의 중요한 도시였던 제우그마의 풍부한 모자이크 유산을 보존하고 전시하는 곳이다. 박물관에는 다양한 모자이크 작품과 함께 석조 조각상들이 전시되어 있는데, 그중 한 점이 콤마게네 왕국 출토인 여인상이다.

이 여인상은 고대 로마식 의복을 입고 앉아 있는 모습으로, 옷의 주름과 자세에서 당시의 복식과 미적 감각을 엿볼 수 있다. 비록 오랜 세월이 지나 얼굴 부분이 많이 훼손되어 원래의 세부적인 표현은 남아 있지 않지만, 전체적인 형태와 자세에서 고대 조각의 섬세함이 느껴진다. 이러한 여인상은 종종 신성한 인물이나 귀족 여성, 혹은 특정 신화적 인물을 상징하는 경우가 많아, 당시 사회와 문화, 종교적 배경을 반영한다.

제우그마 지역은 다양한 왕조와 문명이 교차한 장소로, 이 조각상은 그 복합적인 역사와 문화를 보여주는 중요한 유물이다. 박물관에 전시된 여인상과 모자이크들은 고대 로마 및 비잔틴 시대 도시의 번영과 예술적 수준을 증명하며, 당시 생활상 연구에 큰 기여를 하고 있다.

콤마게네 왕국 여인조각상

안티오쿠스 1세와 아폴론 에페코스를 묘사한 부조가 새겨진 현무암 스텔레, 높이: 1.22m

콤마게네 왕국은 페르시아와 헬레니즘 문화가 융합된 지역으로, 신화와 종교에서도 두 문화가 혼재되어 있다. 그중 아폴론 신은 그리스 신화에서 태양과 예술, 예언의 신으로 알려져 있으며, 콤마게네에서도 중요한 신으로 숭배받았다. 특히 넴루트 산에 위치한 거대한 신상과 신전에서 아폴론은 태양신으로서 강력한 신격을 부여받아 표현되었다.

사진 속 태양빛 후광을 지닌 아폴론 조각상은 콤마게네 왕국에서 그가 태양과 빛의 신으로서 신성시되었음을 잘 보여준다. 이 조각상은 안티오쿠스 1세와 아폴론 에페코스를 묘사한 엠보싱 현무암 비석(Y: 1.22m, 가지안테프 고고학 박물관 소장)이다.

또한, 가지안테프 고고학 박물관 소장품 중 Irat Seleukeia/Zeugma에서 새로 발견된 또 다른 유물인 Antiochus와 Apollon-Mithras-Helios-Hermes의 Dexsiosis 장면을 담은 부조는, 이 지역에서 다양한 신격이 융합된 종교적 신앙 체계가 존재했음을 알리는 중요한 자료이다.

콤마게네 왕국의 정치적·종교적 중심지인 페레 동굴도시에는 안티오쿠스 1세 왕과 태양신 아폴론 등 다양한 신상과 신전이 세워졌으며, 이곳의 유물들은 왕의 신적 권위와 신성성을 잘 보여준다. 특히 태양빛 후광을 가진 아폴론 조각상은 아폴론이 콤마게네에서 단순한 그리스 신이 아닌 태양과 빛의 신으로 신격화되어 있었음을 드러낸다.

아폴론 신은 그리스 신화의 올림포스 12신 중 하나로, 태양과 빛, 음악, 예언, 치유, 예술, 진리 등 다양한 영역을 관장한다. 대개 청년의 완벽한 모습과 태양광 후광, 월계관, 리라, 활과 화살 등 상징물을 지닌 채로 묘사된다. 고대 그리스·로마 문명에서 아폴론은 예술과 문명, 미래를 비추는 존재로 숭상받았으며, 뛰어난 예술성뿐만 아니라 의술, 정의, 예언의 상징이기도 했다.

콤마게네 왕국에 남아 있는 신상과 비석, 특히 페레 동굴도시의 아폴론 조각상은 단순히 신전에 놓인 신상을 넘어, 왕권과 신권, 문화 융합의 상징적 산물이다. 이들 유물은 콤마게네 왕국이 어떻게 다양한 문화 요소를 결합해 독자적 정체성을 확립했는지, 왕과 신이 한 몸처럼 신격화된 체계를 구축했는지를 잘 보여준다.

가지안테프 고고학 박물관에 소장된 Irat Seleukeia/Zeugma 지역 출토의 안티오쿠스 1세와 헤라클레스의 dexiosis 부조는 높이 약 3.1미터의 매우 인상적인 작품이다. 이 부조는 두 인물이 손을 맞잡은 모습으로, 동맹과 결속, 화합을 상징하는 중요한 의미를 지닌다. 안티오쿠스 왕과 헤라클레스의 이 상징적인 장면은 고대 제우그마 지역에서 왕권과 신화적 힘의 결합을 보여주는 걸작으로 평가받는다.

이 석회암 좌상은 가지안테프 제우그마 박물관에 소장된 로마 시대 유물로, 고대 도시 제우그마에서 발굴된 대표적인 작품 중 하나이다. 제우그마는 유프라테스 강 유역의 중요한 로마 도시였으며, 모자이크와 고대 조각 예술로 널리 알려져 있다. 이 박물관에는 세계적으로 유명한 모자이크와 다양한 유물이 전시되어 있는데, 이 여인상은 그 중에서도 제우그마의 종교·사회적 위상과 예술적 수준을 단적으로 보여준다.

석상은 두꺼운 옷을 차려입은 여성이 의자에 앉아 있는 모습을 섬세하게 묘사한다. 오른손은 가슴에 대고, 왼손은 무릎에 놓은 자세로, 손의 위치와 표정, 몸의 균형 잡힌 형태를 통해 단순한 일반 여성이 아니라 특정 여신이나 귀족 여성일 가능성을 엿볼 수 있다. 실제로 학계에서는 정확한 신원이 논란이 있지만, 헬레니즘 시대의 아테나 여신상일 수도 있다는 견해도 제시된다.

이 유물은 제우그마 박물관을 대표하는 주요 소장품 중 하나로, 로마 시대 조각 예술의 특징과 제우그마의 풍부한 문화유산을 함께 확인할 수 있는 중요한 사료적 가치를 가진다. 고대 도시의 신앙, 사회 구조, 예술성을 모두 보여주는 유물로서, 당시 사람들의 삶과 문화, 미의식을 이해하는 데 매우 중요한 자료다.

제우그마 박물관 현관 입구에 전시중인 헬레니즘 시대 아테나 여신상

유프라테스 셀레우케이아, 즉 제우그마는 로마 제국 동쪽에서 중요한 수비대와 무역 도시로 성장하였다. 이 도시는 셀레우코스 1세 니카토르가 아파메이아 시에 대항하기 위해 유프라테스 강 양쪽에 세운 도시로, 빠르게 무역 중심지이자 군사 지원 거점으로 발달하였다. 기원전 53년, 엠. 리키니우스 크라수스는 군단과 함께 제우그마 인근 유프라테스 섬

유프라테스 강 벨키스 고대 도시

에서 파르티아의 대왕 가이우스 카이사르와 만나면서 이 지역의 전략적 중요성을 확인했다. 제우그마는 로마 황제의 대부분 동방 원정의 출발점이기도 하였다.

그러나 서기 253년, 위대한 사산 왕 사푸르 1세가 도시를 정복하고 약탈하면서 제우그마의 운명은 크게 바뀌었다. 이후 이어진 지진 등 재해로 도시의 몰락이 가속화되었으며, 11세기 중반까지 언급되었지만 이미 이전 시기에 전략적 통로로서의 의미를 상실하였다. 대신 인근의 알-비라(오늘날 비레시크)에 위치한 중세 성과 현대적인 다리가 그 역할을 이어갔다.

유프라테스 셀레우케이아/제우그마 서쪽 해안 근처에 위치한 벨키스라는 고대 도시 폐허는 지역적 관심을 끌고 있다. 튀르키예인들은 이 이름이 사바메스와 눈길을 끄는 궁전을 연상케 한다고 하여 중요하게 여긴다. 이와 함께 아스펜도스, 키지코스, 앙가라의 율리안 기둥에 붙은 "아마도의 미나레"라는 명칭도 소아시아 내 역사적 도시와 유적을 가리키는 데 사용되고 있다. 제우그마 제국 동전이 발견된 것과 더불어, 북부 시리아와 메소포타미아 사이에서 유프라테스의 가장 중요한 통로에 위치한 이 도시의 지형적 중요성은 오래전부터 인지되어 왔다.

19세기 후반, 멜러에 따르면 제우그마의 고대 석재들은 긴 트럭 호송 형태로 벨키스에서 비레시크로 옮겨졌다. 그러나 1970년대 초까지 유프라테스 셀레우케이아, 제우그마, 벨키스가 동일한 고대 유적임은 아직 잘 알려지지 않았다. 벨키스테페의 가장 높은 지점인 아크로폴리스에서 유프라테스를 향한 경사면을 바라보면 넓은 지역에 심어진 피스타치오 나무가 확인된다. 이 지역을 지나갈 때 도자기 조각들, 특히 타일 조각과 벽 잔해, 흩어진 모자이크 조각들이 관찰되며, 1미터 두께의 침식층 아래에는 수백 개의 바위 무덤이 숨겨져 있는 여러 네크로폴리스가 고대 도시를 둘러싸고 있어, 고대 도시의 광범위한 흔적을 엿볼 수 있다.

　이 지역은 국제 골동품 무역에서 끊임없이 언급되는 중요한 유적으로, 최근 2025년에 개장한 유프라테스 유적 박물관은 제우그마 고대 도시 유적지 인근, 가지안테프 시내에서 동쪽으로 약 50㎞ 떨어진 유프라테스 강변에 위치한다. 박물관은 발굴 현장과 밀접하게 연결되어 있어, 모자이크뿐만 아니라 당시 생활상을 보여주는 다양한 유물과 유적을 관람할 수 있다. 이를 통해 방문객들은 고대 제우그마와 콤마게네 왕국의 역사적 배경을 깊이 이해하며, 아름다운 유프라테스 강 경관과 고대 도시의 흔적을 동시에 체험할 수 있다

콤마게네 왕국 벨키스 고대 도시 유적

콤마게네 왕국 벨키스 고대 도시 유적 모자이크화

사진 속 공간은 고대 도시 벨키스, 즉 제우그마의 실내 유적을 재현한 박물관 전시 공간으로 보인다. 벽과 기둥, 장식적 요소들이 잘 복원되어 있어 당시 고대 도시의 생활상을 생생히 느낄 수 있다. 이러한 분위기는 현장에서 발견된 청동 인형, 동전, 무덤 비석, 다양한 모자이크 조각들이 더욱 강조한다. 실제로 제우그마에서 발굴된 유물 중 많은 부분이 가지안테프 고고학 박물관까지 옮겨지지 못한 채 유럽의 여러 박물관이나 개인 수집가에게 유출되기도 했다.

19세기 말 알레포에 있던 이탈리아 영사 조르주 마르코폴리는 벨키스의 주요 모자이크를 수집해 유럽으로 반출했고, 그 중 한 조각이 네 마리 말이 끄는 전차에 포세이돈이 탑승한 장면으로 유명하다. 이것은 아칸서스 잎과 가면, 사냥하는 에로스, 로마 왕관을 쓴 여성 흉상 메달리온 등 풍성한 장식 요소로 둘러싸여 있는데, 브리타니아, 갈리아, 히스파니아, 게르마니아, 라에티아, 판노니아, 마케도니아, 모리타니, 아프리카, 이집트 등 10개 로마 지방에 헌정된 장면으로 해석된다.

이처럼 벨키스·제우그마의 예술적 풍요와 폐허의 역사적 중요성은 일찍이 알려져 있었다. 반면, 오랜 시간 유물 밀수와 불법 채굴의 위험 속에 방치되어 있다가, 20세기 말에 이르러서야 요르그 바그너 등 연구자들이 과학적 조사를 통해 체계적인 고고학 연구와 도시 계획 조사의 첫발을 내딛게 됐다. 덕분에 헬레니즘 시대 '유프라테스 셀레우케이아'라는 이름으로 알려졌던 이 도시는 로마 시대에 '제우그마(통로, 다리)'라는 새로운 이름을 얻고, 그 위치와 교통로로서의 중요성이 더욱 명확히 강조되는 도시로 재평가되었다.

제우그마 유적의 중심지인 벨키스의 폐허가 고대 도시임이 명확해지면서, 유프라테스 강 서쪽 제방을 따라 확산된 고대 도시 유적지가 풍부한 고고학적 발견을 이어가고 있다. 앞으로의 추가 발굴을 통해 더 중요한 유물들이 밝혀질 것으로 기대된다. 대표적인 발견으로는 벨키스테페 경사면에서 발견된 두 점의 석회암 부조가 있는데, 이들은 콤마게네 왕 안티오쿠스 1세와 헤라클레스의 악수(덱시오시스) 장면을 담고 있어 왕의 숭배와 연결된 테메노스(성지)의 존재를 시사한다. 부조의 크기와 묘사 방식은 아르사메이아 등지의 콤마게네 컬트 부조와도 유사하다.

콤마게네 왕국 벨키스 고대 도시 유적 모자이크화

제우그마 지역에서 출토된 여러 숭배 동상, 기념비적 아테나 상, 티케(도시 여신) 신전 등 다양한 유적도 주목된다. 특히 로마 시대 제3 스키티카 군단의 무덤 비석과 스탬프 타일이 확인되어, 이곳이 로마 동방 방어의 핵심 군사적 교두보였음을 보여준다. 벨키스~아룰리스 채석장 일대는 군단원들의 신앙 서원이 이루어진 장소로, 군사와 도시 기능이 긴밀히 연결되어 있었음이 드러난다.

무덤 비석 등은 일부 현지 재사용 예도 확인되며, 최근 150점이 넘는 미공개 무덤 비문 카탈로그가 정비가 진행되었다. 이 중 일부는 아다나, 가지안테프, 샨리우르파 박물관에 소장되어 있다. 제우그마의 대규모 무덤지와 군단 유적, 다양한 신전과 숭배 부조들은 이 도시가 헬레니즘 및 로마 시대 동방의 중요한 군사·종교·사회 중심지였음을 잘 보여준다.

콤마게네 왕국 벨키스 고대 도시 유적 모자이크화

튀르키예 가지안테프 주 셰히트카밀 지구, 유프라테스 강변의 제우그마 고대 도시 지역에 위치한 유프라테스 모자이크 박물관은 고대 제우그마에서 출토된 다양한 모자이크 유물을 중심으로 전시를 하고 있다. 제우그마는 고대 로마 시대에 번성한 도시로, 유프라테스 강을 따라 중요한 교통로이자 상업의 중심지 역할을 했다.

콤마게네 왕국과 제우그마는 지리적으로 인접해 있었으며, 콤마게네 왕국은 헬레니즘, 페르시아, 아나톨리아 문화가 융합된 독특한 성격을 지닌 지역이다. 이 왕국은 로마 제국과 파르티아 사이에서 완충지 역할을 하면서도 제우그마와 긴밀하게 상업과 문화 교류를 이어갔다. 제우그마는 로마 시대에 크게 번성하면서 콤마게네 왕국의 영향 아래 있던 시기와 겹친다. 이때 제우그마는 유프라테스 강 교역로의 요충지로 성장했고, 콤마게네와 정치·경제적으로 긴밀한 관계를 유지했다.

박물관에 전시된 모자이크 등 주요 유물들은 콤마게네 왕국 시기와 로마 시대의 문화가 어우러진 모습을 잘 보여준다. 모자이크에는 신화적 장면, 동물과 식물 문양 등 당대 문화와 상징이 담겨 있어, 콤마게네의 예술 전통이 로마의 영향과 어떻게 융합되었는지 알 수 있다.

결국, 유프라테스 모자이크 박물관은 제우그마 고대 도시의 화려한 예술과 문명을 보여주는 동시에, 콤마게네 왕국과 이 지역의 밀접한 문화적·역사적 연관성을 반영하는 중요한 장소라 할 수 있다.

유프라테스 모자이크 박물관에 전시된 모자이크 유물들은 콤마게네 왕국 시기와 로마 시대의 문화적 특성을 반영하고 있다. 이 모자이크들은 당시 도시의 부와 문화 수준을 보여주는 중요한 예술 형태로, 콤마게네 왕국의 예술적 전통과 로마의 영향을 동시에 담고 있다. 특히, 신화적 장면과 동물, 식물 문양은 콤마게네 왕국의 문화적 상징과 밀접하게 연결되어 있다.

제우그마 고대 도시에서 출토된 이 모자이크 유물들은 지리적·문화적으로 인접한 콤마게네 왕국과 제우그마가 로마 시대를 포함한 헬레니즘 문화권 내에서 상호 영향을 주고받았음을 보여준다. 따라서 박물관에 전시된 유물들은 콤마게네 왕국의 독특한 문화적 특성과 로마 시대 예술의 융합을 명확히 드러내고 있다.

콤마게네 왕국 벨키스 고대 도시 유적 모자이크화

고대 제우그마 주택 유적에서 발굴된 석제 욕조와 생활용 용기인 돌 항아리들. 모자이크 바닥 위에 놓인 이 유물들은 당시 일상생활과 위생 문화를 잘 보여주며, 로마·콤마게네 접경 도시의 고급 주거문화를 생생하게 전한다.

제우그마 고대 도시는 유프라테스 강변에 위치하여 동서 교역로의 중요한 요충지 역할을 하였다. 강을 통한 수상 교통과 육로가 교차하는 전략적 입지 덕분에 헬레니즘 시대부터 로마 시대까지 무역과 군사 중심지로 크게 번성하였다.

이 도시는 알렉산더 대왕의 후계자 중 한 명이 기원전 3세기경 설립하였으며, 헬레니즘 문화가 뿌리내렸다. 이후 로마 제국 동방 속주로 편입되어 로마 문화와 건축 양식이 융합된 독특한 도시 문화를 형성했다. 특히 모자이크 예술이 발전하여 '모자이크의 도시'로 불릴 만큼 뛰어난 예술품들이 다수 출토되었다.

제우그마는 고대 로마 시대 동방 지역의 문화적 중심지 중 하나였으며, 화려한 모자이크와 공공 건축물, 신전 등이 도시 번영을 나타낸다. 현재 유프라테스 모자이크 박물관에 전시된 모자이크들은 당시 도시의 부와 예술적 수준을 증명하는 중요한 유산이다.

또한, 제우그마는 로마, 파르티아, 후에 사산조 페르시아 사이의 국경 지역에 위치하여 군사적 요새 도시로서 중요한 역할을 수행했다. 전략적 중요성은 도시 발전과 방어 시설 건설에 큰 영향을 미쳤다. 제우그마 고대 도시는 역사적·문화적 가치를 인정받아 유네스코 세계 유산 잠정 목록에 등재되어 있으며, 이는 동서 문화 교류와 로마 동방 속주의 중요한 증거임을 의미한다

제우그마 고대 도시 프레스코 벽화

콤마게네 왕국은 기원전 163년경부터 기원후 72년까지 존재한 헬레니즘 왕국으로, 사모사타, 제우그마, 아르사메이아(카흐타) 등 여러 도시를 중심으로 번성하였다. 특히 넴루트 산의 능묘처럼 왕실의 권위와 신성을 상징하는 대규모 건축물을 조성한 것으로 유명하다.

제우그마는 유프라테스 강변에 위치한 전략적 요충지로, 콤마게네 왕국 시기부터 중요한 도시 역할을 했다. 왕국은 단순한 별장뿐 아니라 도시의 행정, 군사, 종교 기능을 수행하는 다양한 공공 건축물을 건설하였다. 공공 건축물에는 목욕탕, 신전, 아고라(시장), 극장, 관청 등이 포함되어 도시 기능을 지원했다. 군사 시설로는 성벽, 요새, 방어용 탑 등이 건설되어 도시 방어에 힘썼다. 종교 시설로는 신전과 제단, 신성한 공간들이 조성되어 왕국의 종교적 권위 강화를 도왔다.

콤마게네 왕국은 로마 제국과의 관계 속에서 점차 로마 문화와 건축 양식을 수용하였으며, 제우그마 도시 내에도 모자이크 바닥, 대리석 조각, 아치형 구조 등 로마 건축의 특징이 반영된 건물들이 왕국 시기와 로마 지배 시기에 걸쳐 들어섰다.

결과적으로 콤마게네 왕국은 제우그마 고대 도시에 행정, 군사, 종교, 상업 기능을 수행하는 다양한 공공 건축물과 방어 시설을 건설하였다. 이 도시의 건축물들은 헬레니즘과 로마 양식이 융합된 독특한 문화적 특징을 지니며, 왕국의 정치적·문화적 위상을 잘 반영한다.

제우그마 고대 도시 유적 모자이크화

제우그마 고대 도시 유적 모자이크화

이 사진의 모자이크는 그리스-로마 신화의 한 장면을 정교하게 묘사하고 있다. 중앙 패널에는 바다와 관련된 신 또는 인물—예를 들어 포세이돈 또는 해양 신화 속 인물—이 역동적으로 등장하며, 인물 주위에는 바닷속 동물과 해양 생명체들이 장식적으로 둘러싸여 있다.

모자이크의 중앙부를 둘러싼 프레임에는 나선형 식물 문양과 기하학적 패턴이 정교하게 배치되어 있고, 네 귀퉁이 및 프레임 가장자리에는 다양한 동물, 사냥꾼, 신화적 존재들이 등장하여 이야기에 생동감을 더한다. 이러한 구성은 당시 주택의 바닥 장식 예술로 사용되었으며, 도시 귀족들의 부와 예술적 취향, 그리고 그리스-로마 신화와 자연에 대한 관심을 잘 보여준다.

제우그마의 모자이크 예술은 사실적인 인물 표현, 다채로운 색채, 그리고 복합적인 장면 구성으로 고대 지중해 세계 예술의 최고 수준을 보여주는 중요한 유산이다.

튀르키예 가지안테프에 위치한 제우그마 모자이크 박물관에는 로마 신 마르스(Mars)의 청동 조각상이 전시되어 있다. 이 조각상은 기원전 약 1999년, 제우그마 고대 도시 발굴 과정에서 발견되었으며 약 2,000년 전의 유물로 추정된다. 마르스는 전쟁의 신이자 풍요와 다산을 상징하는 신으로, 이 조각상에서는 한 손에 창을 들고 있었으나 현재는 남아 있지 않고, 다른 한 손에는 꽃을 들고 있는 모습으로 묘사되어 있다. 특히 금과 은으로 박힌 눈과 강렬한 표정이 특징이며, 이 정도 크기의 청동 마르스 조각상은 전 세계적으로도 유일하게 알려져 있어 매우 중요한 문화재로 평가받고 있다.

제우그마 고대 도시 유적 프레스코화

　이 사진 속 벽화는 제우그마 콤마게네 지역에서 출토된 것으로, 현재 남아 있는 모습은 상당 부분이 손상되어 있어 인물의 신원이나 역할을 정확히 식별하기 어렵다. 벽화의 주요 색조는 붉은색과 녹색 계열이 두드러지며, 비교적 장식적이고 위엄 있는 연출이 특징이다. 전체 구도나 컬러블록, 복식 일부의 흐릿한 형태로 미루어 볼 때, 벽화는 왕족·귀족 또는 신화적 인물을 묘사했을 가능성이 크다.

　그러나 명확한 문자 표식, 식별 가능한 상징, 얼굴 세부 묘사가 소실되어 있기 때문에 인물의 정확한 신원이나 구체적 역할, 신격이나 왕권의 특징을 단정하기는 어렵다. 콤마게네 벽화 특유의 헬레니즘적 색채와 페르시아적 요소, 복식의 양식 등이 혼합되어 나타나며, 벽화 보존 상태나 남은 색채, 잔존하는 윤곽선 등만으로는 확실한 추정에 한계가 있다.

　결론적으로, 이 벽화는 콤마게네 왕국에서 주로 나타나는 종교적·신화적·왕권적 상징의 일환으로 해석할 수 있으며, 복원을 통해 부분적으로 그려졌던 인물의 위상이나 분위기를 엿볼 수 있지만, 정확한 식별은 현 상태에서 제한적임을 알 수 있다.

이 붉은 벽화는 콤마게네 왕국 시대에 제작된 것으로, 주로 왕실이나 귀족의 거주지, 혹은 신성한 의례 공간의 내부를 장식했던 대표적인 예술품이다. 벽 전체에는 선명한 붉은색 배경이 두드러지며, 이는 당시 권위와 신성함을 상징하는 색채로 널리 쓰인 안료의 사용 흔적을 보여준다.

벽화에는 헬레니즘과 로마 복식의 영향을 받은 인물들이 그려져 있다. 왼쪽 인물은 신화적 혹은 역사적 배경을 가진 상징적 존재로 추정되며, 오른쪽 인물은 왕족이나 고위 사제 등 신성한 신분의 인물일 가능성이 크다. 인물 사이와 배경에는 식물 무늬와 기하학 패턴이 장식되어 있는데, 이런 요소들은 당시의 미적 감각과 장식 양식을 잘 보여준다.

이 벽화는 단순한 장식을 넘어 콤마게네 왕국의 정치적 권위, 종교적 신념, 신화 전통을 함께 담고 있다. 벽화 속 인물과 상징, 주변의 섬세한 문양들은 왕국의 사회적 가치관과 예술적 수준을 엿볼 수 있는 중요한 사료이며, 헬레니즘과 로마 문화의 융합 속에서 꽃핀 콤마게네만의 독특한 미술적 특징이 잘 드러난다.

제우그마 고대 도시 유적 프레스코화

이 벽화에 적힌 글씨를 살펴보면 오른쪽 상단에 그리스어로 "ANΔPA"(안드라)라는 단어가 보인다. 이는 "남자" 또는 "사람"을 뜻하는 단어로, 인물의 이름이라기보다는 '남성'을 지칭하는 표현일 가능성이 크다.

벽화 인물과 글씨 해석

ANΔPA (Andra)고대 그리스어에서 '안드라'는 '남자'를 의미하며, 때로는 '용감한 남자' 또는 '성인 남성'을 뜻하기도 한다.

이 벽화는 콤마게네 왕국 시기의 남성 인물을 묘사한 것으로, 인물의 신분이나 역할을 나타내는 일반적 표현일 수 있다.

인물의 복식과 자세는 헬레니즘과 로마 시대의 남성 귀족이나 신화적 인물의 특징을 반영한다.

콤마게네 왕국은 헬레니즘과 로마 문화가 융합된 지역으로, 벽화에 등장하는 인물들은 신화, 역사, 사회적 역할을 상징하는 경우가 많다.

제우그마 고대 도시 유적 프레스코화

'ANΔPA'라는 글씨는 특정 인물의 이름보다는 남성성을 강조하거나, 벽화가 묘사하는 인물의 성별과 위상을 나타내는 표식일 가능성이 크다 콤마게네 왕국의 붉은 벽화에 적힌 글씨를 살펴보면, 오른쪽 상단에 그리스어로 "ΠΙΝΕΛΟΠΗ"(피넬로페)라는 이름이 적혀 있다. 이는 그리스 신화에 나오는 페넬로페(Penelope)를 가리키는 것이다. 페넬로페는 호메로스의 서사시 『오디세이아』에 등장하는 오디세우스의 아내로, 남편의 귀환을 기다리며 충실함과 지혜의 상징으로 알려져 있다. 고대 그리스와 헬레니즘 문화권에서 여성의 덕목과 충성심을 대표하는 인물로 자주 묘사되었다.

콤마게네 왕국의 벽화에 페넬로페가 등장하는 것은 헬레니즘 문화가 이 지역에 깊게 스며들었음을 보여준다. 페넬로페를 묘사한 이 벽화는 콤마게네 왕국의 문화적, 예술적 전통을 반영하며, 왕국 내에서 헬레니즘 신화와 문학이 중요한 위치를 차지했음을 시사한다. 또한, 여성의 미덕과 지혜를 상징하는 페넬로페의 이미지는 당시 사회적 가치관과 이상을 표현하는 데 사용되었을 가능성이 크다.

제우그마 고대 도시 유적 프레스코화

제우그마 박물관의 대표적인 벽화인 '집시 소녀' 모자이크는 튀르키예 가지안테프에 위치한 제우그마 모자이크 박물관에 전시되어 있다. 이 모자이크는 고대 제우그마 도시에서 발견되었으며, 생생한 색상과 섬세한 표현으로 유명하다. 특히 소녀의 눈빛은 보는 이들에게 깊은 인상을 남기며, '모자이크 모나리자'라는 별칭으로도 불린다. 이 모자이크는

제우그마 박물관의 대표적인 벽화 '집시 소녀' 모자이크

고대 로마 시대 예술기술의 뛰어남을 보여주는 중요한 유물로, 박물관의 주요 전시물이다.

튀르키예 모자이크 유물 중 걸작으로 손꼽히는 '집시 소녀'의 잃어버린 조각이 약 반세기 만에 튀르키예로 돌아왔다. 코 아래 부분이 소실되었지만, 오묘한 눈빛과 입체적인 얼굴, 살짝 곱슬거리는 머리칼이 어우러져 생동감 넘치는 모습으로 완성도가 뛰어나 튀르키예 모자이크 유물 중에서도 명작으로 평가받는다. 소실된 모자이크 패널의 일부는 약 50년 전 국외로 밀반출되었었다.

튀르키예 관영 아나돌루 통신은 미국 오하이오주 볼링그린 주립대학이 튀르키예 문화관광부와 합의하여 제우그마 모자이크 12점을 반환한다고 보도하였다. 이들 유물은 안타키아 지역에서 합법적으로 발굴된 것으로 알려졌으나, 학자들의 재질 분석 결과 일부는 50여 년 전 '집시 소녀' 모자이크에서 분리된 후 불법 반출된 사실이 드러났다.

튀르키예는 방대한 로마 유적을 보유한 나라로서 국외 문화재 환수에 매우 적극적이며, 고고학적·예술적 가치가 높은 유물 반환에 지속적인 성과를 내고 있다. 튀르키예 문화관광부 뉴욕출장소의 튈린 세르민 외즈뒤란 소장은 제우그마 유물이 돌아오게 되어 매우 기쁘다고 전하며, 이는 문화 분야에서 상호 이해를 바탕으로 한 국제관계가 중요함을 다시 한번 확인한 사례라고 말했다.

제우그마 박물관의 대지의 여신 가이아나 계절의 여신 페르세포네 모자이크화

기원전 300년경 셀레우코스 1세 니카토르에 의해 유프라테스 강변에 건설된 제우그마는 로마 제국 시기에 군사적 요충지이자 중요한 교역 중심지로 번성하였다. 부유한 로마인들의 저택에는 정교하고 아름다운 모자이크가 다수 사용되었다.

1990년대 후반, 유프라테스 강에 빌레직 댐 건설이 추진되면서 제우그마 유적지는 수몰 위기에 처했다. 이에 국제적 지원 아래 대규모 긴급 발굴 작업이 이루어져 많은 모자이크, 프레스코화, 조각품 등이 발견되었고, 2011년에 제우그마 모자이크 박물관이 개관하여 세계 최대 규모의 모자이크 컬렉션을 전시하였다.

그중 가장 유명한 작품은 1998년 제우그마 유적 내 한 로마 빌라에서 발굴된 '집시 소녀' 모자이크이다. 이 모자이크는 원래 빌라의 식당 바닥을 장식하던 작품으로, 신비로운 눈빛과 섬세한 표현 때문에 '모자이크 모나리자'라 불린다. '집시 소녀'라는 별명은 현지 발굴팀과 언론이 붙인 것이며, 인물의 실제 정체에 대해서는 여러 설이 존재한다. 가장 유력한 설은 그리스 신화의 대지의 여신 가이아나 계절의 여신 페르세포네일 가능성으로, 주변의 포도 넝쿨 등이 이를 뒷받침한다. 또 다른 견해로는 부유한 로마 여성의 초상화일 수도 있다는 의견도 있다.

'집시 소녀' 모자이크는 제우그마 유적의 예술적·역사적 가치를 대표하는 상징적 작품이며, 제우그마 모자이크 박물관의 핵심 전시물로서 튀르키예를 대표하는 중요한 문화유산 중 하나로 평가받고 있다.

디오니소스(Dionysos)는 고대 그리스 신화와 로마 신화에서 매우 중요한 위치를 차지하는 신으로, 그리스 신화에서는 디오니소스(Dionysos), 로마 신화에서는 바쿠스(Bacchus)로도 불린다. 그는 제우스와 인간 여성 세멜레의 아들로 태어나, 포도주, 포도 경작, 풍요, 축제, 극예술, 음악과 자유로운 쾌락의 신으로 숭배되었다. 디오니소스는 자연의 힘과 생명력, 무질서 속의 창조적 에너지를 상징하는 신으로서, 인간의 본능과 감각, 그리고 광란과 카타르시스의 체험을 대표한다.

디오니소스(Dionysos) 모자이크화

디오니소스에 대한 신화는 출생부터 파란만장하다. 그의 어머니 세멜레는 헤라의 질투로 인해 죽고, 디오니소스는 태어나기 전 제우스의 허벅지에 봉인되어 보존된 후 다시 태어난다. 성장한 디오니소스는 포도 재배와 포도주 양조를 인간 세계에 전파하였으며, 열정적이고 광기 어린 축제 '디오니시아(Dionysia)'의 중심에 서 있었다. 이 축제는 도시국가의 극장 문화와 결합해 비극과 희극 등 그리스 연극 발전의 토대를 마련하기도 했다.

디오니소스는 종종 포도넝쿨 화관을 머리에 이고, 포도송이와 손에 든 술잔, 혹은 '티라소스(Thyrsos, 솔방울 장식의 지팡이)'를 든 모습으로 표현된다. 그의 곁에는 항상 열광적인 여성 추종자들인 마이나스(Maenads)와, 반인반수(半人半獸) 사티로스(Satyros)들이 동행하였다. 디오니소스 신앙은 인간의 억압된 감정과 창조적 에너지를 해방하는 의례와도 밀접하게 연결돼, 개인과 집단이 일시적으로 사회적 질서에서 벗어나 신과 합일하는 '엑스터시'(ekstasis, 황홀경)를 추구하도록 했다.

고대 그리스와 로마의 예술 작품에서는 디오니소스가 종종 젊고 아름다운 남성, 혹은 중성적이고 부드러운 용모로 그려지며, 자유와 풍요, 변신과 경계 해체의 상징으로 기능했다. 제우그마 모자이크 박물관의 디오니소스 초상화 모자이크는 그러한 신의 특징을 정교하게 재현하며, 고대 도시의 문화 생활과 예술, 신화적 세계관이 잘 드러난 유물이다. 디오니소스 숭배는 나중에 로마 제국 전역으로 확산되어, 축제와 예술, 일상 속 기쁨과 창조 정신의 신으로 오랫동안 사랑받았다.

데메테르 여신 모자이크화

제우그마 모자이크 박물관에 소장된 또 다른 아름다운 모자이크로, 중앙에 여신으로 보이는 인물이 그려져 있으며 주변을 기하학적인 무늬와 식물 문양이 둘러싸고 있다. 이 모자이크의 중앙 인물은 데메테르 여신으로 추정된다.

데메테르 여신으로 추정하는 이유는 다음과 같다. 첫째, 데메테르는 주로 농경, 수확, 곡식의 여신으로 손에 밀 이삭이나 햇불을 들고 있는 모습으로 묘사되는데, 이미지 속 인물은 오른손에 밀 이삭 다발이나 짧은 햇불과 유사한 모양의 물건을 들고 있는 것으로 보인다. 특히 햇불은 그녀가 딸 페르세포네를 찾아 지하 세계를 헤맬 때 들고 다녔던 상징물이다. 둘째, 머리 장식에서 곡식을 상징하는 밀 이삭이나 화관의 형태가 관찰된다. 셋째, 인물은 고대 그리스-로마 신화 속 여신들이 착용하던 키톤이나 페플로스와 유사한 옷을 입고 있다. 넷째, 제우그마는 로마의 중요한 농업 및 상업 중심지였기에 풍요와 농경을 상징하는 데메테르 여신의 이미지가 주택 또는 공공건물 모자이크로 장식되는 것이 자연스러웠다.

추가로 데메테르는 그리스 신화에서 크로노스와 레아의 딸, 제우스의 누이이며, 곡물과 농업, 풍요를 관장하는 여신이다. 그녀의 가장 유명한 신화는 딸 페르세포네가 하데스에게 납치되어 지하 세계로 끌려간 사건이다. 이로 인해 데메테르는 슬픔에 빠져 대지에 가뭄을 불러오고 작물이 자라지 않게 만든다. 이는 겨울철의 계절 변화를 설명하는 신화로도 해석된다.

따라서 이 모자이크는 제우그마 거주민들이 풍요와 수확의 신인 데메테르를 숭배했음을 보여주는 중요한 증거라 할 수 있다.

이 모자이크는 고대 제우그마 유적지에서 출토된 디오니소스(Dionysos) 신의 초상으로, 당대 예술이 지녔던 상징성과 장식을 잘 보여준다. 디오니소스는 그리스 신화에서 포도주와 풍요, 광란의 축제, 그리고 극예술의 수호신으로 숭배된 인물이다. 그는 제우스와 테바이의 공주 세멜레 사이에서 탄생하였으며, 어린 시절부터 신들의 보호와 시련, 모험을 겪은 후 세상에 포도 재배와 술을 전파하는 사명을 띠게 된다.

디오니소스는 주로 머리에 포도넝쿨 화관을 쓰고, 손에는 솔방울이 장식된 긴 지팡이인 티르소스를 든 모습으로 나타난다. 이런 상징물은 그가 자연과 생명의 힘, 자유분방한 활력을 대표함을 의미한다. 그의 곁에는 늘 마이나스(Maenads)라 불리는 열광적 여성 추종자들과 산악·숲의 신인 사티로스(Satyros)들이 함께 따라다녔다. 신화 속 디오니소스 집단은 질서와 억압에서 벗어나 본능과 해방, 일시적 광란에 전적으로 몰입하는 의례를 주도하며, 인간 삶의 본질적 감정들을 해방시킨다는 정신을 담고 있다.

고대 그리스 및 로마 사회에서 디오니소스 신앙은 구속과 질서에 대한 반작용, 공동체적 해방, 연극 및 예술 활동과 밀접하게 얽였다. 디오니소스의 축제는 공동체의 안팎 경계가 사라지고 모두가 신과 하나가 되는 황홀경과 성스러운 광란을 경험하는 시간이었다. 이 모자이크는 그러한 디오니소스 신의 이미지를 견고하면서도 생동감 있게 전하며, 제우그마 시민이 포도 재배와 풍요로운 자연, 자유로운 삶의 신을 어떻게 경배했는지 잘 보여준다.

디오니소스(Dionysos) 모자이크화

제우스와 에우로페의 신화 모자이크화

  고대 그리스 신화에서 가장 매혹적인 이야깃거리 중 하나는 제우스와 에우로페의 신화이다. 이 신화는 인간과 신의 경계가 자유롭게 넘나들던 고대 상상력의 산물로, 사랑, 변신, 모험이 한데 어우러져 있다. 에우로페는 페니키아의 왕 아게노르의 딸로, 아름다운 미모와 고귀한 덕을 두루 갖춘 공주였다. 어느 날 에우로페는 궁전 근처 바다와 초원에서 시녀들과 함께 놀고 있었다. 웃음소리와 꽃내음이 휘감기는 평화로운 광경을 천상에서는 올림포스의 신들이 내려다보고 있었다.

  이때 그리스 신화의 주신(主神) 제우스가 하늘에서 이 모습을 바라본다. 제우스는 인간 여인들 가운데서도 특히 아름답고 순수한 에우로페의 자태에 마음을 빼앗긴다. 하지만 질투 많은 아내 헤라를 경계해야 했기에 그는 대담한 변신 계획을 세운다. 제우스는 평범한 황소로 모습을 바꿔 초원에 내려오고, 황소로 변한 신은 눈부시게 흰 털과 점잖은 눈길, 부드러운 몸짓으로 에우로페와 시녀들의 가까이 다가온다. 에우로페는 황소가 특별히 온순하고 누구보다도 아름다우며, 완전히 해를 끼칠 기색이 없자 점차 두려움을 버리고 황소 곁으로 다가간다.

호기심 많은 에우로페는 곧 황소의 목덜미를 쓰다듬고 향기로운 꽃다발을 걸어준다. 황소는 에우로페의 손길에 고요히 몸을 맡긴다. 이윽고 황소는 조심스럽게 땅에 주저앉아, 에우로페가 자연스레 등에 올라타도록 유도한다. 등 위에 올라탄 그녀를 태운 황소는 갑자기 뛰어올라 들판을 벗어나 바다 쪽으로 빠르게 달려간다. 에우로페와 시녀들이 놀라 소리를 지르지만, 황소는 바닷물 속으로 뛰어들어 파도를 헤치며 점점 멀어져간다. 에우로페는 두려움과 당혹 속에 점차 자신을 납치한 황소가 보통 짐승이 아니라 신적 존재임을 깨닫게 된다. 황소의 등에 실린 채 지중해를 건너던 그녀는 신의 힘으로 상처 하나 입지 않는다.

제우스는 마침내 크레타 섬에 도착한 뒤 자신의 본모습을 드러낸다. 그는 자신이 올림포스의 주신임을 밝히고 에우로페에게 사랑을 고백한다. 에우로페는 아버지와 고향에서 멀리 떨어져 깊은 상실감과 슬픔을 느끼지만, 곧 제우스와의 사이에서 세 명의 아들—미노스, 라다만튀스, 사르페돈—을 낳는다. 이들 중 미노스는 훗날 크레타의 위대한 왕이 되어 미노스 문명을 이끌고, 그의 이름과 전설은 그리스·지중해 세계 곳곳에 퍼진다.

제우스는 에우로페에게 자신의 사랑의 증표로 청동 거인 탈로스, 마법의 개 라일라프스, 쏜 화살로 어떤 것도 명중시키는 창을 선물한다. 그리고 에우로페의 이름은 아시아 대륙 북서쪽 땅에 붙여져 '유럽(Europe)'이란 이름의 기원이 되었다. 이처럼 그녀의 이야기는 단순한 납치, 비극에서 끝나지 않는다. 에우로페는 제우스의 열정과 신비로운 힘, 인간과 신의 만남, 이주와 문화 융합의 상징으로 오랫동안 예술과 시, 모자이크와 회화에서 살아남게 된다.

제우스와 에우로페의 신화는 인간 사랑과 신적 운명의 교차지점, 그리고 미지의 여행과 문명의 기원을 동시에 상징한다. 제우스의 변신은 권력을 초월한 욕망과 능력, 또 미지와의 접촉에서 펼쳐지는 인간사의 드라마를 보여준다. 제우그마 모자이크 박물관의 '에우로페의 납치' 모자이크는 그 장엄하고 운명적인 순간, 에우로페가 황소의 등에 타고 새로운 세상으로 떠나는 찰나를 화려하고 생동감 있게 재현한다. 이는 고대인들에게 사랑, 약탈, 변화, 새로운 문명의 탄생을 아우른 서사로, 오늘날에도 인류의 상상력을 자극하고 있다.

오케아노스(Oceanus)는 고대 그리스 신화에서 바다와 '세계의 강'을 상징하는 원초적 신으로, 그리스 신화 체계에서 매우 중요한 위치를 차지한다. 오케아노스는 티탄 신족에 속하며, 하늘의 신 우라노스와 대지의 여신 가이아 사이에서 태어난 막내 아들이다. 그의 영토는 하늘 아래 '모든 것을 둘러싼 거대한 환상의 강'으로, 고대인들에게는 알려진 세계의 경계 그 너머를 가로지르는 심원한 물줄기로 받아들여졌다. 오늘날의 지중해나 대서양이 아닌, 세상 끝을 감싸는 신화적 존재로 이해된 것이다.

오케아노스는 그의 누이이자 아내인 테튀스(Tethys)와 함께 모든 강, 샘, 호수, 바다, 특히 바다의 신들과 강의 신들을 자손으로 낳았다. 이들의 자식은 '오케아니데스'(Oceanides)라 불리는 물의 님프들과 크고 작은 3천 강의 신들(포타모이, Potamoi)로 이루어져, 자연의 모든 물줄기와 바다를 상징하는 신격체계를 이룬다. 이는 오케아노스가 단지 바다만이 아니라 지구상 모든 물의 원천임을 의미하며, 그의 풍요와 생명력은 고대 세계관에 깊이 뿌리내렸다. 오케아노스는 포세이돈처럼 자연의 힘을 거칠게 다루는 신이 아니라, 대체로 온화하고 젠틀한 이미지를 가진 조화롭고 포괄적인 신이었다.

신화 속 오케아노스는 대지(가이아)의 경계이자 요람 같은 존재로, 세상의 모든 생명과 신, 영웅들이 그의 물길을 통해 성장하거나 모험을 떠나는 무대가 된다. 예를 들어, 헤라클레스가 황금 사과를 얻으러 떠났을 때, 오케아노스의 배를 타고 세계의 서쪽 끝까지 여행하고, 다수의 영웅과 님프가 그의 강이나 호숫가에서 태어났다고 전해진다. '일리아스'나 '오디세이아' 같은 고대 서사시에서는 태양이 동쪽에서 떠나 서쪽으로 지는 동안 오케아노스의 물길을 따라 항해한다고도 한다.

오케아노스는 거대한 수염, 집게발, 물고기 꼬리, 말린 조개나 해양 동물이 뒤섞인 머리 장식 등, 자연의 바다와 강을 시각화한 의인화된 모습으로 자주 묘사되었다. 이는 제우그마와 같은 로마시대 모자이크에서 특히 두드러지는데, 그의 얼굴은 파도처럼 소용돌이치는 머리칼, 물고기나 돌고래와 교차하는 환상적 장식 속에 등장한다. 이러한 표현은 오케아노스가 단순히 바다의 경계자일 뿐 아니라, 바다의 경계 넘어 세상의 신비와 무한한 가능성을 상징함을 보여준다.

로마 시대에 오케아노스는 흔히 포세이돈/네푸투누스(Neptunus)와 함께 바다 신전의 장식에 등장하며, 대형 목욕탕, 분수, 주택의 바다 모자이크에 중심 인물로 자리 잡았다. 이는 물

오케아노스(Oceanus) 모자이크화

이 생명과 정화, 재생을 가능케 하는 힘임을 상징하는 동시에, 로마 귀족들이 자연과 신성, 예술의 조화를 누림을 표현한 것이다.

결국 오케아노스 신화는 고대인들이 세계의 한계와 경계, 그리고 그 너머의 미지에 대한 경외심과 상상력을 담아낸 집약체라 할 수 있다. 그는 바다, 강, 샘, 호수라는 현실적 자원을 넘어 '모든 것의 시작과 끝', 우주의 거대 순환과 생명의 이어짐을 시각화한 상징이었으며, 오늘날까지도 고대 지중해 문화와 예술 속에 생생히 남아 있다.

고르곤 메두사의 모자이크화

　고르곤 메두사의 모자이크는 고대 로마 시대 예술에서 가장 독특하고 상징적인 주제 중 하나로 꼽힌다. 이 모자이크는 가지안테프의 제우그마 모자이크 박물관에 소장되어 있으며, 신화 속 괴물 메두사의 얼굴을 사실적으로 묘사하고 있다. 메두사는 그리스 신화에 등장하는 세 명의 고르곤 자매 중 한 명으로, 머리카락이 뱀으로 이루어져 있고, 그녀의 시선을 마주치는 자는 누구나 돌로 변하는 저주에 걸린다. 이런 두려움과 경외의 상징은 고대인들에게도 강렬한 인상을 남겼다.

　이 모자이크는 두꺼운 테두리와 정교한 배경 패턴으로 장식되어 있고, 중앙에는 메두사의 얼굴이 크게 강조되어 있다. 일반적으로 메두사 모티프는 로마의 공공건물이나 사유 저택,

목욕탕의 바닥에 자주 사용되어 공간을 나쁜 기운과 불행으로부터 지켜주는 일종의 수호 상징(Gorgoneion) 역할을 했다. 실제로 고대 로마인들은 메두사 머리의 신비한 '돌로 만드는 힘'이 집이나 건물을 악령, 재앙, 외부의 위협으로부터 안전하게 해줄 것이라 믿었다.

메두사는 단순히 괴물로 인식된 것이 아니라, 신화와 예술, 종교, 사회적 상상력 속에서 다양한 의미를 지니는 존재였다. 고전 신화에서 메두사는 신들의 도움을 받은 영웅 페르세우스에 의해 목이 잘리고, 그 머리는 이후 여러 모험과 전설에 등장한다. 잘린 머리는 여전히 살아 움직이며, 적을 돌로 만드는 힘을 지녔다. 고대 예술에서는 바로 이 생생한 힘과 초월적 두려움을 그림이나 모자이크, 조각으로 표현했다. 메두사의 얼굴은 공포와 아름다움, 이질성과 매혹이 뒤섞인 양가적 이미지를 담고 있다.

제우그마 모자이크 박물관 소장품인 메두사 모자이크 역시 이러한 상징성을 고스란히 드러낸다. 굵은 머리칼이나 무척추 동물처럼 퍼져나가는 형태, 정면을 응시하는 눈, 강렬한 색채는 시각적으로 관람객에게 위압감을 주고, 고대인의 신화적 세계관을 구체적으로 보여준다. 이 모자이크는 단순한 장식품이 아니라, 당시 사회의 정신세계와 믿음을 반영한 물질적 증거다.

로마 제국의 여러 지역에서 발견되는 메두사 모자이크들은 이런 신화가 제국 전역에 깊이 퍼져 있었음을 보여준다. 메두사는 악을 물리치는 수호자이자, 동시에 신적 위험과 초월적 경계의 상징으로도 이해되었다. 예술가들은 그녀의 이미지를 매우 사실적으로 혹은 이상화된 형태로 만들어, 각각의 시대와 지역, 용도에 맞는 미적 코드를 더하였다. 그 결과 메두사 모자이크는 단순한 공포의 아이콘을 넘어, 인간이 두려워하면서도 동경했던 힘과 초월성, 변화의 순간을 시각적으로 구현한 고대 미술의 정수라 할 수 있다.

제우그마의 메두사 모자이크는 이 지역의 주택이나 공공공간 바닥에 설치되어, 공간 전체에 신화적 권위와 보호의식, 예술성을 불어넣었다. 그러한 유물은 오늘날에도 고대 지중해 세계의 심층적 상상력과 실용적 신앙, 그리고 예술적 완성도를 동시에 감상할 수 있는 소중한 자료이다.

마에나드(Maenad) 모자이크화

마에나드(Maenad)는 고대 그리스 신화에서 주신(酒神) 디오니소스(Dionysos)를 열정적으로 추종했던 여성 무리로, 디오니소스 신앙과 축제의 상징적 존재다. 마에나드는 디오니소스의 숭배 의식인 디오니시아에서 광란과 황홀경에 빠진 상태로 신을 예찬하며, 전통적으로 숲과 산에서 집단적으로 모여 춤추고 노래하며, 종종 짐승 가죽을 두르고 티로소스(솔방울 지팡이)를 들고 묘사된다. 이들의 의례는 인간의 억압된 본능과 감정을 해방하고, 사회적 경계를 넘나드는 카타르시스의 역할을 했다고 여겨진다.

신화 속 마에나드들은 인간을 넘어 자연의 본성과 신적 힘에 가까운 존재로 그려졌다. 디오니소스를 중심으로 마이나스(Maenas), 바카이(Bacchae) 등 여러 명칭으로 불리며, 단순히 주연 파티를 즐기는 추종자를 넘어 신비로운 의식의 주역으로서 상상되었다. 이들은 집단적 광란에 휩싸여 야생동물을 맨손으로 찢고 생고기를 먹는 등 원초적 본능의 해방을 상징했으며, 남성 중심의 사회적 질서를 일시적으로 전복시키는 신화적 역할도 수행했다.

마에나드는 극예술과 시, 미술 등 다양한 고대 예술에서 단골 소재로 등장했다. 모자이크, 벽화, 도자기 등에서 이들의 춤과 황홀경, 신비로운 에너지는 고대인들에게 카오스와 코스모스, 삶과 죽음, 질서와 무질서의 경계를 가로지르는 숭고한 체험을 전달했다. 마에나드는 단순한 광인의 집단이 아니라, 디오니소스의 신비에 깊이 참여해 인간 본연의 감정과 경계 허물기를 실천하는 존재로 고대 종교와 예술, 그리고 신화적 상상력의 중요한 축을 형성했다.

포세이돈(Poseidon) 모자이크화

고대 그리스 신화에서 바다는 신들의 활동 무대이자 인간 세계와 신계, 미지의 경계가 교차하는 장엄한 공간이었다. 이 바다의 신 중 가장 널리 알려진 존재가 바로 포세이돈(Poseidon)이다. 포세이돈은 크로노스와 레아 사이에서 태어난 올림포스 12신 중 하나로, 제우스와 하데스의 형제이다. 그에게는 세상을 세 부분으로 나누는 제비뽑기에서 바다의 권한이 주어졌으며, 그는 곤봉과도 같은 삼지창(트라이던트, trident)을 들고 바다를 다스리는 신으로 군림했다. 포세이돈은 바다뿐만 아니라 지진과 말, 폭풍 등 다층적 속성을 지녔으며, 때로는 온화하고 생명을 주는 힘이기도 했지만, 분노하면 무시무시한 파도를 몰고와 인간과 신들에게 시련을 주는 존재로 경외의 대상이 되었다.

포세이돈의 모습은 고전 미술에서 늠름한 수염을 지닌 근육질의 장년 남성, 머리에는 해조류나 돌고래, 바다생물 장식을 이고, 항상 삼지창을 손에 든 모습으로 묘사된다. 그의 주변에는 트리톤, 님프, 해마, 돌고래, 그리고 토착 바다신들이 함께 등장하는 경우가 많다. 신화 속 포세이돈은 많은 연인과 자식을 두었는데, 인간 여성, 님프, 심지어 괴물과도 관계해 영웅, 괴생명체, 반신반인을 낳았다. 특히 트로이 전쟁과 오디세우스의 모험 등 곳곳에서 바다신의 신경질과 너그러움이 서사를 이끈다. 고대 그리스와 로마인들에게 포세이돈은 위기와 구원을 동시에 품은 대양의 절대자인 동시에, 자연과 인간사의 경계를 초월하는 존재였다.

고대의 바다에는 포세이돈 이전, 더욱 원초적이고 태고적 기원을 지닌 신적 존재가 있었다. 바로 티탄 신족 중 한 명인 오케아노스(Oceanus)다. 오케아노스는 대지의 기운을 품은 하늘신 우라노스와 대지의 여신 가이아 사이에서 태어난 아들이자, 바다와 모든 강, 샘, 호수를 관장하는 원천적 신이었다. 오케아노스는 바다뿐 아니라, 세상의 모든 '물길'—즉, 강과 샘, 비와 구름, 심연의 물줄기까지 포함하는 범신적 존재로 인식됐다.

그의 모습은 근엄하고 웅장한 얼굴에 물고기나 게, 조개의 장식을 두른 수염남으로, 해양 동물들과 머머리 칼, 뿔처럼 보이는 장식으로 자연의 웅장함과 신비로움을 담아낸다. 오케아노스는 힘과 두려움의 상징이기보다는, 포괄적인 조화와 생명의 순환, 모든 물의 원천을 대표했다. 이 신은 자신의 누이이자 아내인 테티스(Tethys)와 결혼해 수많은 물의 님프와 강의 신을 낳았다. 이 자손들은 '오케아니데스'(Oceanides), '포타모이'(Potamoi)로, 자연의 모든 물줄기와 바다를 상징했다.

테티스(Tethys)는 오케아노스의 아내이자 바다의 여신으로, 강인하면서도 자애로운 자연의 어머니에 가까운 존재였다. 그녀는 모든 강물과 샘이 자신에게서 흘러나온다고 여겨질 만큼, 우주의 생명력과 육지와 바다, 신계와 인간계를 유영하는 기운을 품었다. 테티스는 자녀 '오케아니데스'—즉, 3천 명이 넘는 님프와 강신들의 모신(母神)으로서, 비옥과 풍요, 순환의 상징이 되었으며, 그녀의 이름은 바다와 땅의 조화, 끝없는 변화를 대표했다.

포세이돈과 오케아노스, 테티스가 나란히 등장하는 모자이크는 바다의 힘과 조화, 원초성과 변화를 모두 상징한다. 포세이돈은 인간에게 친숙한 바다와 예술, 문명의 바다, 오케아노스와 테티스는 시간과 공간, 자연의 위대한 근원을 상징한다. 이들 신의 연합상은 고대 로마와 그리스인의 심상과 신앙, 세계 이해방식이 모자이크 장식에 생생히 담긴 결과물이다. 이처럼 바다는 단순히 경계의 공간이 아니라, 영원한 생성과 순환, 신적 권능이 깃든 신화적 무대였음을 알려준다.

포세이돈(Poseidon) 모자이크화

중앙에는 세 명의 인물이 주인공으로 묘사되어 있으며, 이들은 각각 PHNA(레나), HΛIAΣ(일리아스), EYAΓE(에우아게)라는 이름이 그리스어로 명기되어 있다.

가장 왼쪽에 앉은 여성은 PHNA(레나)이다. 레나는 신화 또는 로마 사회에서 중대한 가치를 지닌 여성상을 상징하는 인물로 해석된다. 그녀의 당당한 자세와 단정한 의상, 주변에서 그녀를 둘러싼 인물들과의 거리감은 사회적 위상과 존경을 단적으로 드러낸다.

중앙에는 HΛIAΣ(일리아스)가 자리하고 있다. 일리아스는 이름에서 알 수 있듯이, 고대 그리스의 대표적 서사시『일리아스』와 연결되는 영웅 혹은 시인의 상징적 존재다. 부드러운 시선과 생각에 잠긴 듯한 표정은 그가 단순한 전사가 아니라 시인적 지성과 내면세계를 지닌 인물임을 암시한다. 고대의 영웅, 혹은 교양인으로서의 이상이 투영돼 있다.

오른쪽에는 EYAΓE(에우아게)라는 이름의 여성이 앉아 있다. 에우아게란 이름은 '선함', '복됨'을 뜻하며, 이 인물은 신성하거나 존경받는 여성의 전형으로 해석된다. 그녀는 신비롭고 차분한 분위기, 기품 있는 옷차림으로 주변을 압도하는 존재감을 보여준다.

화려한 테두리와 섬세한 묘사, 각 인물의 인상적인 배치에서 이 모자이크는 단순한 일상 묘사를 넘어, 고대 사회의 가치관, 신화와 문학적 상상력, 여성과 남성의 위상, 교양과 존엄, 그리고 공동체적 유대를 예술적으로 드러낸다. 고대 제우그마 시민의 문화적, 심미적 수준이 응축된 이 작품은 신화적 상징과 현실의 미학이 조화롭게 어우러진 귀중한 유산이다.

PHNA(레나), HΛIAΣ(일리아스), EYAΓE(에우아게) 모자이크화

이 모자이크는 유프라테스 강의 나이아드 님프(Naiad Nymph of Euphrates)를 묘사한 고대 그리스-로마 양식의 작품으로, 튀르키예 가지안테프 제우그마 모자이크 박물관에 소장되어 있다. 화면 중앙에는 강가에 기대어 편안하게 누운 여성 인물이 그려져 있으며, 그 주변의 흐르는 물결과 식물 표현이 자연환경과 신화적 분위기를 효과적으로 강조한다. 인물의 자세와 여유로운 표정, 주변 장식들은 풍요로움과 평온함을 상징하며, 물과 생명의 신성함을 예찬하는 고대인들의 세계관이 드러난다.

나이아드는 고대 그리스 신화에서 물을 관장하는 님프로, 강, 시냇물, 샘, 폭포 등 자연의 담수에 거주하는 요정으로 널리 알려져 있다. 그녀들은 젊고 아름다운 모습으로써 생명, 재생, 치유와 다산의 이미지를 상징하며, 특정 장소의 수호신 또는 물의 근원의 화신으로 숭배되었다. 제우그마 지역은 유프라테스 유역의 비옥함과 다산함, 그리고 제례와 신화를 연결하는 실질적 배경을 제공했고, 이러한 점에서 나이아드 모자이크는 지역의 자연환경과 신앙심, 예술적 취향이 집약된 대표작으로 손꼽힌다.

이 모자이크는 기원전 1~2세기 로마 제국 시대에 제작된 것으로 추정되며, 고대 로마인들이 강과 물, 자연에 바쳤던 경외와 찬탄의 감정을 예술적 기법으로 섬세하게 구현했다. 오늘날에도 이 유물은 고대 지중해 문명과 유프라테스 유역의 문화적, 신화적 유산을 생생히 전하는 중요한 예술사적 사료로 평가된다.

나이아드 님프(Naiad Nymph of Euphrates) 모자이크화

이 모자이크는 유프라테스 강의 나이아드(Naiad of the Euphrates)를 묘사한 작품이다. 고대 그리스 신화에서 나이아드는 강, 샘, 연못 등 민물에 거주하는 요정 또는 님프를 가리키며, 이러한 존재들은 자연과 물의 생명력을 상징했다. 모자이크 속 여성 인물은 부드럽고 평온한 자세로 기대어 앉아 있으며, 주변에는 강둑을 연상시키는 식물들이 함께 묘사되어 있다. 이는 유프라테스 강의 풍요롭고 생명력 넘치는 이미지를 효과적으로 암시한다.

작품은 멀리 강과 자연을 의인화하여 지역의 정체성과 자연환경에 대한 고대인의 존경심을 표현했다는 점에서 매우 의미가 깊다. 테셀라라 불리는 작은 모자이크 조각들의 정교한 배열과 명암을 이용한 인물 표현은 고대 로마 시대 모자이크 예술의 높은 미적·기술적 완성도를 잘 보여준다. 이런 예술적 특징을 통해 제우그마 지역 주민들이 유프라테스 강을 단순한 지리적 요소가 아니라, 생명의 원천이자 신성한 존재로 인식했음을 엿볼 수 있다.

이 모자이크는 그리스-로마 신화의 전통과 지역 고유의 자연을 결합하면서, 강의 님프를 통한 자연 숭배 사상을 박물관 방문자들에게 전하고 있다. 오늘날에도 이 작품은 제우그마의 풍요와 생명, 그리고 예술적 전통의 상징으로 사랑받고 있다.

나이아드(Naiad of the Euphrates) 모자이크화

이 모자이크는 강이나 샘, 또는 자연의 정령을 의인화한 신이다. 고대 로마와 그리스 예술에서는 이런 강의 신 또는 대양의 신 오케아노스(Oceanus)의 모습이 자주 등장하며, 늘어져 기대어 앉거나 편안히 누워 있는 자세는 강물의 흐름, 자연의 풍요, 그리고 평화

유프라테스 두 님프 사이에 있는 강의 신이다.

로움을 상징한다. 모자이크의 주인공은 항아리나 물병에서 흘러나오는 물, 풍성한 수염, 그리고 이삭이나 갈대, 덩굴 따위의 머리 장식으로 그 특징이 강조된다. 이는 자연과 신성, 곡식과 임수(林樹) 등 생명의 순환과 결합된 상징이다.

고대 신화에서 각 자연 강에는 포타모이(Potamoi)라 불리는 고유의 남신이 존재했으며, 그들은 각 지역 주민들의 생업과 풍요, 생명력의 원천이 되었다. 제우그마가 위치한 유프라테스 강변이라는 지리적 특성상, 이 모자이크의 신 역시 에우프라테스 강을 의인화한 '강의 신'으로 묘사됐을 가능성이 크다. 또, 대양 전체를 관장했던 티탄 신족의 오케아노스 역시 비슷한 모습으로 그려지며, 모든 물의 원천, 세계의 경계와 신비로움을 상징한다.

모자이크 주변의 나무와 융합된 모습, 흘러넘치는 물, 그리고 위엄을 풍기는 인물의 풍채는 지역 주민들이 자연의 힘과 물의 가치를 어떻게 인식하고 신성하게 여겼는지를 잘 보여준다. 이 작품은 단순한 장식을 넘어, 고대 도시에서 물이 가진 절대적 중요성—즉, 농경, 교역, 생명 유지의 기반이자 풍요와 번영을 약속하는 힘—을 예술적으로 기념한 증거라 할 수 있다. 제우그마의 모자이크는 신화적 상상력과 현실적 필요가 만나 색채와 형태로 구현된 고대의 문화적 유산임을 이 작품이 여실히 증명한다.

카시오페이아와 에우티미아 모자이크화

이 모자이크는 아름다운 고대 로마 시대의 작품으로, 주로 두 명의 여성이 묘사되어 있으며 부분적으로 세 번째 인물도 포함된 장면의 일부이다. 왼쪽에 앉아 있는 여성은 그리스어로 'ΚΑΣΣΙΟΠΕΙΑ(카시오페이아)'라고 명명되어 있는데, 카시오페이아는 그리스 신화에서 에티오피아의 왕비이자 안드로메다의 어머니로 등장한다. 그녀는 자신의 아름다움을 과시하다 신들의 분노를 산 인물로 유명하며, 모자이크 속에서는 화려한 의상과 관을 쓴 채 위엄 있는 자세로 앉아 있는 모습이 인상적이다.

가운데 서 있는 여성의 이름은 'ΕΥ…ΤΕΠΗ' 혹은 'ΕΥΘΥΜΙΑ(에우티미아)'로 해석되는데, 에우티미아는 '쾌활함', '즐거움', '만족'을 의인화한 여신 또는 추상적 존재일 가능성이 있다. 그녀는 카시오페이아를 향해 손에 든 작은 그림이나 조각이 담긴 상자 혹은 액자 같은 피나크스(pinax)를 보여주려는 듯한 자세를 취하고 있어, 두 인물 사이에 어떤 상징적 소통이 있었음을 암시한다.

오른쪽에 일부만 드러난 세 번째 인물은 이 모자이크가 원래 더 큰 장면의 일부였음을 보여준다. 전체적으로 이 작품은 신화적 장면이나 알레고리적인 인물을 결합해 부유한 제우그마의 빌라 내 공간을 장식하는 데 쓰였던 것으로 보인다. 카시오페이아의 등장은 페르세우스와 안드로메다 신화의 한 부분일 가능성이 크면서도, 동시에 쾌활함과 만족을 상징하는 에우티미아 같은 알레고리 인물과 함께 고대 사회가 중요하게 여긴 미덕이나 정신적 상황을 조형적으로 표현했을 가능성도 크다.

이 모자이크는 제우그마 모자이크들이 지닌 정교한 기술과 다채로운 색채, 그리고 생생하고 사실적인 인물 묘사와 고대 신화적, 문화적 상징성이 어우러진 뛰어난 예술 작품이다. 이처럼 제우그마 모자이크는 고대 모자이크 예술의 정수이자, 당시 사람들의 문화와 신앙, 미적 가치관을 집약한 중요한 유산임을 잘 보여주고 있다.

페르세우스와 안드로메다 모자이크

페르세우스와 안드로메다 모자이크

페르세우스 신화는 그리스 신화에서 가장 극적이고 상징적인 영웅 서사 중 하나로 꼽힌다. 이 신화는 예언, 운명, 용기, 지혜, 구원과 사랑 등 다양한 주제를 포괄하며 인간과 신들의 세계를 교차하는 이야기다. 페르세우스는 제우스와 인간 여성 다나에 사이에서 태어난 영웅으로, 그의 출생부터 모험과 운명을 완성하는 과정까지 여러 신화적 사건들이 얽혀 있다.

페르세우스의 탄생 배경은 그의 외할아버지인 아크리시오스 왕과 관련된 예언에서 시작된다. 아크리시오스는 자신의 딸 다나에가 낳을 아들이 자신을 죽일 것이라는 예언을 듣고 딸을 감금하지만, 제우스가 황금비로 변해 다나에에게 접근하여 페르세우스가 태어난다. 이에 아크리시오스는 다나에와 아기를 상자에 넣어 바다에 버리지만, 두 사람은 기적적으로 살아남는다.

성장한 페르세우스는 폴리데크테스 왕으로부터 머리카락이 뱀으로 된 괴물 메두사를 죽이라는 임무를 받는다. 메두사의 시선을 직접 마주치는 자는 돌로 변하는 저주가 있어, 페르세우스는 혼자서는 이 임무를 수행할 수 없었다. 하지만 여러 신들의 도움을 받아 아테나의 빛나는 방패, 헤르메스의 날개 달린 샌들과 낫, 하데스의 투명 망토를 받는다. 페르세우스는 방패에 비친 메두사의 모습을 보고 조심스럽게 접근해 그녀의 목을 베어내는 데 성공한다. 잘려나간 메두사의 머리는 아직도 강력한 힘을 지녔으며, 페르세우스는 이를 무기로 사용해 적들을 돌로 만드는 기적적인 능력을 발휘했다.

페르세우스는 메두사의 머리를 들고 돌아오는 길에 바다 괴물에게 희생될 위기에 처한 공주 안드로메다를 발견한다. 그는 메두사의 머리를 사용해 괴물을 물리치고 안드로메다를 구출하였으며, 두 사람은 이후 결혼하여 행복하게 살았다. 그러나 이야기의 끝에서 페르세우스는 예언대로 자신의 실수로 아크리시오스를 죽이며 운명을 완성하게 된다. 이는 인간이 피할 수 없는 운명의 비극적 측면을 보여준다.

제우그마 모자이크에는 페르세우스가 안드로메다와 손을 맞잡는 장면이 섬세하게 묘사되어 있다. 페르세우스는 투구와 창을 들고 있으며, 바닥에는 그가 물리친 바다 괴물이 누워있다. 이 장면은 용기와 구원, 사랑의 결합을 상징하며, 고대 로마 시대 사람들에게 크게 감동과 희망을 주는 신화적 메시지로 해석되었다.

신화의 핵심적 의미 중 하나는 용기와 지혜다. 페르세우스는 신들의 도움과 자신의 용기로 불가능한 임무를 완수하며, 이는 인간이 신적 힘과 지혜를 빌려 어려움을 극복하는 상징으로 받아들여진다. 또한 안드로메다를 구출하는 장면은 희생과 구원의 상징이며, 예언과 운명을 피할 수 없다는 인간사의 비극적 면모를 담아내고 있다.

메두사의 머리는 신화 뿐 아니라 예술과 문화에서도 깊은 상징을 지닌다. 페르세우스가 베어낸 메두사의 머리는 여전히 강력한 힘을 지니고 있었으며, 이를 무기로 활용하여 적을 돌로 만드는 등 다수의 전투에서 승리를 거두었다. 고대부터 중세, 르네상스, 현대에 이르기까지 메두사의 머리는 조각과 회화에서 용기, 승리, 신성한 보호를 상징하는 주제로 반복적으로 다뤄졌다.

특히 페르세우스는 메두사의 머리를 아테나에게 헌정하여 그녀의 방패에 부착하게 하였고, 이는 신성한 보호의 상징이 되었다. 신화 속 주요 사건으로는 세리포스 섬에서 어머니 다나에와 함께 머물면서 폴리데크테스 왕의 폭정을 끝내기 위해 메두사의 머리로 왕을 돌로 만든 일과, 안드로메다의 약혼자 피네우스와 그의 추종자들이 결혼을 방해하자 메두사의 머리로 그들을 돌로 만들어 싸움을 마무리한 이야기가 포함된다.

이처럼 페르세우스 신화는 굴곡진 운명 앞에서도 신들의 도움과 자신의 용기를 통해 고난을 극복하는 인간 영웅상을 그리고 있으며, 희생과 구원, 사랑과 운명의 중첩된 의미를 통해 고대인들의 세계관과 인간존재의 본질을 반영하고 있다. 제우그마 모자이크에 묘사된 이 신화적 장면은 당시 고대 로마 세계에서 영웅 서사의 위대함과 인간이 직면한 숙명적 상황에 대한 예술적 표현으로서 중요한 의미를 지닌다.

이 모자이크는 "안티오페와 사티로스(Antiope and Satyr)" 장면으로, 그리스 신화의 이색적이고 매혹적인 사랑과 변신, 유혹의 미학이 집약된 사례다. 안티오페는 테베의 공주로, 빼어난 아름다움을 가진 존재였다. 그녀의 이야기는 그리스 신화 중에서도 신과 인간, 본능과 도덕, 힘과 유혹이라는 주제를 복합적으로 아우른다.

신화에 따르면, 올림포스의 주신 제우스는 어느 날 안티오페의 미모와 우아함에 마음을 빼앗긴다. 그리스 신에서는 신들이 자신의 욕망을 실현하기 위해 자유롭게 변신하는 것이 흔했기에, 제우스는 사티로스—즉, 반인반수이자 숲의 정령으로, 쾌락과 황홀경·자연적 본능의 상징—의 형상을 빌려 안티오페에게 접근한다. 사티로스는 스스로를 제어하지 못하는 충동적 존재로 묘사되며, 술의 신 디오니소스의 행렬에 참여하는 인물들 가운데 특히 야성적이고 자유분방한 기운을 대표한다.

제우스가 사티로스로 변해 안티오페에게 다가왔을 때, 그녀는 처음에는 혼란과 두려움, 경계심을 느꼈으나, 곧 신적 존재인 그 기운에 휘말려 결국 사랑에 빠진다. 이들의 만남은 그리스 신화의 전형적 운명 서사, 즉 필연과 우연, 인간 의지와 신적 개입이 교차하는 극적인 순간을 보여준다. 안티오페는 이후 제우스와의 사이에서 쌍둥이를 낳게 되는데, 이 쌍둥이—암피온과 제토스—는 훗날 테베의 성벽을 건설하여 도시의 영웅으로 성장한다.

모자이크에는 두 인물이 나란히 서 있는 장면이 재현되어 있다. 왼쪽의 안티오페는 흘러내리는 우아한 옷자락과 완만한 곡선을 띤 자세로 표현되어, 경계와 유혹, 혹은 본능과 이성의 교차점을 시각적으로 드러낸다. 오른편의 사티로스는 야성적인 표범가죽, 뿔, 그리고 장난기 어린 표정으로 자신의 충동적 본성을 드러내며, 한 손으로 안티오페의 어깨를 붙잡거나 포옹하는 듯한 자세를 취한다. 모자이크의 주위에는 다양한 새들이 둘러싸여 있는데, 이것은 자연과 자유, 본능의 에너지가 넘치는 신화적 공간임을 상징적으로 보여준다.

이 신화에서 안티오페와 사티로스(=제우스)의 만남은 단순한 유혹극이 아닌, 인간의 내면에 잠재된 본능, 두려움, 그리고 변화와 성장의 순간을 상징한다. 안디오페가 겪는 혼란과 두려움은 누구나 살아가며 마주하는 일련의 감정들이다. 그러나 그녀의 궤적은 곧 신성과 인간성의 교차, 새로운 탄생과 공동체적 성취라는 결실로 이어진다.

제우스의 변신과 유혹, 안티오페의 운명적 수용은 고대 그리스인의 삶과 세계관에서도 중요한 가치를 지니며, 모자이크의 사실적 묘사와 고대 예술의 정교함에서 그러한 복합적 메시지는 오늘날까지도 깊은 울림을 남긴다. 이 작품은 인간 내면의 본연과 신비, 자연과 신화, 그리고 예술적 상상력의 정수로, 제우그마 모자이크 예술의 대표적인 문화유산임을 증명한다.

안티오페와 사티로스(Antiope and Satyr) 모자이크화

"에로스와 프시케" 유프라테스 평야의 열매로 둘러싸여 있다.

　에로스와 프시케의 사랑 이야기는 그리스·로마 신화에서 가장 낭만적이고 상징적인 서사로 오랫동안 전해져왔다. 프시케는 인간 세계에서 비할 데 없이 아름다운 공주로, 그녀의 미모는 아프로디테(로마의 비너스)조차 질투할 정도였다. 사람들은 프시케의 아름다움에 빠져 여신을 잊고 그녀를 숭배했다. 아프로디테는 이에 분노해 아들 에로스(큐피드)에게 프시케를 사랑에 빠뜨려 곤욕을 치르게 하라고 명령한다. 하지만 에로스 자신이 프시케의 모습을 보고 첫눈에 사랑에 빠진다.

　프시케는 매혹적으로 아름답지만, 신의 질투로 인해 진정한 사랑을 얻지 못하는 운명이 된다. 그녀의 아버지는 신탁을 받고 딸을 산 정상에 두고 떠난다. 그곳에서 서풍 제피로스가 프시케를 데려가고, 그녀는 화려한 궁전에서 보이지 않는 남편과 함께 살기 시작한다. 밤에만 찾아오는 정체 모를 남편에게 마음을 빼앗긴 프시케는, 가족의 부추김과 자신을 엄습한 의심으로 인해 그 정체를 밝히기 위해 등불을 켜고 그의 얼굴을 들여다본다. 프시케 앞에 나타난 인물은 다름 아닌 사랑의 신 에로스였다. 하지만 등불의 기름 한 방울이 에로스의 몸에 떨어져 그를 깨우고, 실망한 에로스는 프시케를 남겨두고 하늘로 올라가 버린다.

프시케는 사라진 사랑을 되찾기 위해 온갖 고난에 몸을 던진다. 그녀는 아프로디테에게 용서를 구하며, 신의 분노를 사그라들게 하기 위해 네 가지의 시련을 치르게 된다. 밀과 보리, 콩과 팥 등 각종 곡식의 산더미를 섞어 하룻밤 새 정리하기, 위험한 양의 황금 양모를 모으기, 강에서 맑은 물을 받아오기, 그리고 저  승의 여왕 페르세포네에게서 미의 상자를 받아오기 등이 그것이다. 프시케는 각 시련마다 동물들과 신의 자비, 자연의 힘 등 다양한 도움을 받아 난관을 극복한다. 마지막 시련인 저승에 다녀오면서 미의 상자를 열어본 프시케는 깊은 잠에 빠지고 만다.

이때, 에로스가 그녀를 발견하고 진심 어린 사랑과 눈물로 프시케를 깨운다. 에로스는 아프로디테 앞에 나아가 프시케와의 사랑이 진실함을 설득하고, 올림포스의 신들 역시 이들의 사랑을 받아들인다. 최고신 제우스는 프시케에게 신의 영혼을 불어넣어 불멸의 존재로 만들고, 에로스와의 결혼을 허락한다. 두 존재의 결합은 사랑과 영혼의 완전한 합일이 된다.

이 신화는 단순한 연애담을 넘어 인간의 불완전함, 시험과 인내, 그리고 진정한 사랑의 보답이 신적인 승화로 이어진다는 교훈을 담고 있다. 프시케의 이름이 '영혼' 혹은 '숨결'을 의미하듯, 이야기는 인간의 영혼이 사랑을 통해 시련과 고통, 궁극적인 변모와 승화를 겪으며 완성된다는 깊은 함의를 지닌다.

이 이야기는 수많은 예술작품과 문학, 모자이크와 회화, 조각 등에 반복적으로 그려진다. 제우그마 모자이크에 묘사된 에로스와 프시케의 장면은 서로를 바라보는 애틋함, 인간적인 연약함과 신성한 숭고함을 동시에 보여주며, 고대 세계에서 사랑과 영혼의 의미, 그리고 인내 끝에 찾아오는 행복의 이상을 상징적으로 구현한다. 이처럼 에로스와 프시케의 신화는 시대와 경계를 넘어 가장 인간적인 감동과 이상을 전하는 영원한 서사로 남아 있다.

디오니소스와 여신 텔레테, 사티로스 스키르토스 모자이크화

이 모자이크는 뛰어난 고대 로마 시대 예술품으로, 술의 신 디오니소스와 여신 텔레테, 그리고 사티로스 스키르토스의 장면을 묘사하고 있다. 이 작품은 옛 제우그마 도시의 주택이나 빌라 바닥 장식에 쓰였던 것으로, 주인공 세 인물의 개성과 역할이 분명하게 나타나 있다.

중앙에는 디오니소스가 서 있는데, 그는 그리스 신화에서 술, 축제, 광란의 환희를 주관하는 신이다. 포도넝쿨로 만든 월계관을 머리에 두르고 있으며, 특유의 자유롭고 관능적인 자태로 표현되어 있다. 디오니소스의 왼편에는 텔레테가 자리잡고 있는데, 그녀는 의식, 입문, 의례를 상징하는 여신으로, 손에 지팡이나 기물 같은 상징물을 들고 있다. 텔레테는 디오니소스 신앙에서 종교적 제의와 통과의례, 신의 비밀스러운 축제에 참여하는 의미를 맡는다. 오른쪽 인물은 스키르토스라는 사티로스(반인반수의 광란의 신)로, 춤추는 듯 역동적이고 경쾌한 포즈를 취하고 있으며, 나뭇잎 장식과 동물 가죽 등 사티로스 특유의 모습으로 표현되어 있다.

세 인물의 조화로운 배열과 각자의 몸짓, 의상, 상징물이 그리스-로마적 축제의 정신과 의식을 입체적으로 전하며, 화려하고 세밀한 색채의 테셀라 기법은 고대 제우그마 상류층의 문화적 취향과 종교적 믿음을 잘 보여준다. 이 모자이크는 신화 속 장면뿐 아니라, 디오니소스 신앙에서 중요한 의미를 차지했던 축제와 의식, 집단적 기쁨과 자연적 본능의 해방을 예술적으로 극대화해, 고대 사람들의 삶과 신화가 어떻게 하나가 되었는지 생생하게 증언한다.

포세이돈은 고대 그리스 신화에서 바다, 지진, 말의 신으로, 올림포스의 12신 중 하나로 숭배됐다. 그는 제우스와 하데스의 형제로, 크로노스와 레아 사이에서 태어났다. 세상을 나눌 때 제우스는 하늘, 하데스는 지하, 포세이돈은 바다를 다스리는 운명을 가지게 되었다. 포세이돈은 트라이던트(삼지창)을 휘두르며, 폭풍과 지진, 해일을 일으키는 무서운 힘을 지녔지만, 동시에 어부·항해자·말 키우는 이들에게 은혜를 베푸는 수호신으로도 사랑받았다.

신화에서 포세이돈은 거칠고 고집이 센 성격으로 유명했으며, 올림포스 신 중에서도 인간 세상에 가장 자주 개입한 신이었다. 그가 등장하는 주요 서사 중 하나는 바다의 여신 암피트리테와의 결혼 이야기다. 암피트리테는 네레우스와 도리스 사이에서 태어난 네레이드(바다 님프) 중 한 명으로, 고귀하고 아름다운 자태로 고대 그리스 바다의 여신상, 바다의 어머니를 대표한다.

포세이돈은 이른바 '바다의 아내'를 찾던 중 암피트리테의 미모에 반해 구혼을 시작한다. 암피트리테는 처음에는 이 괴팍한 신의 바람을 피하려 도망쳤지만, 돌고래가 그녀를 설득해 포세이돈에게 데려온다. 포세이돈은 돌고래를 크게 예찬해 이후 돌고래를 자신의 상징동물 중 하나로 삼았다. 두 신의 결혼은 바다의 평화와 번영, 신적 질서의 상징이 되었으며, 암피트리테는 모든 바다생명의 어머니, 해양의 풍요와 조화를 관장하는 신적 여신으로 그려진다.

포세이돈과 암피트리테는 많은 자녀를 낳았다. 대표적으로 바다 거인 트리톤, 바다의 님프들, 그리고 때로는 무서운 괴물들이 이들의 후손으로 전해진다. 트리톤은 포세이돈과 암피트리테의 아들로, 하반신이 물고기 형태인 해양의 거신이다. 그는 조용한 물살, 해양의 평화를 상징하는 존재로, 종종 조개껍질 나팔을 부는 모습으로 묘사된다. 고대 바다의 신화와 예술에서는 이런 신들과 생명들이 돌고래, 바닷말, 무수한 해양 동물과 함께 등장해, 바다의 무한한 풍요와 신비, 두려움과 위로를 동시에 상징했다.

포세이돈 신화에서 암피트리테와의 결혼은 바다세계를 질서정연하게 조직하고, 인간과 신, 자연의 경계를 융합하는 역할을 한다. 포세이돈의 힘은 폭풍과 해일처럼 파괴적이지만, 암피트리테와의 결합 이후에는 한층 온화한 측면—항해자 보살핌, 바다생물의 출산, 해양의 평화—역시 중요한 상징이 된다. 고대 튀르키예 연안과 에게 해, 지중해 풍경 속에서 포세이돈 부부는 항해자·어부·도시민 모두가 숭배하는 자연력의 신 그 자체였다.

예술에서는 포세이돈이 삼지창을 들고, 암피트리테는 채색 망토와 조개껍질 또는 바닷말과 함께 등장하는 장면이 대표적이며, 그들 주변에 바다 괴물, 돌고래, 트리톤 등 다양한 해양 생명이 조화를 이루는 묘사가 흔하다. 이런 모자이크와 조각 작품들은 수영장, 목욕탕, 빌라의 바닥 등에 장식되어, 바다의 위엄과 풍요, 신화적 세계관을 당대 사람들에게 가르치고, 일상 속 경외심과 미적 즐거움을 동시에 선사했다.

튀르키예의 제우그마 모자이크 박물관에서 보존된 바다 신 관련 유물들 역시, 포세이돈과 암피트리테의 결합, 주위 바다생물들의 생명력과 조화, 신화적 서사가 응축된 고대 예술의 정수라고 할 수 있다. 이 작품들은 신화적 생명력, 자연과 인간의 조화, 그리고 바다의 신성함을 오늘날까지도 생생히 전하며, 고대인들의 풍요와 삶, 미적 감수성을 깊이 있게 보여준다. 포세이돈은 고대 그리스 신화에서 바다와 지신, 말의 신이자 올림포스 12신 중 하나로, 튀르키예 지역에서도 해양의 힘과 풍요를 대표하는 인물로 중요하게 여겨졌다. 그는 삼지창을 손에 든 늠름한 모습으로 묘사되며, 때로는 거센 바람과 파도를 일으키거나, 말과 바다생물을 창조해내는 신적 힘을 발휘했다. 포세이돈의 아내 암피트리테는 해양의 님프 네레이드 가운데 하나로, 아름다운 자태와 온화한 기품, 모든 바다 생명과 자연의 순환을 상징했다.

전승에 따르면 포세이돈은 암피트리테의 미모와 덕성에 마음을 빼앗기고, 그녀에게 구혼한다. 암피트리테는 처음 이 신의 열렬한 구애를 피해 도망쳤으나, 돌고래의 중재로 포세이돈에게 돌아오게 된다. 둘의 결합이 이뤄지자, 포세이돈은 돌고래를 영원한 친구이자 조력자로 삼았고, 암피트리테 역시 바다의 여왕으로 모든 해양 님프들과 바다생명의 어머니가 된다.

포세이돈과 암피트리테는 다양한 신화적 자녀를 두었으며, 대표적으로 바다의 사자 트리톤이 있다. 트리톤은 하반신이 물고기, 상반신이 인간으로, 바다의 나팔을 불며 조용한 물살과 평화를 상징한다. 또, 포세이돈의 힘으로 바다 괴물과 다양한 해양 동물, 돌고래와 바닷말 등 수많은 존재들이 태어났다고 전해진다.

이들의 이야기는 바다의 위엄과 두려움, 자연의 풍요와 치유, 그리고 질서와 평화까지 아우르는 신화적 의미를 담고 있다. 포세이돈이 폭풍과 지진, 항해자와 어부의 도전을 상징한다면, 암피트리테는 바다의 풍요, 항구의 평화, 부드러운 순환을 상징한다. 고대 튀르키예 연안에서 바다와 바람, 신적 존재들의 균형과 조화를 통해 공동체의 번영, 항해의 안전, 자연력의 신비를 느꼈던 모습이 그대로 반영되어 있다.

예술과 모자이크에는 포세이돈이 삼지창과 말, 바다생물과 함께, 암피트리테는 조개껍질 모자나 해양 님프들, 다양한 해양 동물과 어우러진 모습으로 묘사된다. 빌라의 바닥, 수영장, 목욕탕 등 사회의 중심 공간을 장식하며, 신화적 힘과 자연의 경이를 일상 속에서 경외하는 중요한 예술 유산으로 남았다. 튀르키예 제우그마 모자이크 유물은 이러한 포세이돈과 암피트리테 신화의 생동감, 바다의 풍요와 삶의 신비를 생생히 보여주는 역사의 증거다.

술과 축제의 신 디오니소스(Dionysus)와 그 의례를 상징하는 인물들이 함께 등장한다. 화면에는 왼편의 여성 인물과 오른편의 남성 인물이 나란히 서 있는데, 여성은 수직으로 든 원반(**탬버린이나 상징물**)에 덩굴 장식이 얽힌 손짓을 하고 있으며, 남성은 동물 가죽(**표범가죽 등**)과 지팡이, 덩굴관 등으로 자신의 신성한 정체성을 드러낸다.

여성 인물은 의례와 제의를 의미하는 여신 텔레테(Telete)로 해석된다. 텔레테는 디오니소스 신앙에서 숭배와 제의, 축제 통과의례 등 신성한 참여를 상징하는 존재로, 축제와 환희·변화의 신화적 의미를 반영한다. 남성은 사티로스로 보이며, 고대 그리스 신화에서 디오니소스의 추종자인 반인반수 신 스키르토스(Skytros)로 해석된다. 사티로스들은 짐승의 귀와 꼬리를 가진 존재로, 음악, 춤, 환희, 본능에 의한 삶을 상징하며, 디오니소스의 활기찬 행렬을 이끄는 역할을 했다. 모자이크에 보이는 "ANTIOH"와 "CATY"는 그림 속 인물들의 이름이나 상징적 내용을 나타내는 고대 그리스어 또는 라틴어 표기일 가능성이 있다. 이 작품은 특유의 선명한 색채와 섬세한 인체 묘사, 인물 간의 역동적 교감 표현 등에서 제우그마 모자이크 예술의 특징을 여실히 담고 있다. 결과적으로, 이 모자이크는 술의 신 디오니소스, 의례의 여신 텔레테, 그리고 삶의 환희를 대표하는 사티로스를 통해 고대 로마 사회의 축제와 참례의 상징, 신화적 신앙세계와 그 미적 감수성을 동시에 전해준다. 고대 신앙과 예술, 그리고 인간 본능의 해방을 향한 상상력이 우아하게 융합된 유물이라 할 수 있다.

디오니소스(Dionysus)와 텔레테(Telete)여신 모자이크화

갈라테이아(Galatea) 모자이크화

갈라테이아(Galatea)는 고대 그리스 신화에 등장하는 바다의 요정, 즉 네레우스와 도리스 사이에서 태어난 50명의 네레이스(Nereids) 가운데 한 명으로 널리 알려져 있다. 갈라테이아의 이름은 그리스어로 '우윳빛'을 의미하며, 그녀가 가진 맑고 투명한 미모와 순수함을 상징적으로 드러낸다. 그녀의 신화는 바다, 사랑, 질투, 비극, 그리고 인간적인 감수성을 아우르며 고대인들에게 오랫동안 사랑받아왔다.

갈라테이아와 관련한 대표적인 신화는 키클롭스 폴리페모스(Polyphemus), 그리고 젊고 잘생긴 목동 악시스(Acis)와의 삼각관계로 전해진다. 이 신화에 따르면, 갈라테이아는 시칠리아 근해 바닷가에서 살며, 자유롭고 아름다운 삶을 누렸다. 그녀를 사랑한 이가 있었으니, 바로 외눈박이 키클롭스 폴리페모스였다. 폴리페모스는 거대한 사나운 외모와 달리 어린아

이처럼 순수하게 갈라테이아를 사랑했고, 그녀를 위해 사랑의 노래를 짓고 바위 위에서 수없이 부르곤 했다. 하지만 갈라테이아의 마음은 폴리페모스가 아니라, 시칠리아 해안의 젊고 용모가 아름다운 인간 목동 악시스에게 향해 있었다.

두 사람은 몰래 만남을 가지며 순수하고 열정적인 사랑을 나눴다. 그러나 질투심에 휩싸인 폴리페모스는 우연히 두 연인을 목격하고, 질투와 분노에 눈이 멀어 바위를 들어 올려 악시스를 내리쳤다. 순식간에 악시스는 목숨을 잃고 만다. 갈라테이아는 사랑하는 이를 잃고 깊은 슬픔과 절망에 빠지지만, 자신의 신적 능력을 이용해 악시스를 맑은 시칠리아의 시냇물, 곧 '악시스 강'으로 변화시킨다. 그렇게 함으로써 그녀는 영원히 자신의 곁에서 흐르는 강이 되게 하였다.

이 신화는 갈라테이아가 육지와 바다, 신과 인간, 사랑과 죽음 사이에 놓인 존재임을 보여준다. 그녀는 대자연의 힘과 아름다움, 동시에 인간적인 연민과 슬픔을 모두 간직한 요정이다. 폴리페모스의 사랑과 그로 인한 비극, 갈라테이아의 변신은 인간의 욕망과 질투, 사랑의 비극, 그리고 그에 따른 영원한 변모와 치유라는 보편적 주제를 담고 있다. 갈라테이아의 이야기는 신화적 상상력뿐 아니라, 예술과 문학, 모자이크와 조각, 회화의 단골 소재로도 자리했다.

예술 속 갈라테이아는 종종 신화적 바다 괴물이나 상상의 해양 동물을 타고 우아하게 바다 위를 떠다니는 모습으로 그려진다. 바로 이 장면이 튀르키예 튀르키예 가지안테프 제우그마 모자이크 박물관의 갈라테이아 모자이크에서도 표현되어 있다. 그녀는 야수와 같은 바다표범이나 바다 호랑이 같은 신화적 생명체에 앉아, 물결과 바람, 알 수 없는 신비에 몸을 맡긴 채 환상적으로 묘사된다.

이처럼 갈라테이아는 순수한 인간적 사랑을 갈구하지만, 결코 그 운명을 온전히 쥘 수 없는 신적 존재로서, 슬픔과 구원, 아름다움과 고뇌의 서사를 상징한다. 네레이드의 한 명으로서 그녀는 고대인들에게 바다의 평화와 풍요, 동시에 예기치 못한 운명의 파고를 묵묵히 받아들이는 존재로 사랑받았다. 갈라테이아를 둘러싼 신화의 서사와 그 예술적 표현은 오늘날까지도 사랑과 상실, 변화와 자연의 경이를 노래하는 영원한 이야기로 남아 있다.

디오니소스가 전차에 올라 포범에 의해 인도되며, 니케가 이 행진에 승리의 오라를 부여하고, 마에나드가 심벌즈를 울리며 춤추는 모습을 담았다

    디오니소스(Dionysos)는 고대 그리스 로마 신화 속에서 포도주와 축제, 황홀경과 신비로운 광란을 주관하는 신으로, 인간 본능의 자유와 해방, 집단적 환희의 정수를 상징한다. 그는 제우스와 테바이 공주 세멜레의 아들로 태어났으며, 어릴 때부터 시련을 극복하고 자신의 신성을 입증한 뒤, 포도주와 풍요, 예술, 극장의 문화를 인간 세계에 가져온 신화적 주인공이다. 디오니소스는 어디를 가든 늘 마에나드와 사티로스, 그리고 온갖 자연의 존재들이 뒤따랐으며, 세계 각지에서 축제와 예배, 황홀경 의식을 이끌었다. 그의 상징물은 포도넝쿨 화관, 티르소스(Thyrsos, 솔방울 지팡이), 표범가죽이 대표적이다. 디오니소스의 등장은 세계에 생명과 변화, 자유와 초월, 인간 감정의 해방을 가져오는 사건으로 받아들여졌다.

    디오니소스 신화가 보여주는 가장 중요한 요소 중 하나는 인간 본능과 사회적 질서의 충

돌, 그리고 그 갈등이 집단적 의식과 예술, 축제의 형태로 승화된다는 점이다. 그의 신화에는 끝없는 이동과 변형, 자연과 문명의 경계 해체가 반복된다. 미성년 시절부터 헤라의 질투와 박해를 받아 숨어 살아야 했고, 인도와 그리스, 트라키아 등지를 떠돌며 신앙 공동체와 카니발 축제를 확산시켰다. 인간과 신, 남성과 여성, 삶과 죽음의 이중성을 동시에 내포하는 신으로서, 그는 그리스·로마 문화에서 '엑스터시'(ekstasis, 황홀경)와 '카타르시스'의 체험을 대표한다.

니케(Nike)는 디오니소스 옆에 묘사된 승리의 여신이다. 고대 그리스 신화에서 니케는 오히려 전쟁의 신 아테나, 제우스 등과 밀접하게 연결되어 있는 존재로, 날개 달린 모습으로 종종 표현된다. 그러나 모자이크에서는 전차를 모는 포범들을 이끄는 모습으로 즉, 신비한 축제와 승리의 행진을 상징적으로 구현한다. 니케는 인간과 신의 역사에서 '승리' 자체의 의인화이며, 전사(戰士)와 예술가, 주인공 모두에게 영광과 영원한 명예를 부여하는 존재로 여겨졌다. 디오니소스와 함께 등장할 때, 그녀는 쾌락과 해방, 환희와 성취, 그리고 의식과 축제의 종결에 부여되는 승리의 기쁨을 대변한다.

마에나드(Maenad, 바크케/Bakche)는 디오니소스의 신앙 집단, 그의 여성 추종자들을 지칭하는 말로, 그리스 신화에서 본능적 격정과 황홀경, 초월적 열정의 진수를 상징한다. 마에나드들은 숲과 들판에서 사티로스와 함께 춤추고 노래하며 축제와 의례, 신비적 체험을 이끌었다. 그들은 신의 힘에 사로잡혀 신들린 이성을 벗어던지고 일시적으로 경계를 넘어, 인간적 한계와 사회적 질서를 일탈한다. 그 과정에서 마에나드들이 보여주는 춤, 집단적 환희, 그리고 때로는 광적인 (동물들의) 해체 의식 등은 인간 존재의 양면성과 숭고한 해방의 에너지를 노래한다. 그리스 비극 '바크케(Bacchae)'에서는 이들의 모습이 강력하게 그려지며, 디오니소스 신앙의 해방적·신비적 측면이 집약된다.

세 신화적 존재의 서사는 모두 경계의 해체, 자유로운 감정의 표현, 집단적 황홀경을 통해 새로운 질서와 기쁨, 내적 승화에 이르는 길을 제시한다. 제우그마 모자이크의 묘사는 디오니소스가 전차에 올라 포범에 의해 인도되며, 니케가 이 행진에 승리의 오라를 부여하고, 마에나드가 심벌즈를 울리며 춤추는 모습을 담았다. 축제의 신적 승리, 해방의 기쁨, 진정한 삶의 환희가 고대 예술의 감각과 상상력으로 현현된 이 장면은, 오늘날에도 인간 삶의 본질, 카타르시스와 환희, 그리고 정신적 승화의 상징으로 남아 있다.

제우그마 모자이크 박물관에 소장된 '다이달로스, 이카로스, 파시파에' 모자이크는 그리스 신화의 발명가 다이달로스와 그의 아들 이카로스, 그리고 크레타 왕비 파시파에의 운명적이고 비극적인 이야기를 한 화면에 응축한 수작이다. 이 신화의 시작은 크레타 섬의 왕 미노스, 그의 아내 파시파에, 그리고 명장 다이달로스에서 비롯된다.

파시파에는 바다의 신 포세이돈이 보낸 하얀 황소에 반해 사랑에 빠지는 신적인 계시를 받는다. 그녀는 이 사랑에서 태어난 미노타우로스—머리는 황소이고 몸은 인간인 괴물—를 낳게 되며, 이 전대미문의 사건을 감추고자 미노스 왕은 장인 다이달로스에게 미로(라비린토스)를 만들게 한다. 미로는 미노타우로스를 가두기 위한 복잡한 궁전으로, 누구든 들어가면 빠져나올 수 없는 구조였다.

다이달로스는 뛰어난 재능으로 크레타에서 많은 예술적·기술적 업적을 이루었으나, 이 미로의 비밀을 테세우스에게 알려주었다는 이유로 미노스의 분노를 사, 아들 이카로스와 함께 미로에 유폐당한다. 이곳에서의 탈출은 절망적으로 보였으나, 다이달로스는 창의력을 발휘해 깃털과 밀랍으로 날개를 만들어 자신과 아들에게 달아준다. 그는 아들에게 바다나 태양에 너무 가까이 가지 말 것을 신신당부한다.

이카로스는 하늘로 날아오르는 자유와 환희에 도취된다. 그러나 인간의 경계와 한계, 아버지의 경고를 잊고 태양 쪽으로 높이 날아 오른다. 뜨거운 태양열에 밀랍이 녹아 깃털이 풀리고, 이카로스는 따라잡을 수 없는 자유를 향한 비행 끝에 바다로 추락해 생을 마감한다. 이 비극은 인간의 오만과 한계, 그리고 경고를 무시한 결과를 상징적으로 보여준다.

이 모자이크에는 이 밖에도 파시파에 옆의 황소(미노타우로스의 출생을 암시), 다이달로스의 날개 제작 장면, 그리고 다양한 등장인물의 이름이 그리스어로 표기돼 각각의 신화 속 역할을 짐작하게 한다. 파이다(ΦΑΙΔΑ)는 왼쪽에 앉아 있는 여성, 트로포스(ΤΡΟΦΟΣ)는 중간의 노인 보호자, 델로스(ΔΕΛΛΟΣ)는 오른쪽에 서 있으면서, 에이카리오스(ΕΙΚΑΡΙΟΣ)는 포도주 전승과 관련된 남성 인물로 그려져 있다. 이처럼 각 인물은 신화적 맥락에서 상징성을 지니며, 당대 일상과 연결된다.

이 모자이크는 단순한 도상(圖像)을 넘어 인간의 욕망, 경계와 교훈, 창조와 파멸, 그리고 영원한 기억과 후회를 예술적으로 압축한 작품이다. 이카로스의 비행과 추락은 인간의 꿈과 그 한계, 경고의 의미와 동시에 날아오름(창조)과 추락(비극)이라는 고전적 대비를 웅변한다. 파시파에의 사연과 미노타우로스, 다이달로스의 창조정신, 그리고 이카로스의 비극적 자유 추구가 한 장면 안에 긴장감 넘치게 공존한다. 제우그마 모자이크는 고대 세계의 신화적 상상력과 삶의 교훈, 그리고 인간됨의 본질을 탁월하게 보여주는 예술 유산이다.

피라트 셀레우케이아 파시파이 여왕, 다이다로스, 이카로스 모자이크화

이 작품은 고대 도시 제우그마에서 발견된 모자이크로, '스키로스의 아킬레우스(Achilles on Skyros)' 신화를 묘사하고 있다. 배경은 소년 영웅 아킬레우스의 숨겨진 정체와 관련된 흥미로운 에피소드다. 그의 어머니 테티스는 예언을 통해 아들이 트로이 전쟁에 나가면 죽게 될 운명임을 알게 된다. 이에 테티스는 아들을 전장으로부터 멀리 보내고자, 그를 여장시켜 스키로스 섬의 왕, 리코메데스의 궁전으로 숨긴다. 아킬레우스는 그곳에서 왕의 여러 딸들과 함께 여성으로 생활하며 자신의 정체를 숨기고 평화로운 나날을 보낸다.

그러나 그리스군의 군주 오디세우스는 아킬레우스 없이는 전쟁에서 승리할 수 없다는 예언을 듣고, 그가 어디에 숨어있는지 수소문한 끝에 스키로스 섬에 있다는 사실을 알게 된다. 오디세우스는 아킬레우스를 찾아내기 위해 계략을 세운다. 그는 상인으로 위장해 왕궁의 처소를 방문한 뒤, 여러 여성용품들 사이에 무기를 일부러 섞어 배치한다. 그러고는 갑자기 나팔을 불어 전쟁의 위급함을 알린다. 다른 소녀들은 놀라 도망치거나 두려워하지만, 아킬레우스만은 본능적으로 칼과 방패를 집어든다. 이 순간을 포착한 오디세우스는 그의 정체를 폭로하고, 아킬레우스는 결국 트로이 전쟁에 나서게 된다.

이 모자이크는 바로 그 결정적 장면을 생생하고 극적으로 묘사하고 있다. 중심에 선 젊은 이가 바로 여성 복장을 한 아킬레우스다. 그는 무기를 집으려 움직이는 순간으로, 주위의 여성들은 놀라움과 당혹스러움을 감추지 못한다. 한편, 왼편의 남성은 오디세우스로, 주의 깊

오디세우스가 숨은 아킬레우스의 발견하고 설득하여 트로이 전쟁으로 아킬레우스를 참전케하는 모자이크화

게 상황을 관찰하며 방패를 든 아킬레우스를 응시하고 있다. 왕궁의 고전적 기둥들과 출입문, 그리고 화려한 옷이 시대적 분위기를 뚜렷이 전한다. 이 장면은 운명에서 벗어나려 했던 어머니의 사랑, 자신의 정체성 자각, 전쟁과 선택의 갈림길에 선 영웅의 인간적인 순간이 겹쳐져 있다.

  제우그마 모자이크의 이 신화적 표현은 고대인들에게 용기와 운명의 불가피함, 그리고 인간의 본성을 되짚게 했을 것이다. 아킬레우스의 선택은 신화 속 영웅의 본질과, '운명에서 벗어날 수 없는 인간'이라는 메시지를 오늘날 우리에게도 전달해준다. 모자이크의 인물들과 그들의 움직임, 주변의 세밀한 묘사는 이 이야기를 한층 입체적이고 생동감 있게 만들어준다.

크레타의 공주 아리아드네와 디오니소스의 이야기를 담은 모자이크화

크레타의 공주 아리아드네와 디오니소스의 이야기는 그리스 신화에서 사랑, 상실, 구원의 상징으로 자주 인용된다. 아리아드네는 크레타섬의 왕 미노스와 왕비 파시파에의 딸로 태어난다. 그녀의 운명은 테세우스, 그리고 나중에 신 디오니소스와 얽히며 특별한 신화적 여정을 펼치게 된다.

아리아드네의 삶에서 가장 유명한 사건은 크레타의 미궁에서 벌어진다. 미노스 왕은 그리스 각지로부터 바친 남녀들을 미궁에 가두고, 무서운 괴물 미노타우로스의 제물로 바치고 있었다. 아리아드네는 아테네의 영웅 테세우스를 사랑하게 되어, 그가 미궁에서 미노타우로스를 죽이고 무사히 탈출할 수 있도록 실타래를 건네준다. 그녀의 도움으로 테세우스는 괴물을 처치하고 미궁을 빠져나온다.

테세우스와 아리아드네는 크레타를 탈출해 같이 도망친다. 그러나 이들의 사랑에는 시련이 기다리고 있었다. 나크소스 섬에 머물던 중, 테세우스는 신들의 계시에 따라 아리아드네를 홀로 남기고 떠난다. 깊은 배신감과 슬픔에 빠진 아리아드네는 섬에 홀로 남겨진다. 하지만 그녀의 인생은 이별로 끝나지 않는다.

디오니소스, 포도주와 축제의 신은 나크소스 섬을 지나다가 아리아드네를 발견한다. 그는 그녀에게 첫눈에 반해 그녀를 위로하고 사랑에 빠진다. 두 사람은 곧 결혼하며 신혼여행을 즐기게 된다. 디오니소스는 그녀를 곁에 두고, 깊은 애정과 충성을 맹세한다. 그들의 결혼은 신과 인간의 결합이라는 점에서 신화적 상상력을 자극한다.

디오니소스는 사랑의 증표로 아리아드네에게 황금 왕관을 선물한다. 이 왕관은 나중에 밤하늘의 별자리인 '아리아드네의 관(Corona Borealis)'이 된다. 이러한 전설은 인간의 고통을 신적인 사랑과 영원으로 승화시킨 서사로, 아리아드네는 신들과 동등한 존재로 거듭나게 된다.

아리아드네의 이야기는 단순한 비극적 이별이 아닌, 새로운 구원과 영원의 상징으로 마무리된다. 그녀는 테세우스에게 받았던 상처를 딛고, 신 디오니소스의 사랑 속에서 영원한 삶과 존귀함을 얻는다. 이 신화는 인간의 운명, 이별과 재회, 사랑의 힘이 어떻게 삶을 변화시킬 수 있는지 웅장하게 그려낸다. 오늘날까지도 이 이야기는 모자이크, 벽화, 문학 등 다양한 예술 작품의 주제로 남아 그리스-로마 시대의 사랑과 신의 결합이 지닌 의미를 새롭게 해석하도록 돕고 있다.

'메티오코스와 파르테노페' 모자이크화

'메티오코스와 파르테노페' 모자이크는 2세기에서 3세기경, 로마 제국의 전성기에 만들어진 작품이다. 이 모자이크는 튀르키예 가지안테프 근처 고대 도시 제우그마의 한 로마 빌라에서 발견되었다. 당시 제우그마는 로마 제국 동부 국경의 요충지로, 다양한 문화와 예술이 융합된 도시였다. 유프라테스강의 풍부한 수자원 덕분에 번창했던 이 도시는, 후대에 댐 건설로 수몰 위기를 겪으면서도 대규모 고고학 발굴로 다채로운 유물들이 다시 세상에 나오게 되었다. 현재 이 모자이크는 제우그마 모자이크 박물관에서 많은 관람객들의 사랑을 받고 있다.

이 모자이크는 고대 그리스 로맨스 소설에 등장하는 인물인 메티오코스와 파르테노페의 이야기를 시각적으로 그려낸다. 메티오코스는 아름다운 파르테노페를 열렬히 사랑했으나, 파르테노페는 자신의 순결을 지키겠다는 의지를 나타내며 메티오코스의 구애를 뿌리치고 도망친다. 그 과정에서 메티오코스의 절절한 사랑은 이뤄지지 못하고, 아프로디테에 의해 변형되는 운명을 맞게 된다. 이 이야기는 고대 그리스·로마 신화와 전설이 지닌 사랑, 순결, 거절, 변신의 테마를 압축적으로 담고 있다.

작품의 예술적 특징도 주목할 만하다. 이 모자이크는 당시의 최신 원근법과 음영법, 그리고 다양한 색조의 돌 조각(테세라)이 어우러져 매우 섬세한 표현력을 보여준다. 등장인물의 표정, 옷의 질감, 공간의 깊이를 치밀하게 조각해낸 점에서, 당시 로마 장인들의 탁월한 기술과 감각이 잘 드러난다. 특히 모자이크 조각의 밀도가 높아 인물과 배경이 더욱 생생하게 전달된다.

'메티오코스와 파르테노페' 모자이크는 고대 로마 도시의 문화적 풍요로움과 인간의 본질적인 감정, 그리고 예술적 정교함이 한데 어우러진 작품이다. 이러한 유산은 오늘날까지 중요한 학술적·문화적 가치를 지니며, 제우그마 모자이크 박물관에서도 반드시 주목해야 할 대표 전시물로 자리매김하고 있다.

제우그마 모자이크 박물관에 소장된 '디오니소스와 아리아드네의 결혼' 모자이크는 고대 로마 시대의 화려한 예술성과 신화적 상상력을 동시에 보여주는 중요한 유물이다. 이 작품은 술의 신 디오니소스와 크레타의 공주 아리아드네의 결혼 장면을 묘사하고 있다. 아리아드네는 본래 미노타우로스를 물리치려는 테세우스를 도와 큰 역할을 한다. 그러나 그녀는 테세우스에게 버림받고, 외로운 채로 낙소스 섬에 남게 된다.

아리아드네의 슬픔을 본 디오니소스는 그녀를 따뜻하게 위로하며 사랑에 빠진다. 디오니소스는 아리아드네를 자신의 아내로 맞아들이고, 그 결혼으로 아리아드네는 다시 한 번 삶의 기쁨과 영예를 얻게 된다. 이 이야기는 절망적인 순간에 새로운 희망이 피어나는 신화적 구조를 보여준다.

이 모자이크는 실제로 결혼식 순간의 일부를 섬세하게 포착하고 있다. 고대 제우그마 지역의 로마 빌라에는 이러한 모자이크가 바닥이나 벽을 장식하며, 당시 생활 공간의 품격과 예술적 수준을 드러내 준다. 신화적 주제가 일상 공간에까지 스며든 이 모자이크는, 오늘날까지도 감상자에게 깊은 인상과 상상의 영감을 주고 있다.

Dionysos와 Ariadne의 결혼식

이 모자이크화는 고대 로마 시대의 유물로, 신화적 혹은 연극적 장면을 극적으로 표현해 낸 예술작품이다. 화면 중앙에는 커다란 제단이 놓여 있고, 이를 중심으로 고전적인 의상을 차려입은 인물들이 조화를 이루며 배치된다. 이 중에는 판토마임 배우의 마스크를 쓴 테오노에(Theonoe)로 추정되는 인물도 포함되어 있어, 작품이 단순히 신화를 재현한 것을 넘어 고대 연극의 한 장면을 생생하게 담으려 한 의도가 엿보인다. 인물들의 옷차림, 손의 제스처, 물건을 드는 방식 등 모든 세부묘사는 고대 로마 모자이크 예술의 세밀한 테크닉과 뛰어

판토마임 배우 마스크를 쓴 테오노에(Theonoe) 모자이크화

난 색채운용 능력을 보여준다.

특히 모자이크 하단에 그려진 나선형 무늬의 장식 테두리는 작품의 전체적인 조화를 더욱 돋보이게 하며, 단순한 실내장식의 기능을 넘어, 당시 사회에서 모자이크 예술이 지녔던 높은 위상을 상기시켜 준다. 고대 로마 귀족들의 주거지였던 제우그마 도시의 빌라 바닥 혹은 벽면을 수놓았던 이 모자이크는, 생활 공간마저도 예술적으로 승화시킨 그 시대 사람들의 미적 감수성과 신화적 상상력을 잘 보여준다.

이 모자이크는 고대 그리스 사회에서 행해지던 신성한 제례나 의식을 테마로 선정하였다. 신과 인간이 교감하는 의례적 순간을 다양한 상징과 복식으로 담아냈다. 제단에 가까이 선 인물의 손에는 제물 용기나 제례용 도구가 들려 있고, 고대 엽서와도 같은 섬세함으로 배경에는 건축물의 기둥과 장식 요소들이 묘사되어 있다. 이로써 작품은 종교와 의식, 권력, 신성함이 뒤섞여 있던 그리스·로마 시대의 사회상을 집약적으로 드러낸다. 특히, 인물들의 모습에서는 권위를 상징하는 자세와 함께, 각 인물 주변에 남겨진 그리스어 해석이 가능한 명문들이 발견되어, 단순한 미술작품이 아닌 신분 표식 혹은 가족, 인물 소개의 기능까지 수행했음을 짐작하게 한다.

일례로 "헬린테스(Helintes)" 또는 "카리넥스 칼릭세네(Klines Kallixene)"와 같은 이름이 모자이크 위에 새겨져 있는데, 이는 인물의 명칭이거나, 헌정의 목적일 수 있음을 시사한다. 또 다른 텍스트는 해석이 완전하지 않지만, 소유자명이나 손상된 구절일 가능성이 크다. 이렇듯 각 인물 위에 쓰인 명문들은 작품의 해석을 풍부하게 만들고, 고대 모자이크가 단순 미술이 아니라 사회적·문화적 정보를 전달하는 매개체였음을 여실히 보여준다.

모자이크에 사용된 색상 역시 감탄을 자아낸다. 다양한 톤의 갈색, 베이지, 황토, 옅은 붉은색 및 주름진 드레스 등은 당시 장인들이 얼마나 세심하게 재료를 조합하고 배색했는지 알 수 있게 한다. 인물들은 경건하고 우아한 자세로 각기 다른 역할을 수행하고 있으며, 이는 작품 전체에 정적이고 숭고한 분위기를 부여한다.

이 모자이크는 단순한 장식품이 아닌, 고전적이거나 가족적인 배경에서 진행된 성스러운 의식 장면을 재현한 미술사적 자료이자, 고대 로마인의 생활과 정신세계, 예술적 안목을 후대에 생생하게 전달하는 귀중한 유산으로 자리 잡았다. 시대를 뛰어넘는 화려함과 치밀함으로, 오늘날에도 감상자에게 고대 세계의 깊은 의미와 아름다움을 전해준다.

'아크라토스와 에우프로시네' 모자이크화

 유프라테스 강변의 고대 도시 제우그마에서 출토되어 현재 튀르키예 가지안테프 제우그마 모자이크 박물관에 소장된 '아크라토스와 에우프로시네' 모자이크는, 고대 로마 시대의 풍요로웠던 생활상을 상징적으로 보여주는 대표작 중 하나다. 이 작품은 섬세하지만 힘 있는 선과 고전적인 문양, 그리고 부드러운 분위기를 통해 연회와 축제의 현장을 생생하게 전한다. 화면의 중심에는 왼쪽에 남성 아크라토스, 오른쪽에 여성 에우프로시네가 각각 소파에 느긋하게 기댄 자세로 묘사되어 있다.

아크라토스는 그리스어로 '혼합하지 않은 순수한 와인'을 의미하며, 술의 신 디오니소스와 깊은 관련이 있는 인물이다. 그는 손에 와인 잔을 들고 여유롭게 앉아 있는데, 이러한 모습은 고대 연회의 풍경에서 흔히 볼 수 있는 장면이다. 반대편의 에우프로시네는 그리스 신화의 삼미신(Charites) 가운데 한 명으로, 환희와 기쁨을 상징한다. 아름다운 미소와 우아한 몸짓으로 묘사된 그녀는 아프로디테의 시녀이자, 연회장의 즐거움을 더해주던 존재로 알려져 있다. 이 모자이크에서는 두 존재가 서로 향해 잔을 기울이며 유쾌한 대화를 나누는 듯한 친밀한 분위기가 느껴진다.

작품은 단지 두 인물의 만남을 보여주는 것을 넘어서, 고대 로마의 일상 속에서 술과 노래, 그리고 사교가 얼마나 중요한 의미를 지녔는지 잘 표현하고 있다. 와인 크레이터(음료를 섞는 그릇)와 같은 연회 도구, 우거진 나무와 부드러운 천 등 주변의 세부묘사 역시 삶의 풍요와 기쁨을 상징한다. 제우그마의 귀족들은 이런 축제와 연회의 장면을 집안의 바닥이나 벽에 모자이크로 장식하며, 이를 통해 자신의 부와 품위를 드러내고자 했음을 알 수 있다.

한편, 모자이크의 가장자리에는 전통적인 고대 그리스-로마식 기하학적 무늬가 둘러져 있어 작품의 전체적인 균형과 품격을 높여준다. 세밀하게 짜여진 패턴은 당시 장인들의 숙련된 손길과 심미안, 그리고 장식 예술에 대한 높은 이해를 보여준다. 색상은 검은색과 흰색, 그리고 은은하게 배합된 그레이톤 위주로 절제되어 있지만, 그 속에서도 상당한 깊이와 삶의 온기가 감지된다.

이렇듯 '아크라토스와 에우프로시네' 모자이크는 단순한 회화적 장면을 넘어 고대 도시 제우그마의 번영, 예술적 감수성, 그리고 인간적 환희가 한데 녹아있는 귀중한 문화유산이다. 당시 사람들의 일상에서 아름다움을 찾고, 평범한 순간마저 예술로 승화하려 했던 고대 로마인들의 미적 세계관을 강렬하게 전해준다. 이 모자이크는 오늘날까지도 제우그마의 영광과 옛 축제의 환희, 고대인의 삶과 정신을 생생하게 증언하고 있다.

사진 속 모자이크는 디오니소스 흉상 모자이크로, 헬레니즘과 로마 제국 시대 예술의 풍요로운 아름다움을 보여준다. 이 작품은 기원후 2세기에서 3세기경, 제우그마의 오케아노스의 집에서 출토된 유물로, 제우그마가 유프라테스 강 유역의 번영하던 고대 도시였음을 증명한다. 댐 건설로 수몰 위기에 놓였던 유적지에서 발굴된 귀중한 모자이크 가운데 하나이며, 오늘날 박물관의 대표 컬렉션으로 자리 잡고 있다.

이 모자이크는 그리스 신화의 주신이자 풍요의 신인 디오니소스의 흉상을 정교하게 묘사한다. 디오니소스는 포도와 와인의 신으로 유명하며, 모자이크에서는 포도덩굴과 화려하게 구성된 머리띠로 그의 특성을 강조한다. 이러한 장식과 상징은 헬레니즘 시대의 예술 특징을 잘 반영하고 있으며, 섬세한 색채와 표현력은 모자이크 장인들의 높은 기술력을 느끼게 한다.

제우그마 모자이크 박물관에 소장된 이 작품은 로마 제국 주택 건축의 화려함과 예술적 수준을 엿볼 수 있는 중요한 증거다. 특히 디오니소스 흉상 모자이크는 세밀한 묘사와 풍부한 색상으로, 고대 로마와 그리스 문명의 융합과 예술의 절정을 보여주는 대표적인 유산으로 평가받는다.

디오니소스 흉상 모자이크화

정교하고 반복적인 패턴이 있는 고대 로마 모자이크화

이 사진에 보이는 모자이크는 고대 로마 시대의 작품으로, 기하학적 아름다움이 두드러진다. 모자이크 전체에는 정교하고 반복적인 패턴이 펼쳐져 있는데, 특히 외곽 테두리에는 얇고 섬세한 띠 모양의 문양들이 규칙적으로 배열되어 있다. 중앙 부분은 입체적인 큐브 형태의 패턴을 통해 시각적인 착시 효과를 일으키며, 보는 이로 하여금 마치 3차원 공간 속을 들여다보는 듯한 깊은 느낌을 준다.

색채는 흑색, 회색, 검정색 등 자연스러운 색상의 돌 조각들이 사용되어 은은하고 절제된 분위기를 자아낸다. 돌 조각의 미묘한 색차 덕분에 양감과 깊이 또한 자연스럽게 표현된다. 이처럼 복잡한 기하학적 무늬를 작은 돌 조각들로 완벽하게 구현해낸 점은, 당대 제우그마의 모자이크 장인들의 놀라운 기술과 예술적 감각을 증명한다.

이 모자이크는 제우그마의 부유한 로마 저택의 바닥을 장식했던 것으로 추정된다. 단순한 실내 장식을 넘어, 예술성과 기술력을 모두 담은 고대의 귀중한 문화유산으로 평가된다.

이 모자이크는 정교한 기하학적 패턴과 곡선 문양이 어우러진 작품으로, 중앙에는 원형 디자인이 인상적으로 배치되어 있다. 원 중심에서 시작해 바깥쪽으로는 나선형 문양과 작은 원 모티프들이 질서 있게 배열되어 있으며, 전체적으로 만다라(Mandala)를 연상시키는 대칭적 구조를 보인다. 각 패턴은 돌 조각(테세라)들의 색상 대비와 명암을 세심하게 활용하여, 평면 위에서도 입체적인 깊이와 3차원적 착시효과를 자아낸다.

가장자리는 잎사귀 문양과 엮인 듯한 패턴으로 이루어진 장식적 테두리가 둘러싸고 있어, 전체 구도가 안정감 있게 조화되어 있다. 돌 조각의 색상도 매우 다양해, 자연스럽고 부드러운 분위기와 함께 고대 장인들의 높은 예술적 감각이 느껴진다.

이러한 모자이크는 당시 제우그마의 부유한 로마 저택 바닥을 장식하던 주요 예술품이었다. 단순한 장식을 넘어 고대인들의 미적 세계와 기술적 정교함을 보여주는 귀중한 유적으로, 오늘날 제우그마 모자이크 박물관에 소장되어 후대에 그 아름다움을 전하고 있다.

정교한 기하학적 패턴과 곡선 문양이 어우러진 모자이크화

이 이미지는 '아크데으르멘 모자이크'로, 1971년에서 1974년 사이 아크데으르멘 고분 지역에서 발굴된 귀중한 유물이다. 주요 패널은 반복적이고 대칭적인 기하학 문양으로 장식되어 있는데, 두 개의 원형 무늬가 팔각형 안에서 서로 겹쳐지고 그 주변을 띠와 이중 땅 문양이 감싸는 구성이 특징적이다.

아크데으르멘 모자이크화

가장 중앙에는 독특한 스와스티카(도는 십자가 형태) 유형의 문양이 자리하고, 양쪽 원형 장식 사이에는 뒤집힌 튤립 모양의 세부 패턴이 묘사되어 있다. 이 원형과 팔각의 틈 사이에는 점 무늬와 다양한 식물성 모티프가 섬세하게 들어가, 전체적으로 풍성하고 밀도 높은 이미지를 만들어낸다. 외곽에는 미로 같은 테두리가 돌며, 그 위에는 사각형이 번갈아 점렬된 기하학 패턴이 반복되어 장식적 효과를 극대화한다.

이 모자이크는 5세기로 거슬러 올라가는 것으로 추정되며, 다양한 문양과 세밀함, 기하학적 디자인의 조화를 통해 당시 제우그마 지역 예술가들의 높은 미감과 기술을 잘 보여준다. 로마 후기의 예술 경향과 지역적 특색이 어우러진 이 유물은, 고대 생활공간의 미적 감각과 장식문화를 생생하게 전해준다.

고대 도시 제우그마에서 출토된 정교한 패턴의 모자이크화

　이 모자이크는 고대 로마 시대의 유물로, 유프라테스 강 유역의 고대 도시 제우그마에서 출토된 작품이다. 모자이크는 도시의 부유함과 더불어 당대 문화와 예술적 수준을 단적으로 보여준다. 바닥 전체를 채우는 이 모자이크의 중심에는 복잡하면서도 조화로운 원형 디자인이 규칙적으로 배치되어, 시선을 자연스럽게 끌어당긴다.

　전체 구성을 살펴보면, 입체적이고 반복적인 기하학 문양과 다양한 패턴들이 정교하게 연결되어 있다. 특히 중앙부의 원형 패턴은 매우 세밀하게 배치된 작은 돌 조각(테세라)들로 채워져 있는데, 그 정밀함과 구성미는 장인들의 뛰어난 기술력과 심미안을 잘 드러낸다. 테두리 역시 직선, 사선, 곡선 등 다양한 요소로 구성되어 전체를 안정적이고 정돈된 분위기로 감싼다.

　이처럼 예술성과 수공예적 가치가 뛰어난 제우그마 모자이크는 로마 시대의 생활상, 신화 세계, 그리고 고대인의 탁월한 미적 감각을 엿볼 수 있는 소중한 자료로, 오늘날에도 세계적으로 대표적인 모자이크 유산으로 평가받고 있다.

이 석관은 튀르키예 가지안테프에 위치한 제우그마 모자이크 박물관 앞에 전시되어 있으며, 제우그마가 고대 헬레니즘과 로마 시대에 번성했던 도시임을 상기시켜 준다. 제우그마는 콤마게네 왕국 시기에도 존재했으나, 현재 박물관에 전시된 주요 유물은 대부분 로마 제국 시대에 제작된 것들로 구성되어 있다.

제우그마 박물관 전시중인 사르고파스 석관

석관의 주요 장식인 늘어진 화환(garland) 문양은 당시 로마 시대 석관이나 건축물에서 흔히 사용된 전형적인 장식이다. 이 화환은 풍요와 축제를 상징하며, 기념과 장례 미술에서도 자주 등장하는 모티프로, 당시 사회의 문화적 정서와 예술 양식을 반영한다. 화환 안에는 둥근 얼굴 형태가 새겨져 있는데, 이는 로마 시대 석관에서 볼 수 있는 메두사(Gorgoneion)나 다른 신화적 인물을 표현한 얼굴 문양과 유사하여 신화적 의미를 더한다.

이 석관의 조각 기법은 비교적 입체적이며 정돈된 스타일을 보여주는데, 이는 로마 미술의 특징적인 성격을 잘 드러낸다. 정교한 표현과 균형 잡힌 구도로 당시 장인들의 뛰어난 기술력을 짐작하게 한다.

반면 네오히타이트 미술과는 뚜렷한 차이를 보인다. 네오히타이트 미술은 주로 기원전 12세기에서 8세기경, 튀르키예 남동부와 시리아 북부 지역의 왕국들에서 나타난 양식으로, 정형화된 인물, 신화적 동물, 상형문자 비문, 굵고 강렬한 선, 단순화된 형태가 특징이다. 네오히타이트의 석관이나 부조는 사자, 스핑크스, 신, 왕의 행렬 등을 강렬하고 상징적으로 묘사하며, 이 석관에 보이는 사실적이고 정교한 화환 문양과는 큰 차이를 보인다.

이러한 특징들에 비추어 볼 때, 이 석관은 제우그마가 로마 제국의 지배를 받던 시기에 제작된 로마 시대 석관일 가능성이 높다. 당시 제우그마의 문화와 예술 수준을 대변하는 중요한 유물로서, 고대 로마 미술의 정교함과 상징성을 잘 보여준다.

고대 도시 제우그마에서 출토된 신히타이트 석상

이 석상은 카르카미스 유적에서 출토된 네오히타이트(신히타이트) 시대의 병사 조각상으로, 제우그마 박물관에 소장되어 있다. 두 명의 병사가 나란히 서 있는 부조 형태로 조각되어 있으며, 이들은 뾰족한 투구 또는 둥근 모자를 쓰고 있고, 허리에 띠를 두르고 있다. 한 병사는 무기나 도구를 손에 들고 있는 모습으로 묘사되는데, 이는 군사적 위엄과 방어의 상징으로 해석된다.

    조각 방식은 전체적으로 단순화된 인체 표현과 기하학적 문양이 두드러지며, 네오히타이트 조각 특유의 장식을 잘 보여준다. 병사들의 머리 위에는 아치형 틀과 장식적 요소가 더해져 신성함이나 권위, 혹은 보호의 의미를 부여한다. 이러한 형태의 조각상은 당시 도시의 군사적, 행정적 중요성을 드러내는 예술적 기념물로서 제작되었다.

    또 다른 자료에 의하면, 비슷한 부조 석상에서 두 인물은 둥근 관모를 쓴 귀족, 왕족 또는 군사적 지위의 인물로 해석된다. 이들 복식과 자세에는 콤마게네 왕국 특유의 다문화적 전통과 헬레니즘, 로마 양식이 조화롭게 융합된 흔적이 잘 나타난다. 두 인물이 나란히 있는 모습은 동맹이나 공동체의 결속, 혹은 형제와 같은 친밀한 유대를 상징할 수도 있다. 또한 석상 하단의 비문은 인물의 직위, 이름, 또는 헌사 내용을 담고 있어, 석상의 의의와 당대 사회의 정치적·종교적 메시지까지 엿볼 수 있게 한다.

    이 조각상은 히타이트 문명의 후예로서 신히타이트 문화가 발전한 카르카미스 지역의 군사적 힘과 위상을 보여주는 동시에, 콤마게네 왕국에 융합된 다양한 문화적 요소가 잘 표현된 귀중한 고고미술 자료라 할 수 있다.

작가 소개

반짝반짝 빛나는 인류역사를 담는
다큐멘타리 사진작가 김경상 KIM KYUNG-SANG
국내외 개인전 83회,
저서 "자비와 겸손의 목자 교황 프란치스코" 외 27권

김경상 작가는 지난 40여년간 세계 각지의 유적과 인류의 삶을 기록하며, 깊은 인류학적 시각과 굳건한 현장 정신으로 사진과 다큐멘터리를 제작해온 한국의 대표적인 다큐멘터리 사진작가이다. 유라시아 횡단 기마민족의 이동 경로, 고구려·가야·삼한 시대의 문화유산, 중국 내몽골 적봉의 홍산문화, 백두산과 발해유적, 고조선, 고구려 고분벽화, 삼한시대 유적과 코카서스, 카자흐, 알타이, 바이칼, 몽골, 한반도 암각화 등 한국과 동아시아 고대사의 뿌리를 탐구하는 현장 취재를 이어왔다. 그 결과물은 단순한 기록을 넘어, 인류 역사와 한국인의 정신적 근원을 세계적 관점에서 해석하고자 하는 깊은 사유와 예술적 시선이 담겨 있다.

그의 작업은 유적과 인물, 문화적 교차점만이 아니라, 사회적 약자와 소외 계층을 향한 따뜻한 관심과 애정으로도 확장된다. 작가는 아프리카 우간다 신의 저항군, 잠비아 구리광산 마을 에이즈 죽음의 마을, 난민촌, 도쿄 거리의 노숙자, 필리핀 동태평양 비락섬, 캄보디아 쓰레기마을, 한 중 일 한센인 마을, 나가사키 원폭 피해자 병원 등 세계의 다양한 현장을 직접 찾아가, 그들의 존엄과 희망이 깃든 삶을 사진으로 남겼다. 특히 교황 요한 바오로 2세, 마더 데레사, 성인 콜베, 김수환 추기경 등 세계적 종교인의 헌신과 사랑, 깊은 신앙심을 조명하며, 그들이 남긴 정신적 유산 역시 기록의 한 축을 이룬다. 그의 대표적 사진은 청와대 공식 교황 베네딕토 16세 의전 선물로 선정되었고, 바티칸 교황청에 전달된 바 있다.

김경상 작가는 '아리랑 프로젝트'를 비롯해 한국의 문화적 정체성과 전통의 뿌리를 찾는

작업을 국제적으로 전개해왔다.

교황 프란치스코 공식 미디어 작가, 유네스코·유니세프 사진작업, 세계 각지 박물관과 미술관에서의 작품 소장 및 전시 이력 등 국제적인 활약을 보였다. 이탈리아, 프랑스, 미국, 호주 등지에서 83회의 개인전과 28권의 저서를 발표하였고, 그 결과물은 바티칸 교황청, 천주교 서울대교구청, 아주미술관, 뉴욕 ICP, 시드니 파워하우스 뮤지엄 등 세계 유수기관에 소장되어 있다.

콤마게네 왕국과 그리스 고대도시에서 그는 발로 뛰는 현장 중심의 기록과 깊은 사유를 바탕으로, 헬레니즘과 로마, 동서양 문화가 교차·융합된 역사와 예술의 현장을 생생하게 포착한다. 한국 고대사의 글로벌 맥락, 문화적 네트워크, 그리고 세계사적 흐름을 분석하며, 인류적 관점에서 콤마게네의 예술과 유산을 새롭게 해석하고자 한다. 그의 사진과 글은 사실 기록을 넘어, 인류의 정신과 문명, 문화적 교류와 융합의 깊은 울림을 담아 우리 모두에게 사유의 창을 제공한다.

.다가오는 신간으로는 메소포타미아 문명, 특히 수메르의 기원을 추적한 아나톨리아 남부 신석기 유적 탐사와 코카서스 3국(조지아, 아르메니아, 아제르바이잔), 유라시아 스텝의 고대 유적 답사를 바탕으로 한 저서 출간이 예정되어 있다. 또한 20여년간 촬영한 이집트의 시나이 반도, 알렉산드리아, 카이로, 아스완, 룩소르 등지의 고대 유적과 역사를 총망라한 기록집과, 그리스 미케네, 크레타섬, 고린도, 델피, 산토리니, 델로스섬, 북마케도니아 알렉산더 대왕시대 이후의 유적, 페르가몬, 트로이, 에페소, 부르드르, 안탈리아 일대의 그리스·로마 유적을 다룬 신간도 준비 중이다.

올 가을에는 북아프리카 튀니지·알제리·몰타·시칠리아의 페니키아 유적과 고대 로마 유적을 답사하고, 바이블 루트에 이어 한니발 페니키아 문명을 조명하는 저서도 출간될 예정이디.

김경상 작가의 사진과 저술은 동시대 인류와 미래 세대에게 가치 있는 사유와 실천의 영감을 전한다. 시대를 초월한 시선과 기록, 예술적 성취로 콤마게네 및 히타이트, 메소포타미아, 그리스, 이집트, 페니키아 외 고대 문명과 인간의 삶을 재조명하며, 단순한 기록을 넘어 지적·정신적 울림과 현장 중심의 깊은 감동을 남긴다.